COLONIA

Stadt der Franken

Köln vom 5. bis
10. Jahrhundert

CARL DIETMAR / MARCUS TRIER

COLONIA

Stadt der Franken

Köln vom 5. bis
10. Jahrhundert

DUMONT

Umschlagabbildungen
vorne: Der Alte Dom im Widmungsbild des Hillinuscodex
(s. Abb. 140); Helm aus dem fränkischen Knabengrab
unter dem Kölner Dom (s. Abb. 63)
hinten: Grabbeigabe Langschwert (s. Abb. 96); Stadtpanorama
aus der „Cronica van der hilliger Stat van Coellen" (s. Abb. 176)

Vorsatz
vorne: Beigaben aus den fränkischen
Fürstengräbern unter dem Kölner Dom
hinten: Rekonstruktion der karolingerzeitlichen Siedlung
auf dem Heumarkt

Umschlaggestaltung
Zero, München

Layout
Francesca Rossi

Produktion
Marcus Muraro

Druck
Rasch, Bramsche

© 2011 DuMont Buchverlag, Köln
Alle Rechte vorbehalten

Printed in Germany
ISBN 978-3-8321-9635-6

www.dumont-buchverlag.de

Inhalt

Vorwort

Das vorliegende Buch behandelt eine Epoche der Kölner Stadtgeschichte, die bislang nur bruchstückhaft dargestellt worden ist und werden konnte, obwohl es sich um eine äußerst bedeutsame Zeitspanne handelt. Sie umfasst ziemlich genau 500 Jahre, vom 5. bis zum 10. Jahrhundert, damit aber einen Zeitraum, in dem die Grundlagen für die überragende Stellung Kölns im Hoch- und Spätmittelalter gelegt worden sind. Bevor die Franken sich in Köln niederließen, war die Stadt eine römische *civitas* (wörtlich übersetzt: Bürgergemeinde) gewesen. Die römische Geschichte Kölns, die ebenfalls etwa 500 Jahre umfasst, ist allerdings weitaus besser erforscht als jene Jahrhunderte, in denen die Stadt zum *regnum Francorum* (dem Königreich der Franken) gehörte.

Der Grund für dieses historiographische Defizit liegt auf der Hand: Die Geschichte Kölns im Frühmittelalter ist durch schriftliche Quellen nur lückenhaft dokumentiert. Bis vor etwa 15 Jahren war darüber hinaus auch in archäologischer Hinsicht wenig über die fränkische Bischofs- und Residenzstadt bekannt. In England wird das frühe Mittelalter nicht umsonst als „dark ages", als dunkles Zeitalter, bezeichnet. Erst in jüngster Zeit haben Funde im historischen Stadtzentrum Kölns zu neuen Erkenntnissen geführt. Diese ermöglichen es, ein umfassendes und lebendiges Bild der frühmittelalterlichen Stadt zu zeichnen. Erstmals werden im vorliegenden Buch neueste Ergebnisse der Stadtarchäologie mit der frühen schriftlichen Überlieferung verknüpft.

Köln wurde in den beiden letzten Jahrhunderten der römischen Herrschaft zumeist nur noch *Agrippina* oder *civitas Agrippina* benannt — wie etwa im Jahre 313, als der erste namentlich bekannte Bischof Maternus als Teilnehmer einer Synode belegt ist *(Maternus de Agrippina civitate)*. In einem im frühen 8. Jahrhundert entstandenen Text heißt es schließlich, die Franken hätten die am Rhein gelegene Stadt *Agrippina* gegen den Widerstand der Römer eingenommen „und nannten sie *Colonia*, als ob Pächter, Siedler — *coloni* — in ihr wohnten". Es waren also letztlich die Franken, die dafür sorgten, dass die Stadt ihren noch heute gebräuchlichen Namen erhielt.

Die Verhältnisse im frühmittelalterlichen Köln wurden lange Zeit von Archäologen und Historikern außerordentlich kontrovers beurteilt. Hermann Keussen meinte am Anfang des 20. Jahrhunderts in seiner „Topographie der Stadt Köln im Mittelalter", die Stadt sei in nachrömischer Zeit verödet und zur „Schweineweide" für umliegende fränkische Landgemeinden verkommen. Die ersten Untersuchungen zur frühmittelalterlichen Topographie Kölns aufgrund der archäologischen Funde unternahm in den 1920er Jahren der ehemalige Direktor des Römisch-Germanischen Museums, Fritz Fremersdorf, der trotz der wenigen Funde aus dem Zeitraum vom 5. bis zum 7. Jahrhundert von der Siedlungskontinuität Kölns überzeugt war. In der Folgezeit war es dann Fremersdorfs Nachfolger Otto Doppelfeld, der in der Öffentlichkeit und der Fachwelt Thesen städtischer Kontinuität vertrat. Der Archäologe Walter Lung kam in den 1950er Jahren anhand der Kartierung früh- und hochmittelalterlicher Keramik zu einem anderen Ergebnis: Er ging von einer Siedlungsunterbrechung zwischen dem späten 5. Jahrhundert und den Jahren um 700 aus. Für das 9. und 10. Jahrhundert konnte er jedoch auf einen dichten Fundniederschlag vor allem im Osten der Stadt verweisen und wertete dies als wichtigen Hinweis auf das urbane Leben im karolingischottonischen Köln.

Hugo Borger, Mittelalterarchäologe und früherer Generaldirektor der Kölner Museen, konzentrierte sich bei seinen Studien vor allem auf die Ergebnisse der Kirchengrabungen. Wie so viele Fachleute hielt er die Auswirkungen der wikingischen Überfälle für einen verheerenden Einschnitt in der Entwicklung Kölns. Borger sah erst mit dem Episkopat des Erzbischofs Bruno (953 bis 965) einen deutlichen Entwicklungsschub in der *Colonia*.

Heiko Steuer, ehemaliger Direktor des Kölnischen Stadtmuseums, setzte sich seit den 1970er Jahren wiederholt mit der Stadtarchäologie auseinander. Steuer war davon überzeugt, dass das urbane Leben nach der Übernahme durch die Franken endete. Aus seiner Sicht sprachen die wenigen Funde und die spärlichen Schriftquellen gegen einen Fortbestand Kölns im Frühmittelalter. Dementsprechend negativ urteilte Steuer, der die bislang einzige Monographie zu diesem Thema veröffentlicht hat (Die Franken in Köln, 1980): „Sie lebten, wenn sie überhaupt zu Hause waren, verstreut auf großen Bauernhöfen. Städte brauchten die Franken nicht". Im Umfeld der antiken Stadt – so Steuer – gründeten die Franken Einzelhöfe oder Weiler mit Kirchen und Friedhöfen. Erst für die karolingische Zeit rechnete er mit einer Wiederbelebung des Siedlungswesens, vor allem im Umfeld des Doms.

Der Archäologe Bernd Päffgen interpretierte am Ende der 1980er Jahre – nicht zuletzt als Folge der Funde bei St. Severin – die historische Situation ganz anders: Er wertete die Gräber als Zeugnisse einer kontinuierlich fortbestehenden romanischen und fränkischen Gesellschaft in der *Colonia*.

Erst die Ausgrabungen, die von 1996 bis 1998 anlässlich des Baus einer Tiefgarage im Norden des Heumarktes stattfanden, haben unser Bild vom städtischen Leben in Köln in der zweiten Hälfte des ersten Jahrtausends beinahe revolutioniert. Die Funde werfen ein helles Licht auf das „dunkle Mittelalter" in Köln – das sich so ganz anders darstellt, als es viele Forscher bis dahin zeichneten.

Jüngste Ausgrabungen in der Kölner Innenstadt knüpfen nahtlos an diese Erkenntnisse an. Vor allem die archäologischen Untersuchungen im Verlauf des Baues der Kölner „Nord-Süd Stadtbahn" (der neuen U-Bahn vom Breslauer Platz bis in die Bonner Straße) haben viele neue Aufschlüsse erbracht. Auf der Grundlage dieser Untersuchungen ist es nunmehr möglich, auch „Altfunde", die bei früheren Grabungen gemacht wurden, neu zu bewerten. Und die so spärlichen Schriftquellen, bei denen – im Gegensatz zur Archäologie – naturgemäß kein wesentlicher Zuwachs an „neuem" Material zu erwarten sein wird, sprechen nun, im Einklang mit den „Neufunden", eine ganz andere Sprache.

Das vorliegende Buch soll somit erstmals Archäologie und Historiographie zu 500 Jahren städtischer Geschichte zusammenführen – und zeigen, dass Köln zwischen dem 5. und 10. Jahrhundert ein überaus dynamischer und facettenreicher Stadtorganismus war, der in zahlreichen Strängen antikes Leben und Wissen tradiert hat, ergänzt durch fränkische Lebensweise und Kultur.

An dieser Stelle sei abschließend allen Freunden und Fachkollegen gedankt, die das Zustandekommen des Buches unterstützt und mit Rat und

Tat begleitet haben, in erster Linie Prof. Werner Eck, Dr. Georg Hauser, Prof. Hansgerd Hellenkemper, Dr. Thomas Höltken, Ulrich Karas, Franz Kempken, Dr. Friederike Naumann-Steckner, Dr. Rudolph Nehren, Peter Otten, Dr. Alfred Schäfer und Elisabeth M. Spiegel.

Besonderer Dank gebührt auch Jo Lendle, der das Buch in das Verlagsprogramm des DuMont Buchverlags aufnahm, und Tanja Rauch, die das Lektorat mit großer Sorgfalt und Geduld übernommen und so wesentlich zum Gelingen des Ganzen beigetragen hat. Unser Dank geht darüber hinaus auch an Francesca Rossi, die für das Layout verantwortlich zeichnete.

Dass das Buch im Jahre 2011 erscheint, ist auch einer historischen Reminiszenz geschuldet: Vor 1500 Jahren, am 28. November 511, starb Chlodwig, der Begründer des fränkischen Großreichs. In Köln – daran sei erinnert – war er einige Jahre zuvor zum König aller Franken ausgerufen worden.

Köln, im Herbst 2011
Carl Dietmar und Marcus Trier

Einleitung

Die Franken – Vorläufer der Deutschen?

An einem denkwürdigen Tag des Jahres 800 „nach der Fleischwerdung des Herrn" (*anno incarnatione Domini*, so die lange Zeit vorherrschende mittelalterliche Jahresangabe) wurde das westliche, das abendländische Kaisertum begründet, das fast genau 1000 Jahre – bis zum 6. August 1806, als Kaiser Franz II. die Krone des „Heiligen Römischen Reichs Deutscher Nation" auf Druck Napoleons ablegte – bestehen sollte.

Am 25. Dezember besagten Jahres 800 ließ sich Karl, der König der Franken, in Rom zum „Kaiser der Römer" (*imperator Romanorum*) krönen. Bis zu dieser Krönung hatte es nur einen Kaiser gegeben, dieser amtierte in Konstantinopel; das Reich, das er beherrschte, bestand hauptsächlich aus Griechenland und Kleinasien und hieß noch immer das Römische Reich (die Bezeichnung „Byzantinisches Reich", dem früheren Namen von Konstantinopel – Byzanz, wie die Stadt seit ihrer Gründung hieß – nachgebildet, ist eine wissenschaftliche Hilfskonstruktion); es galt als legitime Fortsetzung des alten *imperium Romanum*, auch wenn das Griechische mittlerweile Amtssprache war und der Kaiser einen griechischen Titel, *basileus Romaion* (Kaiser der Römer), führte. Die Herrscher in Byzanz galten seit dem Untergang des Weströmischen Reichs im Jahre 476 auch bei den Königen der Germanen als Inhaber der höchsten weltlichen Gewalt innerhalb der Christenheit.

Karl wusste, dass er mit seiner Erhebung zum Kaiser den Hof in Konstantinopel herausforderte. „Den Hass der römischen Kaiser, die ihm die Annahme des Kaisertitels sehr verübelten, trug er mit großer Gelassenheit, und mit der Hochsinnigkeit, in der er ohne jede Frage weit über ihnen stand, wusste er ihren Trotz zu besiegen, indem er häufig durch Gesandtschaften mit ihnen verkehrte und sie in seinen Briefen als Brüder anredete", schreibt Karls Biograph Einhard.

1. Reiterstatuette Karls des Großen (um 870, Paris, Louvre)

Einen realen Machtzuwachs brachte die Kaiserkrönung ohnehin nicht – auch als Kaiser gebot Karl über jene Länder, die er seit seinem Regierungsantritt als *rex Francorum* im Jahre 768 unter seine Herrschaft gebracht hatte: das Frankenreich (das das heutige Frankreich, Teile Nordspaniens, die Schweiz, Belgien und ˈe Niederlande sowie West- und Südwestdeutschland umfasste), die in 30-jähˈm Kampf eroberten sächsischen Gebiete bis zur Elbe, Bayern und Teile

Österreichs sowie das Langobardenreich in Oberitalien (einschließlich der Toskana und des Herzogtums Spoleto). Von 801 an führte Karl einen Titel, der diesem Umstand Rechnung trug: „Karl, allergnädigster, erhabener, von Gott gekrönter, großer friedebringender Kaiser, der das Römische Reich regiert und der durch Gottes Barmherzigkeit auch König der Franken und Langobarden ist."

Karl wurde, soweit wir wissen, am 2. April 748 geboren (als weitere mögliche Geburtsjahre werden 742 und 747 genannt), wo, ist nicht bekannt. Er war der älteste Sohn des mächtigsten Mannes im Frankenreich, jenes „Hausmeiers" Pippin, der 751 der morschen Herrschaft der Merowinger ein Ende setzte und sich zum König proklamieren ließ. Nach Pippins Tod im Jahre 768 musste Karl sich die Herrschaft mit seinem Bruder Karlmann teilen, der allerdings schon 771 starb.

In den 43 Jahren seiner Alleinherrschaft führte Karl fast ununterbrochen Kriege in allen Teilen Europas; sein halbes Leben muss er im Sattel gesessen haben, wenn es galt, gegen aufrührerische Aquitanier, unbotmäßige Langobarden, heidnische Sachsen, muslimische Mauren oder räuberische Awaren zu ziehen. Dass er neben diesen Kriegszügen noch Zeit hatte, sein Reich als Gesetzgeber, Bildungspolitiker und Wächter des Glaubens zu formen, hat ihm schon zu Lebzeiten den Beinamen „der Große" eingebracht. Er habe, so Einhard, „alle Herrscher seiner Zeit an Weisheit und Seelengröße überragt". Nach seinem Tod – Karl starb am 28. Januar 814 in Aachen – wurde er zum Mythos, unzählige Legenden entstanden zu seinem Ruhm, in Frankreich und in Deutschland; Otto III. ließ im Jahre 1000 sein Grab öffnen, Friedrich Barbarossa ließ ihn 1165 von einem Gegenpapst heilig sprechen.

Das Nachleben des Kaisers hat der Historiker Josef Fleckenstein so beschrieben: „Hinfort musste ein großer Herrscher wie Karl der Große sein. Seinem Vorbild eiferten die Könige und Kaiser des Mittelalters nach. Er war der Maßstab, nach dem die Geschichtsschreiber Lob und Tadel verteilten, und das Volk, das ihn als Helden besang, beschwor ihn zugleich als Verkörperung von Recht und Gerechtigkeit." Heute verbindet man mit Karl vor allem die „Grundlegung Europas", Karl gilt als „Vater Europas" – der Aachener Karlspreis, um ein Beispiel zu nennen, ist ein europäischer Preis.

Deutsche wie Franzosen berufen sich auf Karl den Großen, auf *Charlemagne*. War er Deutscher, war er Franzose?

Die Antwort lautet: Karl war ein Franke.

Wer aber waren die Franken?

Im 3. Jahrhundert n. Chr. tauchen die Franken erstmals in der historischen – römischen – Überlieferung auf. Der Name bezeichnet einen Stammesbund kleinerer westgermanischer Stämme, darunter Sugambrer, Tenkterer, Tungrer, Chamaven, Chattuarier und Brukterer, die am Nieder- und Mittelrhein siedelten. Die einzelnen Stämme legten ihre Namen im Lauf der Zeit ab und nannten sich schließlich Franken, was so viel heißt wie „die Freien" oder „die Kühnen", die „Mutigen" – in der historischen Forschung hat man sich mittlerweile auf „die Kühnen", „die Mutigen" festgelegt.

Die späteren Franken hatten nur sehr vage Vorstellungen über die Herkunft ihrer Vorfahren. Der fränkische Geschichtsschreiber Gregor von Tours (gestorben 594), der uns die legendäre fränkische Frühzeit überliefert hat, vermutete, dass das Volk der Franken aus Pannonien stammte, wie der Schutzpatron der Franken, der hl. Martin von Tours – und wie die Westgoten. Einer anderen Überlieferung zufolge sollten die Franken Nachfahren der Trojaner sein; damit stellte man sie auf eine Stufe mit den Römern, die ja – laut der *Aeneis* des Vergil – Abkömmlinge des trojanischen Helden Aeneas waren. Derartige Abstammungsmythen waren bei den germanischen Stämmen sehr beliebt, da sich auf diese Weise Herrschaftsansprüche aus grauer Vorzeit ableiten und legitimieren ließen. Historische Wahrheiten verbergen sich dahinter in aller Regel aber nicht.

Gregor von Tours

Der Werke Gregors von Tours, vor allem seine Schriften zu den Viten und Wundern galloromanischer Bischöfe sowie die *decem libri historiarum* (Zehn Bücher der Geschichte), gehören zu den wichtigsten Zeugnissen der frühen fränkischen Geschichte. 538/39 in Clermont als Gregorius Florentinus geboren, gehörte er einer romanischen Senatorenfamilie an, der auch Bischof Gallus von Clermont entstammte. Schon in früher Jugend hatte Gregor während einer Krankheit das Gelübde abgelegt, Geistlicher zu werden. Im Jahre 563 war er bereits Diakon, 573 wurde er zum Bischof von Tours gewählt – damit war er einer der Nachfolger des hl. Martin von

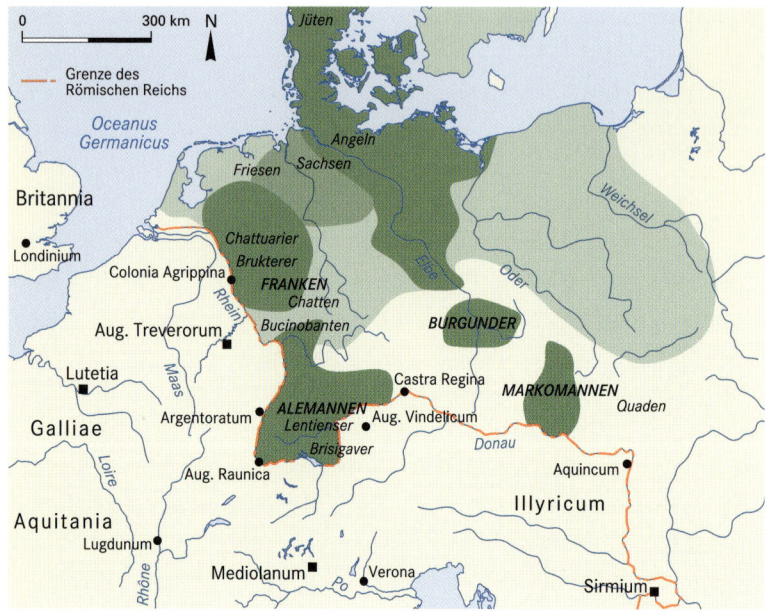

3. Germanische Stämme am Rhein (4. Jh. n. Chr.)

Tours, der durch Gregors Schriften zum fränkischen Nationalheiligen schlechthin wurde. Gregors Geschichtswerk, die *decem libri,* beginnt, wie üblich in jener Zeit, mit der Erschaffung der Welt, erst vom 5. Buch an ist die Darstellung nach Jahren angeordnet. Viele Quellen, die Gregor benutzt hat, sind verloren gegangen.

Die zweite Hälfte des 6. Jahrhunderts schildert er ausführlich im Sinne von „Zeitgeschichte". Gregor ist für diese Jahrzehnte Zeitzeuge – einer, der aufgrund seiner Stellung als Bischof Zugang zu den höchsten Amtsträgern des fränkischen Reiches hatte, auch zum Königshof der Merowinger. Trotz vieler heils- und kirchengeschichtlicher Abschweifungen gilt Gregor heute als ein verlässlich informierender Autor.

Im Jahre 257, so ist römischen Quellen zu entnehmen, sollen fränkische Verbände Gallien bis zu den Pyrenäen durchquert und ausgeraubt haben; es gibt Berichte über fränkische „Piratenfahrten" bis nach Nordafrika und Spanien. 275 verwüsteten oder zerstörten fränkische Scharen Trier und an-

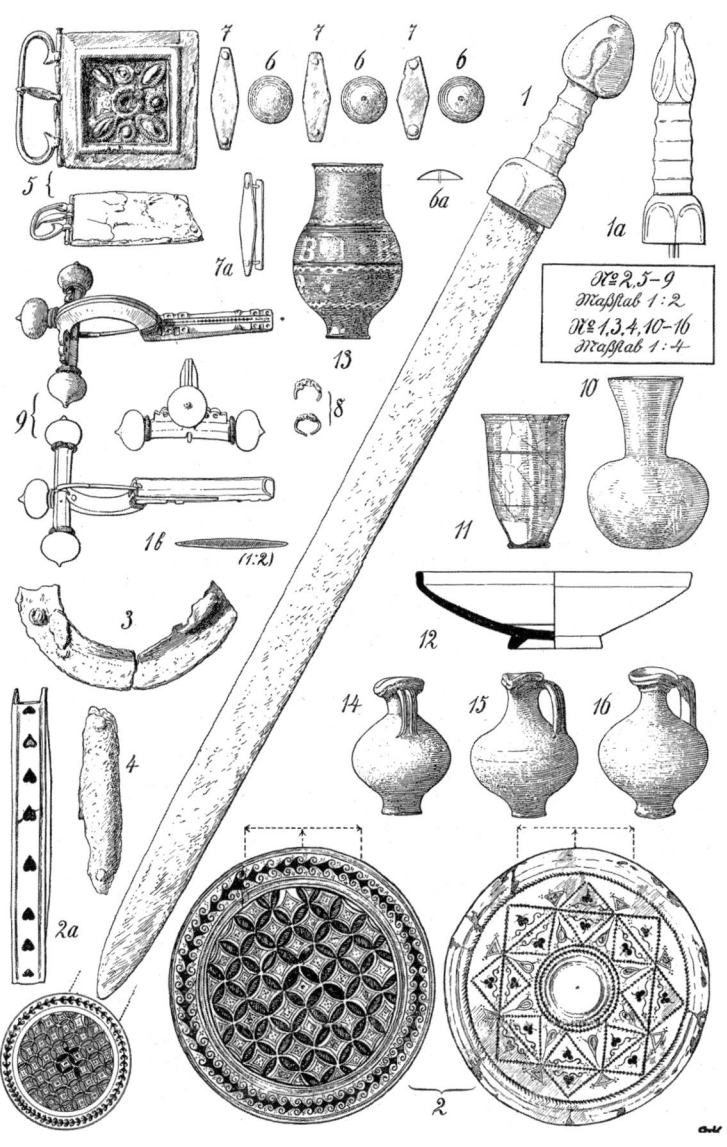

4. An der Linde/Dreikönigenstraße: Im Jahre 1900 wurde das Grab eines römischen Offiziers germanischer Abstammung freigelegt (um 300 n. Chr.).

dere gallische Städte. Kaiser Probus (276 bis 282) versuchte, die nach dem Norden der Provinz *Germania inferior* greifenden Franken durch Verträge an das Reich zu binden, doch zu Beginn des 4. Jahrhunderts drangen salische Franken, die sich schon früh als die „Ersten" im Bund der „Freien" bezeichneten, in das Land zwischen Maas und Schelde ein. Das fränkische Vorrücken veranlasste den westlichen Cäsar Constantius Chlorus (293 bis 306), Trier zur ständigen Residenz zu machen.

Constantius' Sohn, Constantin der Große (306 bis 337), hat energische Maßnahmen gegen die schrittweise Expansion der Franken ergriffen: Von von Köln aus, das er durch den Bau der ersten Rheinbrücke und die Anlage des Kastells *Divitia* (Deutz) sicherte, unternahm er mehrere Feldzüge gegen fränkische Gruppen. Zu dieser Zeit gab es noch keinen fränkischen „Stammesverband", der einem Heerführer oder einem König unterstand. Der Geschichtsschreiber Gregor von Tours hat einmal bemerkt, es bewege ihn, dass ein Chronist des 5. Jahrhunderts „die Könige der anderen Völker nennt, bei den Franken aber keinen König erwähnt". In den Quellen, die Gregor benutzte, ist bisweilen von *duces* (Herzögen) und *regales* (Kleinkönigen) der Franken die Rede.

Das wird dadurch bestätigt, dass besagter Kaiser Constantin mehrfach „Kleinkönige" und Anführer der Brukterer und anderer fränkischer Teilstämme im Amphitheater von Trier von wilden Tieren zerfleischen ließ – zur Belustigung des Publikums. Zugleich aber wurden fränkische Gruppen in Nordgallien angesiedelt, um das Land zu rekultivieren und Hilfsdienste für die römische Armee zu leisten. Als *laeti*, als Halbfreie, bildeten diese Franken einen Puffer zu den barbarischen Völkern östlich des Rheins. Zudem, und das sollte bedeutsam werden, wurde eine große Zahl von Franken ins römische Heer eingegliedert.

Der Aufstieg der Franken zu einem Machtfaktor von europäischem Rang vollzog sich also in enger Anlehnung an die römische Militärordnung und die römischen Verwaltungsstrukturen in den germanischen und gallischen Provinzen des Imperiums. Eine Grabinschrift aus Pannonien drückt das römisch-fränkische Verhältnis geradezu exemplarisch aus: *Francus ego cives, miles romanus in armis* – „Franke bin ich meiner Nation nach, als römischer Soldat stehe ich unter Waffen", heißt es da. Und es waren solche „romanisierten" Franken, die im 5. Jahrhundert die Herrschaft im römischen Köln übernahmen.

I. Rückblende: Das römische Köln

Die Franken stießen, als sie die Macht in Köln übernahmen, auf eine – trotz politischer und militärischer Krisen – weitgehend intakte Stadt, die auf eine annähernd 500-jährige Geschichte zurückblicken konnte.

I.I. Das *oppidum Ubiorum*

Die Anfänge des römischen Köln reichen zurück bis in die Zeit der Eroberung Galliens durch Gaius Julius Cäsar. Nachdem Caesar den in der Kölner Bucht ansässigen keltisch-germanischen Stamm der Eburonen vernichtend geschlagen und vertrieben hatte, wies der Statthalter Agrippa dieses Gebiet den mit Rom verbündeten Ubiern als Siedlungsgebiet zu. Agrippa, Schwiegersohn und Mitregent des späteren Kaisers Augustus, war in den Jahren um 38 v. Chr. und 19 v. Chr. Statthalter am Niederrhein. Die Ubier, ein germanischer Stamm, waren zuvor am Unterlauf der Sieg beheimatet. Die neue ubische Zentralsiedlung auf dem linken Rheinufer wurde in den Jahrzehnten vor Christi Geburt schlicht *oppidum Ubiorum* genannt, Stadt der Ubier. Nach dem Vorbild des gallischen Lyon wurde wohl 9 v. Chr. ein Altar für die Göttin Roma und Augustus (*ara Romae et Augustii*) errichtet; der Altar sollte vermutlich zentrales Heiligtum der Provinz Großgermanien werden, die in den Planungen der Römer – die Eroberung Germaniens bis zur Elbe voraussetzend – seit etwa 7/6 v. Chr. eine wichtige Rolle spielte. Der Altar wird östlich des späteren *forum* und am Rheinufer gesucht, archäologisch nachgewiesen wurde er bislang nicht. Der Altar gab auch der Siedlung ihren Namen: *ara Ubiorum*.

Doch die Pläne Roms gingen bekanntlich nicht auf: Die Niederlage der römischen Legionen in der Schlacht vom Teutoburger Wald beendete die römische Expansion, die Planungen hinsichtlich einer germanischen Provinz im Rechtsrheinischen wurden nach dem Jahr 17 n. Chr. endgültig aufgegeben. Das *oppidum Ubiorum* blieb Grenzstadt am Rhein und war Sitz des Heeresoberkommandos.

Der Platz, an dem Agrippa die Ubiersiedlung gründete, war von den Militärs mit Bedacht gewählt. Er lag auf einem hochwassersicheren Plateau am linken Ufer des Rheins, das das Umland um mehrere Meter überragte. Vor dem fast zehn Meter in die Rheinaue abfallenden Gelände befand sich damals eine etwa 1000 Meter lange und bis zu 200 Meter breite Insel, die stets vom Hochwasser bedroht war. Die 60 Meter breite Flussrinne zwischen Ufer und Insel war als Naturhafen auch bei Niedrigwasser zu befahren. Über den hochwassersicheren Geländeschild führte eine alte vorgeschichtliche Trasse, die sich in Nord-Süd-Richtung parallel zur Rheinaue schlängelte. Römische Pioniere bauten diesen Weg um Christi Geburt zu einer festen Straße aus, die bis heute Bestand hat und unter der Achse Hohe Straße in Richtung Süden (Severinstraße, Bonner Straße, Alte Bonner Landstraße) sowie in den Norden (Eigelstein, Neusser Straße, Niehler Straße, Alte Neusser Landstraße) verläuft.

Wie sah die frührömische Stadt aus?

Das *oppidum Ubiorum* lässt sich leider in seinen städtebaulichen Strukturen nur unzulänglich rekonstruieren. Es ist zu vermuten, dass schon diese Siedlung nach hellenistisch-römischem Vorbild rechtwinklig durch Straßen gegliedert war. Es war eine „artifizielle" Gründung am Reißbrett, inmitten einer aus römischer Sicht noch weitgehend unerschlossenen Landschaft. Wohl schon in den Jahren um Christi Geburt begannen die römischen Militärs, die Stadt in Stein auszubauen, es entstanden erste repräsentative Großbauten. Dazu gehört auch der älteste Steinbau Deutschlands, das Ubiermonument südlich des Heumarktes. Es diente ursprünglich als Hafenturm und wurde später in die römische Stadtmauer integriert. Dendrochronologische Untersuchungen an den Hölzern des Pfahlrostes, auf denen der mächtige Turm steht, sprechen für eine Datierung in die Jahre 4/5 n. Chr.

Eine große Zahl früher Architekturteile, die bei Ausgrabungen im Stadtgebiet geborgen wurden, beweist, dass das Ubiermonument nicht der einzige steinerne Großbau im *oppidum* war. Offenbar wurden im Auftrag des Mili-

5. Am Malzbüchel: Ubier-monument (rechts) und östliche Stadtmauer (links) mit Hochwasserdurchlass (frühes 1. Jh. n. Chr.)

tärs und der Verwaltung hochspezialisierte Handwerker aus Italien an den Rhein geholt, um Steinbauten mit aufwändigem architektonischem Dekor zu errichten.

Das Stadtbild orientierte sich bereits zu Zeiten des Kaisers Augustus (27 v. Chr. bis 14 n. Chr.) an Stadtanlagen in Oberitalien, auf der iberischen Halbinsel und in Südfrankreich. Ziel war es, einen entsprechenden Lebensstandard, der in anderen Regionen des Römischen Reiches längst gepflegt wurde, an den Rhein zu übertragen. Der zentrale Kultplatz war, wie bereits erwähnt, als künftiger Zentralort der römischen Provinz Großgermanien auserkoren worden.

In seinem Umfeld waren in den ersten Jahrzehnten des 1. Jahrhunderts n. Chr. römische Truppen stationiert. Die schriftlichen Quellen berichten von einem Doppellegionslager *apud aram Ubiorum* (beim Altar der Ubier). Sicher lokalisiert wurden diese Militärlager bislang jedoch nicht. Bei Ausgrabungen für die „Nord-Süd Stadtbahn" wurden Spuren frührömischer Militärlager in der Nähe des Kölner Hauptbahnhofs entdeckt. Um 30 n. Chr. wurde das Militärlager jedenfalls aufgelöst und auf die Standorte *Novaesium* (Neuss) und *Bonna* (Bonn) verteilt. Köln blieb Sitz des Oberbefehlshabers des niedergermanischen Heeres und seines Offizierstabes. Vier Kilometer südlich des *oppidum Ubiorum* – im heutigen Stadtteil Marienburg – wurde im ersten Viertel des 1. Jahrhunderts n. Chr. das Hauptlager der *classis Germanica* gegründet, der römischen Rheinflotte. Ihr oblagen Schutz und Kontrolle der Rheingrenze von Mainz bis zur Nordsee.

I.2 Die Colonia Claudia Ara Agrippinensium

Um 50 n. Chr. erhielt die aufstrebende ubisch-römische Stadt den Status einer Kolonie römischen Rechts zugesprochen. Die Gemahlin des Kaisers Claudius, Agrippina die Jüngere, war 15 oder 16 n. Chr. in Köln geboren worden; sie war die Tochter des römischen Feldherrn Germanicus. Agrippina bewog Kaiser Claudius, ihren Geburtsort zur Kolonie nach italischem Recht zu erheben, die höchste Rechtsform einer Stadt in den Provinzen. Die Stadt erhielt den Namen *Colonia Claudia Ara Agrippinensium* – oder abgekürzt: *CCAA*.

Von der ältesten Befestigung der Ubierstadt, einer starken Holz-Erde-Mauer, ist kaum etwas erhalten. Sie wurde in den Jahrzehnten nach der Erhebung zur Kolonie durch eine fast vier Kilometer lange steinerne Stadtmauer ersetzt, die das 96,8 Hektar große Stadtareal sicherte. Wann dies geschah, wurde in der Forschung lange kontrovers diskutiert. Erst die Ausgrabungen beim Bau der „Nord-Süd Stadtbahn" (2004 bis 2010) brachten Licht ins Dunkel. Die guten Erhaltungsbedingungen in den Feuchtböden unter dem Kurt-Hackenberg-Platz haben dafür gesorgt, dass nicht nur zahlreiche Eichenbalken der Uferbefestigung, sondern auch die Tannenbretter der Fundamentsockel der Stadtmauer erhalten geblieben sind. Eine dendrochronologische Analyse der Eichen- und Tannenhölzer ergab, dass alle Bäume in den Jahren 89 bis 91 n. Chr. geschlagen und verbaut wurden.

Dendrochronologie

Organische Materialien wie Holz erhalten sich nur in Ausnahmefällen im Boden. Voraussetzungen sind permanent wasserführende Böden oder luftdicht abgeschlossene Hohlräume. Für den Archäologen sind solche Erhaltungsbedingungen stets ein besonderer Glücksfall, denn Althölzer lassen sich mit Hilfe der Dendrochronologie manchmal jahrgenau datieren. Vor allem Eichenhölzer liefern gute Ergebnisse. Anhand der spezifischen Wachstumsmerkmale von Jahrringen, deren Entwicklung von den jeweiligen klimatischen Bedingungen eines Jahres abhängig sind, lassen sich diese genau bestimmen. Je besser die Hölzer erhalten sind, desto genauer lassen sie sich datieren. Die Dendrochronologie ist daher die wohl

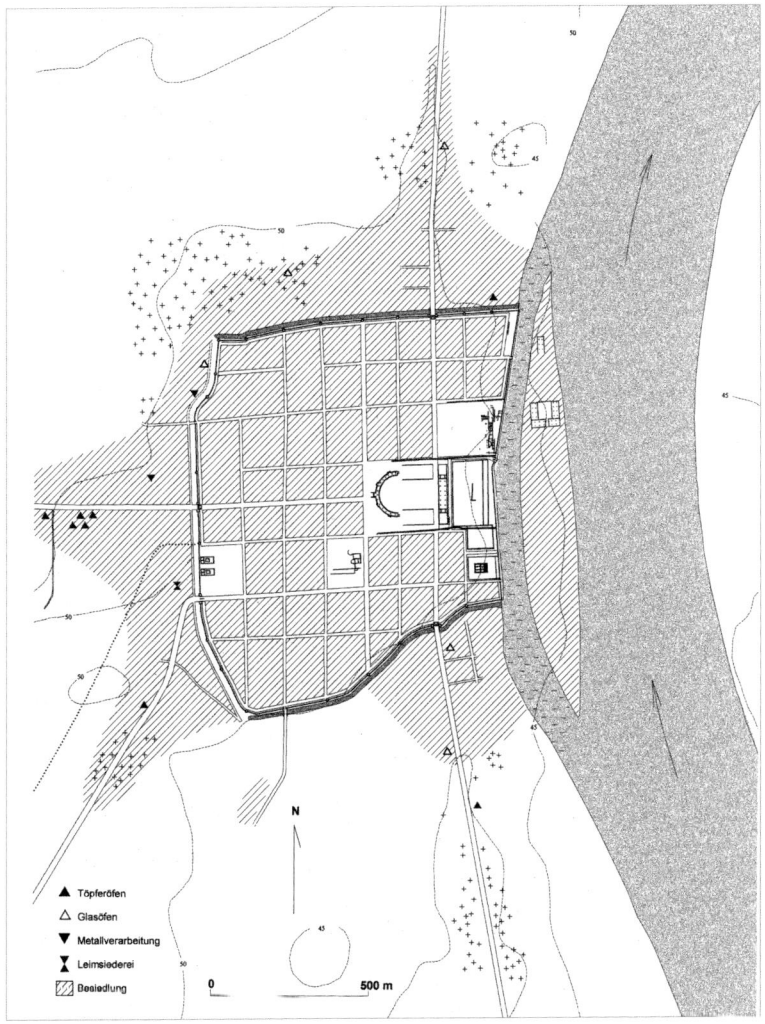

6. Die Colonia Claudia Ara Agrippinensium (CCAA) im 2. Jahrhundert

exakteste naturwissenschaftliche Methode, um archäologische Befunde zu datieren. Inzwischen gelingt es der Dendrochronologie
auch die Standorte zu ermitteln, an denen die Bäume gewachsen
sind.

7. Am Römerturm/ St. Apernstraße: der Römerturm, nordwestlicher Eckturm der CCAA (1. Jh. n. Chr.)

8. Kurt-Hackenberg-Platz: Bei den Ausgrabungen für den Bau der „Nord-Süd Stadtbahn" wurden schwere Eichenbalken einer Spund- und Kaiwand freigelegt (Ende 1. Jh. n. Chr.).

Auch die Standorte der Bäume konnten bestimmt werden. Die gut 100-jährigen Eichen stammen aus dem Bergischen Land oder der Voreifel. Sie wurden mit Schiffen nach Köln gebracht. Die Tannen für das Fundament der Stadtmauer wurden im Schwarzwald gefällt. Zu Flößen zusammengebunden, transportierte man die Stämme auf dem Rhein flussabwärts und schnitt sie an Ort und Stelle mit Sägen präzise zu. Aus den Tannen wurde ein Baugerüst errichtet, in dem der drei Meter mächtige Fundamentsockel aus römischen Beton *(opus caementitium)* gegossen wurde. Über dem gut vier Meter hohen Fundamentsockel wurde zwischen Schalen aus handgroßen Grauwackequadern lagenweise bis in eine Höhe von acht Metern gebaut.

Die landseitigen Stadtmauern folgen diesem Bauschema. Es kann kein Zweifel daran bestehen, dass der gesamte Bau demselben Architekturentwurf folgt, also innerhalb weniger Jahre entstanden ist. Der Bau hat höchstwahrscheinlich Unsummen verschlungen.

Opus caementitium

Zu den großen Erfindungen der Römer gehörte das *opus caementitium*, der römische Zement. *Opus caementitium* wurde aus Steinen, Sand, Kalkmörtel (verbrannter Kalk), Puzzolane unter Zugabe von Wasser gemischt. Lagenweise wurde der Zement zwischen Holz- oder Mauerschalen aufgegossen. Das Gemisch härtete anschließend zu einem außerordentlich druckfesten Stein aus. Das römische *opus caementitium* erfüllt teilweise noch heutige DIN-Anforderungen. Die römischen Ingenieure beherrschten auch den Guss von Unterwasserbeton.

Ein rechtwinkliges Straßennetz gliederte den knapp einen Quadratkilometer großen Stadtraum in mehr als fünfzig unterschiedlich große Baublöcke (*insulae*). Die Hauptstraßen waren der *cardo maximus* (Hohe Straße) und der *decumanus maximus* (Schildergasse). Die älteste bei den Ausgrabungen nachgewie-

9. Der Hauptabwassersammler unter der Kleinen Budengasse (1. Jh. n. Chr.)

10. Augustinerstraße/Pipinstraße: Gewaltige Mauern mit halbzylindrischen Vorlagen schaffen neues Bauland im Osten der römischen Stadt (2. Jh. n. Chr.).

sene Fahrbahn des *cardo maximus* liegt unmittelbar über dem anstehenden Lehmboden, mehr als vier Meter unter der heutigen Straße. Nach Abtrag des Humus' hatten römische Pioniere den Lehmboden planiert und darüber Rheinkies gepresst. Spitzgräben, in denen Niederschläge und Brauchwässer gesammelt wurden, verliefen parallel zur Straße. An der Wende vom I. zum 2. Jahrhundert wurde der *cardo* zu einer 24 Meter breiten Prachtstraße mit flankierenden Säulengängen nach südalpinen Vorbildern ausgebaut. Auf den Fahrbahnen wurden große Trachytplatten quer zur Fahrbahn verlegt. Tief in den Trachyt eingeschnittene Geleisespuren zeugen vom intensiven Wagenverkehr. Die Straße wurde über Gullys an den Fahrbahnrändern und ein ausgeklügeltes System unterirdischer Rinnen entwässert; das Abwasser wurde in die großen, zum Rhein führenden Sammler geleitet, von denen bislang vier bekannt sind.

Um die römische Stadt mit Frischwasser zu versorgen, wurden umfassende Bau- und Infrastrukturmaßnahmen eingeleitet. Fernwasserleitungen transportierten über eine Länge von 130 Kilometern Frischwasser in die Colonia. Die ältere Wasserleitung, die Wasser aus den Quellen am Osthang des Vorgebirges nach Köln transportierte, wurde angesichts quantitativ und qualitativ gestiegener Ansprüche der städtischen Bevölkerung seit der zweiten Hälfte des I. Jahrhunderts durch eine Eifelwasserleitung ersetzt. Die neue Fernleitung war mehr als 95 Kilometer lang und versorgte die Kolonie mit bis zu 20000 Kubikmetern Frischwasser am Tag.

Die Erhebung zur Kolonie im Jahre 50 n. Chr. dürfte einen wahren Bauboom ausgelöst haben. Zur Wende vom I. zum 2. Jahrhundert glich die Stadt entlang der Rheinfront einer Großbaustelle. Dort standen die meisten öffentlichen Bauten. Um in dem zum Rhein abfallenden Gelände repräsen-

tative Gebäude errichten zu können, wurden zunächst meterdicke Terrassen-
stützmauern gebaut. Stadtseitig wurde das Gefälle durch mächtige Aufschüt-
tungen ausgeglichen und so neue große Baugrundstücke geschaffen.

Im Südosten der Stadt stand der *Kapitolstempel*, an den der Name der romanischen Kirche St. Maria im Kapitol erinnert. Der Kultbau hatte eine Größe von
etwa 33 mal 30 Metern und war schätzungsweise 15 Meter hoch, er überragte
die Stadtmauer also deutlich. Von der kostbaren Bauausstattung mit importier-
tem Marmor aus Nordgriechenland und Italien sowie ägyptischem und grie-
chischem Porphyr sind Fragmente erhalten. Der Tempel war von einer hohen
Mauer umgeben, die den rund 80 mal 70 Meter großen heiligen Bezirk sicherte.

Die Ausgrabungen für den Bau der „Nord-Süd Stadtbahn" zeigen, dass
nördlich des Kapitols ein ebenso großer umfriedeter Bezirk lag, in dessen Zentrum ein mächtiger Rundtempel stand. Wem dieser Kultbezirk geweiht war,
ist nicht bekannt. Vielleicht war es ein Hafentempel. Der schriftlichen Überlieferung zufolge gab es in der *Colonia* zahlreiche Tempel und Heiligtümer.
Literarisch überliefert ist neben dem Kapitol der Marstempel (*delubrum Martis*),
der südlich der heutigen Straße Marspfortengasse vermutet wird. Das zentrale
Heiligtum der römischen Kolonie wird nördlich des Rundtempels, in der Ach-

se des großen Forums, gesucht. Der Bezirk muss sich über vier *insulae* mit einer nord-südlichen Ausdehnung von 200 Metern erstreckt haben.

Nördlich des Zentralheiligtums lag der Statthalterpalast *(praetorium)*, der mit seiner 130 Meter langen Ostfassade vier Baublöcke zwischen Rheinufer und Cardo einnahm. Der Palast war Amtssitz des Oberbefehlshabers der römischen Truppen am Niederrhein und seit etwa 85 n. Chr. Residenz des Statthalters der neu eingerichteten Provinz Niedergermanien. Östlich des Zentralheiligtums lag das *forum*, getrennt durch eine große Halle *(basilica)*, am Schnittpunkt von *cardo* und *decumanus*.

Große Teile der römischen Stadt und der Vorstädte bestanden aus Wohn- und Gewerbehäusern. Die privat genutzten *insulae* wurden parzelliert und in unterschiedlich große Grundstücke geteilt. Bauvorschriften gaben Straßenbreite, Geschosshöhen, die Gestaltung der Portiken, Maßnahmen zum Brandschutz und den Anschluss ans städtische Kanalnetz vor. Einfache Wohn- und Werkstatthäuser bestanden meist aus Sockelmauern mit Holzfachwerk- oder Lehmwänden. Die Anschaffung und der Transport von Steinmaterial zum Hausbau waren eine sehr kostspielige Angelegenheit, denn alle Bausteine mussten mit Schiffen über den Rhein herangeschafft werden. Die in Köln verwendeten Steine stammen vom Drachenfels (Trachyt), aus dem

11. Wandmalereien einer römischen Villa südlich des Domes (RGM, 1. Jh. n. Chr.)

12. Chlodwigplatz: Bei des Ausgrabungen für die „Nord-Süd Stadtbahn" wurde eine Maske aus Kalkstein freigelegt, die ein römisches Grabmal geschmückt hat (1. Jh. n. Chr.)

13. Aachener Straße: In der Grabkammer Köln-Weiden hat eine vornehme römische Familie über rund zwei Jahrhunderte ihre Verstorbenen beigesetzt (3./4. Jh.)

Brohltal (Tuffstein) und vom Mittelrhein (Basalt). Kalksteine kamen von der oberen Mosel. Dächer und Fußbodenheizungen wurden aus Ziegeln gebaut, die aus Manufakturen im Norden der Stadt kamen.

Wer es sich leisten konnte, der nannte ein großzügig angelegtes Stadthaus mit einem von Säulen bestandenem Innenhof sein eigen. Diese Villen im Besitz der städtischen Oberschicht orientierten sich an der Architektur Oberitaliens. Besonders kostbar ausgestattete Villen standen in der Nordostecke der Stadt, darunter das Haus mit dem Dionysosmosaik, dessen 3500 Quadratmeter großes Grundstück in Köln wohl einzigartig ist. Um einen 500 Quadratmeter großen Innenhof gruppierten sich 20 Räume mit prächtig gestalteten Mosaikböden, darunter das so genannte Dionysosmosaik aus dem 3. Jahrhundert. Kostbare Wandmalereien zeugen vom luxuriösen Lebensstil der Bewohner. Mehrere Räume waren mit Fußbodenheizungen ausgestattet.

In den Wohn- und Handwerkervierteln standen indessen überwiegend einfache Streifenhäuser, deren Gestaltung vor allem den spezifischen Bedürfnissen der Bewohner unterworfen war. Werkstätten, Geschäftslokale und Lagerräume befanden sich meist im vorderen Teil des Hauses, unmittelbar an der Straße. Unter den Säulengängen (Portiken) wurden Straßenverkauf und Kleinhandel betrieben. Manche Häuser waren auch mit Kellern ausgestattet, in denen verderbliche Lebensmittel kühl gelagert werden konnten.

Die großen Friedhöfe der römischen Stadt lagen entlang der Fernstraßen nach Norden (Eigelstein), Nordwesten (um St. Gereon), Westen (Aachener Straße), Südwesten (Luxemburger Straße) und Süden (Severinstraße/Bonner Straße). Bis zu drei Kilometer vor den Stadttoren erstreckten sich römische Grabanlagen, in denen die verstorbenen Mitbürger in mehr oder weniger aufwändigen Gräbern beigesetzt wurden. Je nach Wohlstand wurden den Toten Beigaben für das Leben im Jenseits ins Grab gelegt, darunter Gefäßsätze aus Keramik, Glas und Metall, Geräte, Tracht- und Schmuckbestandteile und anderes mehr. In frührömischer Zeit wurden die Verstorbenen meist verbrannt, wobei man die Asche in Urnen oder Steinkisten bestattete. Später ging man dazu über, die Toten unverbrannt in Holzsärgen oder steinernen Sarkophagen zu beerdigen. Unter dem Einfluss des Christentums wurden die Gräber seit dem 4. Jahrhundert immer seltener mit Beigaben ausgestattet.

Die *CCAA* war von einem dichten Netz römischer Gutshöfe (*villae rusticae*) und Villen (*villae suburbanae*) umgeben. Die landwirtschaftlichen Betriebe reihten sich in Abständen von mehreren hundert Metern wie Perlenketten entlang der römischen Straßen. Vor allem im Kölner Norden gab es zudem große Ziegelbrennereien, die nach industriellen Maßstäben Baustoffe produzierten. Die Ziegeleien nutzten örtliche Tonvorkommen und den Rhein zum Transport.

II. Köln in spätrömischer Zeit

Das römische Köln erlebte zwischen dem 1. und 3. Jahrhundert eine Epoche des Friedens (der *pax romana*), in der die städtische Bevölkerung überwiegend einen hohen Wohlstand genoss. Die Stadt profitierte von einer ertragreichen Landwirtschaft in der Region, von gewerblicher Produktion und einem regen regionalen und überregionalen Handel. Aus allen Teilen des Reiches gelangten damals Waren vorwiegend per Schiff auf dem Rhein in die Stadt.

Erst im 3. Jahrhundert beendeten innere und äußere Konflikte diese Phase auch im Rheinland. In Süddeutschland durchbrachen die Alemannen den Limes, am Mittel- und Niederrhein bedrängten, wie bereits erwähnt, Franken die römischen Provinzen.

Inmitten der sich abzeichnenden Krise erhob sich im Jahre 259/60 der römische Befehlshaber Postumus gegen den rechtmäßigen Kaiser Gallienus – Postumus war somit der Begründer des sogenannten *Gallischen Sonderreiches*. Köln wurde Residenzstadt des Postumus und seiner Nachfolger. Auch als Kaiser Aurelian 274 dieses Sonderreich beseitigt und die Reichseinheit wiederhergestellt hatte, war das Kölner Umland weiterhin Schauplatz von Kampfhandlungen. Die unbefestigten Vorstädte der *colonia* verfielen in dieser Zeit, da die Bewohner sich hinter den sicheren Stadtmauern ansiedelten.

Auch das Leben auf dem Land änderte sich grundlegend: Viele römische Landgüter (*villae rusticae*) wurden damals aufgegeben, andere zu Kleinfestungen (*burgi*) umgebaut. Manch ein Betrieb wurde offenbar germanischen Foederaten überlassen.

2.1. Köln und Constantin

Im Zuge der Neuorganisation des Römischen Reiches bestimmte Kaiser Diokletian (284 bis 305) Köln zur Hauptstadt der Provinz *Germania secunda*. Einer seiner Nachfolger, Kaiser Constantin (306 bis 337), den man später den

14. Das römische Köln in der Vogelschau (nach der Rekonstruktion von R. Stockes, RGM)

15. Grabinventar aus Müngersdorf: Die Waffenbeigabe zeigt, dass es sich um die Bestattung eines wohlhabenden Germanen handelt (4. Jh.)

Großen nannte, versuchte, den germanischen Übergriffen auf das Imperium durch eine offensive Militärstrategie entgegenzutreten. Bei seinen Planungen, die Rheingrenze nachhaltig zu sichern, spielte Köln eine wichtige strategische Rolle. Etwa in den Jahren 310 bis 315 ließ der Kaiser eine feste Rheinbrücke und den rechtsrheinischen Brückenkopf – das Kastell *Divitia* – errichten. Vermutlich wurden damals auch Schenkelmauern von der alten römischen Stadtmauer in Richtung Rhein gezogen, um das Gelände der ehemaligen Insel und den Zugang zur Brücke zu sichern.

Ein Lobredner beschreibt im Jahr 310 den Brückenbau Constantins geradezu euphorisch: „Die Franken wissen, dass sie den Rhein überschreiten können – du (Constantin)

16. Münzprägung Kaiser Constantins d. Gr. (4. Jh.)

würdest sie zu ihrem Verderben gerne herüberlassen –, aber sie können weder auf Sieg hoffen, noch auf Gnade. Was sie selbst erwartet, ermessen sie an den Todesqualen ihrer eigenen Könige, und daher kommt es, dass sie, weit entfernt, den Übergang über jenen Fluss zu beabsichtigen, vielmehr wegen deines begonnenen Brückenbaus voller Verzweiflung sind. Es erscheint dir rühmlich, und es ist in der Tat überaus rühmlich, dass eben dieser Rhein durch eine neue Brücke auch dort zu Fuß begangen werden kann, wo er seine volle Breite hat, wo er schon sehr viele Zuflüsse aufgenommen hat, durch die reißende Strömung schon unbändig wild und nicht länger zufrieden mit nur einem Flussbett danach strebt und drängt, sich in seine beiden Arme zu teilen. Deinem göttlichen Willen, Constantin, ist in der Tat sogar die gesamte Natur dienstbar, wenn in jene Tiefen reißender Strudel die Fundamente solch gewaltiger Pfeilermassen gegründet werden, die zuverlässig und dauerhaft Sicherheit bieten sollen". Der Lobredner erwähnt auch die entlang der Rheingrenze errichteten neuen Kastelle und betont, dass „die diesseits in regelmäßigen Abständen errichteten Kastelle für die Grenzlinie eher eine Zierde als einen Schutz" darstellen.

Durch mehrere große Ausgrabungskampagnen in den vergangenen 130 Jahren ist die Topographie und Architektur des Kastells *Divitia* recht gut bekannt. Die ersten archäologischen Untersuchungen fanden in den Jahren 1879 bis 1882 statt, als der in Deutz stationierte preußische Oberst Wolf den Westen des Kastells anlässlich des Bahnhofneubaus und der Erneuerung der Uferschutzmauern freilegen ließ. Unter Leitung von Fritz Fremersdorf (1894 bis 1983), dem langjährigen Direktor des Römisch-Germanischen

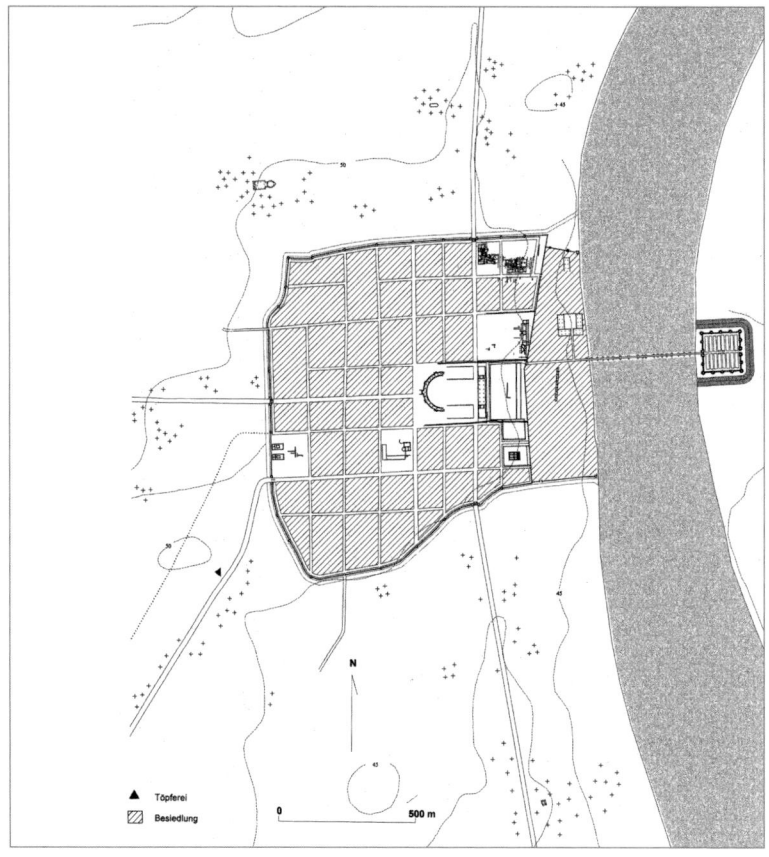

▲	Töpferei
▨	Besiedlung

0   500 m

Museums, wurde zwischen 1927 und 1938 große Flächen im Osten des Kastells sowie Teile des landseitigen Festungsgrabens untersucht. Leider gingen umfangreiche Teile seiner Aufzeichnungen, der Grabungsdokumentation und der Originalfunde in den Luftangriffen des Zweiten Weltkriegs verloren. Im Verlauf der Bauarbeiten und der Erweiterung des ehemaligen Lufthansa-Hochhauses (heute: „MaxCologne") bot sich dann in den Jahren 1967, 1976 und 1979 die Möglichkeit, den Süden des Kastells freizulegen. Die Ausgrabungen standen unter der Leitung von Gundolf Precht. Zuletzt unternahm das Römisch-Germanische Museum Ausgrabungen anlässlich des Baus der rechtsrheinischen Hochwasserschutzwand und der Realisierung des Rheinboulevards (2008, 2010).

17. Die CCAA im 4. Jahrhundert

18. Modell des spätrömischen Kastells Divitia-Deutz (gefertigt 1950 anlässlich der 1900-Jahr-Feier der Stadt Köln)

19. Urbanstraße: Kastell Divitia, konservierte Mauern der östlichen Toranlage (Ansicht 1931)

Das in rund fünfjähriger Bauzeit errichtete 141 mal 141 Meter große Kastell *Divitia* war ein Musterbeispiel spätrömischer Militärarchitektur, gebaut von Einheiten der in Mainz stationierten XXII. Legion (*legio XXII Primigenia*). Die Anlage bot – je nachdem ob dort ausschließlich Fußtruppen oder auch berittene Einheiten stationiert waren – zwischen 500 und 1000 Soldaten Platz. Das Schicksal eines „Beschützers" *(protector)*, Viatorinus mit Namen, sicherlich Offizier in der Garnison, spiegelt sich in einem Grabstein des 4. Jahrhunderts wider. Der Verstorbene wurde nach 30 Dienstjahren im Barbarenland nahe Deutz von einem Franken erschlagen. Der stellvertretende Kommandeur der *Divitienses* ließ den Stein zum Gedenken an den Verstorbenen auf dem römischen Friedhof um St. Gereon aufstellen.

Die Soldaten lebten in 58 Meter langen und 11,5 Meter breiten Mannschaftskasernen (*contubernia*), die zu beiden Seiten der auf West-Ost ausgerichteten, rund fünf Meter breiten Lagerstraße *(via praetoria)* aufgereiht waren. Die eingeschossigen Baracken waren durch knapp vier Meter breite Gassen, in denen holzgefasste Abwasserkanälchen verliefen, getrennt. Im Zentrum des Kastells standen die Gebäude der Lagerkommandantur und der Lagerverwaltung.

Die mächtige Festung war auf den drei Landseiten mit einem zwölf Meter breiten und mindestens drei Meter tiefen Spitzgraben, zwei von Doppeltürmen gefassten Toren zur Rhein- und zur Landseite, 14 Rundtürmen, vermutlich acht Meter hohen und teils mehr als 3,3 Meter starken Mauern gesichert. Die Türme erreichten Mauerstärken von mehr als vier Metern. Beim Bau des Kastells wurden sowohl bergfrische Tuffe aus dem Brohltal (Mauerschalen) als auch Steine in zweiter Verwendung genutzt. Denn die meisten stromaufwärts an Rhein und Mosel gelegenen Steinbrüche, von denen bis zum 3. Jahrhundert auf Schiffen das Baumaterial nach Köln gebracht worden war, wurden im 4. Jahrhundert nicht mehr genutzt. Vor allem in den Fundamenten wurden daher große Mengen von alten Architekturteilen verbaut, aber auch viele zerschlagene Grab- und Weihedenkmäler, die aus den Friedhöfen, Tempelbezirken und Ruinenfeldern im Umfeld der linksrheinischen *Colonia* stammten.

Die Bauinschrift des Kastells, die vermutlich in das zum Rhein ausgerichtete Westtor eingelassen wurde, ist seit dem Mittelalter verschollen – die Inschrift nennt den *„glücklichen und unbesiegbaren Kaiser"* als Sieger über die Franken. Die inhaltliche Überlieferung der Inschrift verdanken wir Rupert von Deutz, dem berühmten Abt des Benediktinerklosters, der 1128 in seiner Schrift *De incendo* – anlässlich eines großen Schadensfeuers – von der Bauinschrift berichtet. Gut 400 Jahre später hat Laurentius Surius, der von 1540 bis 1578 in der Kölner Kartause lebte, die Gründungsinschrift in ihrer angeblich ursprünglichen Fassung in seine sechsbändige Schrift der Heiligenviten *(De probatis Sanctorum historiis)* aufgenommen. In der Einleitung zur Heribertsvita erwähnt Surius das *castrum Divitensium*.

20. Grabstein des Viatorinus, der nahe Deutz von einem Franken erschlagen wurde (4. Jh.).

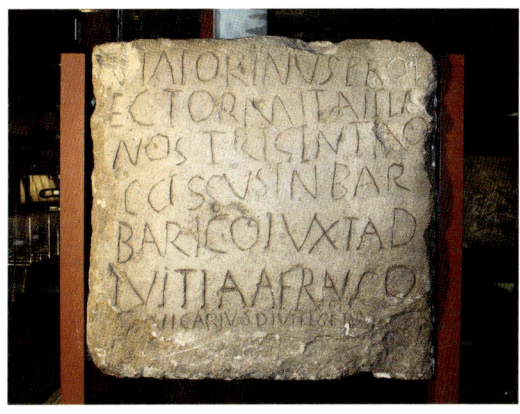

2.2. Das Ende der römischen Herrschaft am Rhein

Seit Constantin werden in den Kämpfen an der Rheingrenze zahlreiche loyale fränkische – nicht selten aus adligen Familien stammende – Befehlshaber auf römischer Seite erwähnt, denen mit ihren Mannschaften der Grenzschutz übertragen wurde. Das römische Heer bestand in dieser Zeit zum größten Teil aus germanischen Verbänden, selbst in Eliteeinheiten stellten Germanen die Mehrheit.

Das Ende der römischen Herrschaft am Rhein wurde in der Mitte des 4. Jahrhunderts langsam eingeläutet – speziell in den Jahren 355/56, als Köln erstmals von den Franken eingenommen wurde. Damals hatte sich der Heermeister Silvanus, ein Franke, der in römischen Diensten Karriere gemacht hatte, in Köln zum Gegenkaiser ausrufen lassen – Kaiser Constantin II. schickte daraufhin Gewährsleute nach Köln, die den Usurpator in kaiserlichem Purpur nach nur 28 Tagen ermordeten. Auf der Flucht vor seinen Verfolgern soll sich Silvanus in einem christlichen Versammlungsraum (*conventiculum ritus Christiani*) versteckt haben – der erste Beleg für einen frühchristlichen Kultraum in Köln.

Bald nach dem Tod des Silvanus griffen fränkische Verbände die Stadt an – und es gelang ihnen, Köln zu erobern. Die Zerstörungen, die sie dabei anrichteten, lassen sich auch in den Ausgrabungen gut nachweisen. Der römische Schriftsteller Ammianus Marcellinus wurde als junger Offizier Zeuge der Ereignisse. Jahrzehnte später hielt er fest: „Eine Nachricht besagte, *Colonia Agrip-*

21. Kennedy-Ufer: Grundriss des spätrömischen Kastells Divitia mit hinterlegtem Luftbild und aktueller Bebauung

pina, eine Stadt von bedeutendem Ansehen in der *Germania secunda*, sei von den Barbaren hartnäckig belagert, mit starken Kräften geöffnet und zerstört worden."

Nach zehnmonatiger Besetzung gewann der römische Oberbefehlshaber – und spätere Kaiser – Julian die Stadt zurück, die der Chronist nun wieder nur *Agrippina* nennt, und er ließ Schäden an Gebäuden und Infrastruktur notdürftig ausbessern. Möglicherweise ist das vermauerte Hafentor, das bei Ausgrabungen für den Bau der „Nord-Süd Stadtbahn" auf dem Kurt-Hackenberg-Platz freigelegt werden konnte, Zeugnis dieser militärischen Aktionen. Die in das römische Reichsgebiet eingedrungenen Franken ließ Julian im Jahr 359 als Verbündete an der Rheinmündung siedeln.

In der *notitia Galliarum* – einer Kopie eines mehrfach überarbeiteten römischen Staatshandbuches – wird Köln um das Jahr 400 als *civitas Agrippinensium* (Stadt der Agrippinenser) erwähnt. Sie ist zwar nicht als Standort von Reichstruppen ausgewiesen, im Gegensatz zu Mainz; dass Militärs zur Sicherung der Hauptstadt der *Germania secunda* stationiert waren, ist aber dennoch anzunehmen. Offenbar nahmen in der Spätzeit der römischen Herrschaft nicht mehr kaiserliche Truppen diese Aufgabe wahr, sondern verbündete fränkische Kontingente *(foederati)* unter der Aufsicht einer reduzierten römischen Zivilverwaltung. Der Dienst im römischen Militär war ein erster Schritt

22. Kurt-Hackenberg-Platz: Römische Stadtmauer und Kanalauslass (spätes 1. Jh. n. Chr.), das Hafentor über dem Kanal wurde im 4. Jahrhundert vermauert.

zur Romanisierung der Franken – das Militär war damals Träger und Vermittler des romanisch-mediterranen Kulturmodells, damit auch der neuen Religion des Christentums. Romanisierung fand aber auch in den Städten statt, im Austausch zwischen den romanischen Provinzialen und den Franken.

Auch die Ergebnisse von Ausgrabungen zeigen, dass Köln bis zum frühen 5. Jahrhundert ein intaktes städtisches Zentrum war. Eine Inschrift des Heermeisters Arbogast aus den Jahren 392/94, die auf ein nicht näher zu identifizierendes öffentliches Gebäude – vielleicht den Statthalterpalast oder die Thermen – zu beziehen ist, belegt Baumaßnahmen der römischen Administration. Dass dies kein Einzelfall war – es gab in spätrömischer Zeit offenbar große Bauaufträge der öffentlichen Hand – belegen archäologische Untersuchungen der vergangenen Jahre. Auf dem Heumarkt wurde ein mehr als 100 Meter langer Bau freigelegt, der vielleicht wirtschaftlichen oder militärischen Zwecken diente. Beim Bau der „Nord-Süd Stadtbahn" kamen im Norden des Alter Markt mächtige Fundamente eines Gebäudes unbekannter Funktion ans Tageslicht.

23. Heumarkt: 1998 ausgegraben — ein spätrömischer Großbau (4. Jh.)

24. Hohe Straße: spätrömischer Steinplattenbelag über einem älteren Kanal (4. Jh.)

25. Hohe Straße: Ein Kanal ist mit Steinplatten des Straßenpflasters abgedeckt (4. Jh.)

Saniert wurden auch die Verkehrswege. Das Straßenpflaster des *cardo maximus* war infolge der intensiven Nutzung so schadhaft, dass man in der zweiten Hälfte des 4. Jahrhunderts begann, die Straße und das dazugehörige Kanalsystem unter Verwendung von altem Steinmaterial wieder in einen nutzbaren Zustand zu versetzen. Schäden im Pflaster wurden mit Trachytplatten, Basalten, Kalk- und Sandsteinen aus dem Stadtgebiet aufgefüllt. Weihesteine, Säulen-

trommeln, der Torso einer fast lebensgroßen Marmorstatue und die Kalk-
steingrabstele mit dem Relief eines römischen Soldaten mit Schwert, Lanze
und Schild fanden beim Straßenbau eine zweite Verwendung. Das so erneuerte
Pflaster blieb lange Zeit in Nutzung. Vermutlich um die Mitte des 5. Jahrhunderts wurde der inzwischen wieder schadhafte Steinplattenbelag erneuert.

2.3. Eine Christengemeinde in der *civitas Agrippina*

Spätestens seit Beginn des 4. Jahrhunderts war Köln nachweislich Bischofssitz
– nachdem das Christentum unter Kaiser Constantin Staatsreligion geworden
war, sind kirchliche Organisationsformen in den nordalpinen römischen Provinzen nachweisbar, so auch in der *Germania secunda* und deren Verwaltungszentrum Köln. In den Jahren 313/14 wird ein Bischof Maternus *de Agrippina civitate*
(aus der Stadt Agrippina) als Teilnehmer zweier historisch belegter Synoden in
Rom und Arles erwähnt. Die früheste Nachricht über einen Versammlungsraum (*conventiculum*) der Christen stammt, wie bereits erwähnt, aus dem Jahre
355, als Köln noch Hauptstadt der römischen Provinz *Germania secunda* war.

Maternus hatte möglicherweise bereits um 300 das Trierer Bistum geleitet,
danach wurde er dann nach Köln berufen. Er war vermutlich ein Vertrauter
Kaiser Constantins, der ja zu Beginn seiner Regierungszeit mehrfach in Köln
weilte. 313 gehörte Maternus einem Kreis gallischer und italischer Bischöfe
an, die in Rom – unter Vorsitz von Papst Miltiades – über den Bischof von
Karthago urteilen sollten. Ein Jahr später war der Kölner Bischof Teilnehmer
des Konzils in Arles, und gemeinsam mit seinem Diakon Macrinus unter-
zeichnete er die Akten des Konzils. Seine Teilnahme an zwei wichtigen Kir-
chenversammlungen spricht dafür, dass er in der weströmischen Kirchenorga-
nisation einen nicht geringen Einfluss hatte. Eine hochmittelalterliche Quelle
berichtet, Maternus habe bis 328 gelebt.

Als zweiter Name wird Bischof Euphrates in einer frühmittelalterlichen Kölner Bischofsliste geführt. Sein Name spricht wohl dafür, dass er aus dem Osten
des Reiches an den Rhein gekommen ist. Genaue Lebensdaten sind nicht überliefert, doch dürfte er als direkter Nachfolger des Maternus im zweiten Viertel des
4. Jahrhunderts gewirkt haben. Bekannt ist von Euphrates, dass er in den Jahren 342/43 an einem Konzil in *Serdica* (Sofia) teilnahm, das im Rahmen des

26. Die Severinus-Scheibe aus dem Schrein des Heiligen (11. Jh.)

schwelenden Streites zwischen Arianern und Athanasianern abgehalten wurde. Als Gesandter der Synode reiste er zum Kaiser nach Antiochia, wo sich die östlichen Bischöfe versammelt hatten. Drei Jahre später wurde Euphrates – einer nicht gesicherten Überlieferung zufolge – wegen Häresie abgesetzt. Wenig später, so heißt es, sei er an inneren Schmerzen gestorben, seinen Leichnam habe man bei Neuss in den Rhein geworfen.

Der erste Bischof, dessen Wirken Spuren in Köln hinterließ, ist Severinus, ein Zeitgenosse des hl. Martin von Tours und des römischen Heerführers Arbogast. Gregor von Tours berichtet von einer Wanderung Severins zu verschiedenen Kirchen vor den Stadtmauern Kölns, in diesem Zusammenhang nennt er die Gereonskirche, die Ursulakirche und eine Kapelle auf dem Friedhof südlich der Stadt. An jenem Sonntag – so Gregor – „hörte er in der Stunde, da der heilige Martinus starb, in der Höhe einen Chor singen". Er deutete die Erscheinung so, dass der Bischof Martin aus der Welt geschieden sei und Engel ihn in den Himmel holten. Nach der Legende soll sich Severin auf dem Martinsfeld aufgehalten haben, der Todestag des hl. Martin von Tours ist dagegen einigermaßen historisch gesichert, der 8. November 397, so dass Severin, der als Kämpfer gegen den Arianismus geschildert wird, um die Wende zum 5. Jahrhundert als Bischof von Köln amtiert haben muss. Von Severin ist nur der Todestag überliefert, der 25. Oktober (ohne Jahresangabe), zwei Kilometer südlich der Römermauer, an der Stelle des späteren Stifts St. Severin, wurde er beigesetzt. Alles, was später zu Severin überliefert wurde, trägt eher legendenhafte Züge.

Die auf Severin folgende rund 150-jährige Lücke in der Kölner Bischofsliste ist in der historischen Forschung vielfach und kontrovers diskutiert worden. Man sah darin einen Hinweis auf den „Untergang" Kölns im 5. Jahrhundert. Heute wissen wir, dass diese Vermutung nicht zutrifft. Jüngere Untersuchungen, insbesondere die von Werner Eck, lassen keinen Zweifel daran zu, dass die Unterbrechungen in der Bischofsliste lediglich auf lückenhaft überlieferte Schriftquellen zurückzuführen sind.

III. Die Franken übernehmen Köln – das Reich der Rheinfranken

Trotz des offenkundigen Mangels an schriftlichen Quellen lassen sich die Vorgänge und Verhältnisse in der ersten Hälfte des 5. Jahrhunderts einigermaßen rekonstruieren. Vor allem die Erkenntnisse der Archäologie widerlegen das Bild der Zerstörung, des Untergangs, und erzählen die Geschichte eines Übergangs – in dessen Verlauf zwar einiges verloren ging, in der Summe aber weit mehr erhalten blieb.

3.1. Die Zeit der „Völkerwanderung" am Rhein

Bereits zu Beginn des 5. Jahrhunderts hatten sich die Verhältnisse in den römischen Provinzen am Rhein erheblich verschlechtert. In der Neujahrsnacht des Jahres 407 hatten Alanen, Sueben und Vandalen den Rhein überschritten, anschließend waren sie mehrere Jahre lang plündernd durch Gallien und später durch Spanien gezogen. Die römischen Truppen waren zu dieser Zeit längst nach Italien beordert worden, wo sie zum Kampf gegen Alarich und die Westgoten benötigt wurden. 413 nutzten die ostgermanischen Burgunder das Chaos, um sich, wie überliefert, „in einem Teil Galliens nahe des Rheins" niederzulassen; möglicherweise bildete diese Herrschaft die historische Vorlage für das Burgunderreich in Worms, einem Schauplatz des Nibelungenliedes. Dieses Reich wurde um 437 vom Heermeister Aetius, dem „letzten Römer", wie er genannt wurde, mit Hilfe hunnischer Hilfstruppen zerstört; auch das möglicherweise ein Verweis auf den Untergang der Burgunder im Nibelungenlied. Die Reste des Stammes wurden damals in Savoyen angesiedelt, der Keimzelle des „zweiten" Burgunderreichs.

Im Jahr 451 unternahmen die Hunnen dann unter der Führung ihres Königs Attila einen großangelegten Feldzug nach Gallien, dessen Ziel die Vereinigung mit den Vandalen, die Nordafrika beherrschten, und die Vernichtung des Weströmischen Reiches gewesen sein soll. Doch auf den Katalaunischen

Feldern in der Champagne wurde ihnen von Aetius Einhalt geboten, der neben wenigen römischen Legionen vor allem Westgoten und fränkische Verbände gegen die Hunnen aufbieten konnte.

In der Schlacht trafen rechtsrheinische Franken, die sich Attilas Scharen angeschlossen hatten, auf Stammesbrüder, die links des Rheins siedelten. Attilas Niederlage habe den Weg frei gemacht für Merowech, den Anführer der salischen Franken, die auf Seiten des Aetius gekämpft hatten – er gilt als Ahnherr der Merowinger. Sein Sohn Childerich I. sollte bis 481/82 über Gruppen der salischen Franken herrschen. In den Beigaben seines Prunkgrabes spiegelt sich das Selbstbewusstsein eines bedeutenden germanischen „Soldatenkönigs" seiner Zeit beispielhaft wider. Es vermittelt eine konkrete Vorstellung von der spätantiken Militäraristokratie germanischer Abstammung.

Die Schlacht auf den Katalaunischen Feldern

Es war die größte Schlacht, die im Verlauf der sogenannten „Völkerwanderung" geschlagen wurde: Am 20. Juni des Jahres 451 (so der Chronist Jordanes, in einer anderen Quelle wird der 20. September als Datum genannt) standen sich auf dem – wahrscheinlichen – Schlachtfeld zwischen Troyes und Chalons-sur-Marne, auf dem *campus Mauriciacus*, zwei fast gleichstarke Heere mit zusammen etwa 100000 Männern gegenüber (Jordanes spricht von 500000 Kämpfern). Auf hunnischer Seite stellten Kontingente unterworfener Stämme die Mehrheit der Truppen: Ostgoten, Gepiden, Heruler, Rugier, Skiren, Franken, Sarmaten; die hunnischen Reiter bildeten lediglich das Zentrum. Auf der anderen Seite stand ein ebenso heterogenes Aufgebot: Römer, Westgoten, Burgunder, Franken, Bretonen, Sachsen sowie Alanen, um nur einige zu nennen. Im Verlauf der Schlacht, die von Attila angeblich erst am Nachmittag angenommen wurde, wurde der König der Westgoten, Theoderich (auch Theoderid genannt), getötet. Angeblich traf ihn ein Speer, den ein Ostgote geworfen hatte. Noch auf dem Schlachtfeld wurde Theoderichs Sohn Thorismund zum neuen König erhoben. Entscheidend für den Ausgang der Schlacht sollte werden, dass die Gepiden auf Attilas rechtem Flügel sowie die Ostgoten, die ihren westgotischen Stammesge-

27. Europa nach dem Untergang des Weströmischen Reichs (476)

nossen gegenüberstanden, dem Druck der römisch-germanischen Angriffe nicht standhielten. Am Abend befahl der Hunnenkönig den Rückzug. Die Schlacht war eine Niederlage für Attila, doch da (möglicherweise auf den Rat des Aetius) das westgotische Aufgebot in die königliche Residenzstadt Toulouse abzog, um das Königtum Thorismunds abzusichern, konnten die Hunnen und ihre Verbündeten, von den Legionen des Aetius lediglich beobachtet, schließlich den Rückzug in die pannonische Ebene (im heutigen Ungarn) antreten.

Die Schlacht selbst lieferte den Stoff für Legenden: Das Blut der Gefallenen, so Jordanes, habe das Wasser eines Flüsschens in der Ebene rot gefärbt. Schließlich sei der Fluss durch das Blut zu einem reißenden Strom angeschwollen, und die erschöpften Krieger sollen ihren Durst im blutgetränkten Wasser gelöscht haben. Nach Jordanes' Angaben gab es 180000 Gefallene; eine andere Überlieferung berichtet, dass als Folge der erbitterten Kämpfe selbst die Geister der Erschlagenen in den Lüften weitergekämpft hätten.

3.2. Das Grab Childerichs I.

Als man am 17. Mai 1653 in Tournai (im heutigen Belgien) bei Ausschachtungen für ein neues Gemeindehospiz der Kirche Saint Brice zufällig auf das mit reichen Beigaben ausgestattete Grab Childerichs I. stieß, war dies eine Sensation ersten Ranges, vor allem für die damalige Zeit. Tournai, das antike *Turnacum*, liegt an einem strategisch wichtigen Übergang über die Schelde und gehörte bis in die Zeit der Französischen Revolution zum Reich der Habsburger, im 17. Jahrhundert zu den Spanischen Niederlanden.

Unter chaotischen Begleitumständen, so heißt es, soll die Fundstelle in den Maitagen 1653 durchwühlt worden sein – bis es dem Ortspfarrer gelang, die Grabbeigaben größtenteils zu sichern. Die Funde gelangten in den Besitz des Erzherzogs Leopold Wilhelm, des Statthalters der Spanischen Niederlande, Sohn Kaiser Ferdinands II. 1655 veröffentlichte der Leibarzt des Statthalters, Jean Jacques Chiflet, die für seine Zeit mustergültige Monografie *Anastasis Childerici I*, in der die reiche Grabausstattung abgebildet ist. Da vieles in den Wirren der folgenden Jahrhunderte verloren ging und nur wenige Gegenstände aus dem Childerich-Grab im Original erhalten sind, handelt es sich bei dem Buch um eine Quelle ersten Ranges.

Der goldene Siegelring im Grab ließ von Anfang an keinen Zweifel daran zu, dass es sich um das Grab des aus den Schriftquellen bekannten Childerich I. handelte. Der Siegelring trägt das Bildnis des Königs und die seitenverkehrte Umschrift CHILDIRICI REGIS. Der 481/82 Verstorbene war – dies haben Nachgrabungen am Fundplatz vor einigen Jahren ergeben – in einer Grabkammer unter einem mehrere Meter hohen und 20 bis 40 Meter breiten Grabhügel beigesetzt. Im Umfeld des Hügels fand man drei Gruben mit insgesamt 21 geopferten Pferden.

Das Childerich-Grab war außerordentlich reich ausgestattet. Die Beigaben sind vor allem durch die Publikation Chiflets bekannt. Die Goldgegenstände wurden aber 1831 gestohlen und größtenteils eingeschmolzen. Die wenigen damals von der Polizei gesicherten Originale werden heute in der Bibliothèque Nationale de France in Paris ausgestellt.

Unter den reichen Beigaben sind drei Gegenstände sozialgeschichtlich von besonderer Bedeutung: Durch den goldenen Siegelring ist es möglich, den Verstorbenen zu identifizieren. Der Ring diente zur Vornahme von Rechtshandlungen nach römischem Brauch. Aus einem Brief des hl. Remigius wissen wir, dass Childerich, der Vater Chlodwigs, oberster Verwalter der Provinz *Belgica Secunda* war. Die goldene Zwiebelknopffibel, die vermutlich an der rechten Schulter getragen wurde und das *paludamentum* verschlossen hat, zeichnet ihn als hohen Würdenträger und föderierten „barbarischen" *rex* aus (d. h., einen mit Rom verbündeten germanischen Kleinkönig). Es ist möglich, dass Childerich die Fibel von Kaiser Maiorian oder dem *magister militum* Aegidius persönlich überreicht worden ist. Der rund 300 Gramm schwere, massiv goldene Armreif ist die Insignie eines germanischen Fürsten. Das berühmte Mosaik in der Basilika San Vitale in Ravenna (Italien), das Kaiser Justinian I. (527 bis 565) schaffen ließ, zeigt den Kaiser mit seinem Gefolge. Zu seinen Seiten stehen Würdenträger mit weißen Gewändern, die an der rechten Schulter mit goldenen Fibeln verschlossen sind. Links vom Herrscher sind mehrere bewaffnete Germanen dargestellt, gekennzeichnet durch goldene Halsringe.

Auch die anderen Beigaben, die im Grab gefunden wurden, sind von außerordentlicher Qualität. Eine goldene Schnalle war mit roten Edelsteinen verziert,

29. Einzigartige Zeugnisse: Beigaben aus dem Grab Childerichs I.

ebenso die Schuhschnallen und der kostbare Taschenbügel. Der Verstorbene
trug außerdem einen einfachen goldenen Fingerring. Mindestens 27 bienenför-
mige Beschläge schmückten seinen Mantel. Ein schwerer Stierkopfanhänger aus
Gold mit roten Granateinlagen könnte vom Pferdegeschirr stammen. Childerichs Börse setzte sich aus mindestens 200 römischen Silbermünzen und über

100 Solidi zu jeweils 4,5 Gramm Gold zusammen. Die jüngsten Goldprägungen gehen auf die oströmischen Herrscher Zeno (474 bis 491) und Basiliskos (476/77) zurück; vermutlich waren diese Münzen Teil der vertraglich vereinbarten Zahlungen des Reiches an den Föderaten Childerich. Zur persönlichen Waffenausstattung gehörten Lanze, Wurfbeil (Franziska), ein Sax und die kostbare Spatha, deren Handhabe und Scheide mit Goldblech und Granaten geschmückt war. Goldene Schwerter waren in den germanischen Reichen nur den höchsten militärischen und herrschaftlichen Würdenträgern vorbehalten.

Kostbare Langschwerter im frühen Mittelalter

Als Insignie der Macht und Symbol der Herrschergewalt genoss das zweischneidige Langschwert mit zugehörigem Waffengurt stets besondere Aufmerksamkeit. Prunkwaffen wurden als Zeichen der Freundschaft auf oberster sozialer Ebene zwischen gleichberechtigten Herrschern oder deren Ministerialen überreicht. Das Zeremoniell am merowingischen bzw. karolingischen Hof orientierte sich an byzantinischen Vorbildern in Konstantinopel. Auch dort galt der kostbare Gürtel als diplomatisches Geschenk, ebenso wie kostbare Seidengewänder oder Gewürze. Das Amt des Spathaträgers (*spatharius*) war am kaiserlichen Hof in Byzanz wie auch bei Merowingern und Karolingern gleichermaßen hoch angesehen.

Die mit Edelmetallen und Edelsteinen kunstvoll verzierten Schwerter und Wehrgehänge wurden nicht im Kampf eingesetzt, sondern dienten der Repräsentanz am Hofe. Die Klingen sind Resultat komplizierter Schmiedearbeiten. Doch noch größerer Aufwand wurde bei der Herstellung der Schwertgurte betrieben. Sie waren nicht nur fester Bestandteil des Schwertes, sondern bildeten auch den „wirkungsvollsten Schmuck des Kriegers" mit hoher Symbolkraft, wie bildliche und schriftliche Quellen der Zeit nachdrücklich belegen. Die prächtigen Garnituren werden höfischen Werkstätten zugeschrieben, in denen auf repräsentative Bedürfnisse spezialisierte „Hofjuweliere" tätig waren.

Auch Gregor von Tours erwähnt für das Jahr 590 eine „Prunkwaffe", Geschenk der Söhne des verstorbenen ehemaligen *comes* Waddo von Saintes an König Childebert II. „Der Griff war mit Gold und Edelsteinen verziert, auch gehörte ein entsprechendes Wehrgehenk dazu." Und zu 585 beschreibt Gregor die „Prunkwaffen des Usurpators Gundowald und des ehemaligen Patricius Mummolus Eunius; sie tauschen die goldenen Wehrgehenke als Zeichen der Freundschaft. Als Mummolus die Freundschaft aufkündigte, forderte er den Rücktausch."

Auch in der Karolingerzeit ändert sich daran nichts. Pippin der Jüngere erhielt 758 von Papst Paul I. ein mit Juwelen besetztes Schwert, ein Wehrgehänge, ein zweites Schwert, einen Ring, ein reich verziertes Gefäß und einen Mantel zum Geschenk. Einhard, Vertrauter und Biograph Karls des Großen, schreibt über den Kaiser: „Die Kleidung, die er trug, war die seiner Väter … Dazu trug er einen blauen Mantel und stets ein Schwert, dessen Griff und Gehenk von Gold oder Silber war. Bisweilen trug er auch ein mit Edelsteinen verziertes Schwert, dies jedoch nur bei besonderen Feierlichkeiten oder wenn Gesandte fremder Völker vor ihm erschienen."

3.3. Köln und Deutz im 5. Jahrhundert

Um das Jahr 440 klagt der in Trier oder Köln geborene Kleriker Salvian von Marseille (in seiner Schrift *De gubernatione Dei*), „Köln sei voller Feinde", viele romanische Einwohner, vor allem die, die es sich leisten konnten, seien längst aus der Stadt geflohen. Im Gegensatz zu Trier, das – so Salvian – bereits zum vierten Mal zerstört wurde, werden solche Zerstörungen für Köln nicht erwähnt. Schon Otto Doppelfeld vermutete, dass es sich bei diesen „Feinden" nicht um Eroberer im eigentlichen Sinne, sondern um Franken und andere Germanen in römischen Diensten handelte.

Diese germanischen Föderaten, die die Sicherung der Rheingrenze übernommen hatten, erfüllten den Auftrag Roms offenbar bis zum Jahr 455. Nach der Ermordung des Heermeisters Aetius und dem Tod seines Mörders, des weströmischen Kaisers Valentinian III., blieben indessen die Soldzahlungen aus, und die germanischen Söldner sahen sich fortan nicht mehr an ihre

Verträge gebunden. Der *liber historiae Francorum,* eine Chronik aus dem 8. Jahrhundert, nennt die Jahre 459/61 als Zeitpunkt der endgültigen Übernahme Kölns durch die Franken. Im Text der Schrift, der wegen seiner zentralen Bedeutung hier nochmals zitiert werden darf, heißt es wörtlich: „In diesen Tagen nahmen die Franken die am Rhein gelegene Stadt Agripina und nannten sie Colonia, als ob Pächter, Siedler – *coloni* – in ihr wohnten. Dabei töteten sie eine große Menge Römer, die zum Anhang des Aegidius gehörte, Aegidius selbst konnte aber fliehen."

Der Stadtname seit dem 4. Jahrhundert

Tacitus nannte die römisch-ubische Siedlung in der ersten Hälfte des 1. Jahrhunderts n. Chr. *oppidum Ubiorum, civitas Ubiorum* oder *ara Ubiorum*. Mit der Erhebung zur Kolonie erhielt die Siedlung im Jahre 50 n. Chr. offiziell den Namen *Colonia Claudia Ara Agrippinensium,* kurz: *CCAA*. Die Kölner Bürger nannten sich bis ins 4. Jahrhundert überwiegend „Agrippinensier". Der Namensteil *ara* und der Hinweis auf die claudische Dynastie wurden schon im 3. Jahrhundert meistens weggelassen; aus der *CCAA* wurde *Colonia Agrippina*.

Mit den Staatsreformen des Diocletian und der constantinischen Dynastie, in deren Verlauf viele Städte umbenannt worden sind, verlor selbst der Kolonietitel an Bedeutung. Im 4. und 5. Jahrhundert wurde die Stadt in den meisten Quellen nur noch *Agrippina* genannt, so in den Schriften der Kirchenhistoriker Hieronymus, Orosius und Zosimus. Der erste namentlich bekannte Kölner Bischof wird als *Maternus de Agrippina civitate* erwähnt. Bei Ammianus Marcellinus, des weiterem in einem Brief Kaiser Julians an die Athener, dann im Codex Theodosianus, einer Gesetzessammlung, die Kaiser Theodosius II. (408 bis 450) zusammen stellen ließ, heißt die Stadt durchgehend nur *Agrippina*. Auch beim Kleriker Salvian von Marseille, der um die Mitte des 5. Jahrhunderts lebte, sowie bei dem gallorömischen Dichter Sidonius Apollinaris, dessen Werk um 455/56 entstand, lesen wir nur *Agrippina*.

Erst Gregor von Tours nahm im 6. Jahrhundert den alten Stadtnamen wieder auf, indem er schrieb: *in Agrippinensium civitatem, quae nunc Colonia dicitur* (in die Stadt der Agrippinenser, die nun

Colonia genannt wird); an anderer Stelle heißt es bei Gregor aber auch *Colonia civitas.* Diese Textpassage griff der unbekannte Autor des *liber historiae Francorum* im 7. Jahrhundert auf, indem er einen Zusammenhang zwischen den in Köln „siedelnden" Franken und dem Namen *Colonia* herstellte.

Das rheinfränkische Kleinkönigtum, das sich nun in und um Köln herum etablierte, dessen Herrschaftsanspruch vom Rhein bis zur Maas reichte, war nur eines von mehreren fränkischen Teilreichen. Gallien, so schreibt der Historiker Walther Pohl, war damals „ein Mosaik kleinerer und größerer Mächte". In der Provinz *Belgica secunda* und vielleicht auch in *Toxandria* (Tiesterbant/Kampen in den Niederlanden) herrschte der schon mehrfach erwähnte Childerich I., der Vater Chlodwigs. Hauptort der Provinz *Belgica prima* war Trier, wo der romanisierte Franke Arbogast (zur Unterscheidung von seinem gleichnamigen Vorfahren „der Jüngere" genannt) die Herrschaft ausübte. Seine Familie war seit mehreren Generationen an der Mosel ansässig. Seit 461 wird auch das bereits erwähnte „zweite" Reich der Burgunder westlich des Genfer Sees (möglicherweise mit Lyon als Hauptstadt) in den Schriftquellen erwähnt. Neben diesen germanischen Kleinkönigtümern vertrat gleichzeitig der aus Köln vertriebene Aegidius als *magister militum Galliarum* (Heermeister der gallischen Provinzen) die Interessen Roms, das weiterhin vom Bestand und der Zugehörigkeit der drei Provinzen ausging. Der Dichter und Schriftsteller Sidonius Apollinaris (um 430 bis 479) nennt die Landschaft als Teil des römischen Reiches *terrae Belgicae sive Rhenanae.*

Diese Situation änderte sich erst, als die Zentralregierung in Rom den Aegidius im Jahr 463 absetzte und an seiner Stelle den Burgunderkönig Gundowech zum Heermeister erhob. In dieser Konfliktsituation bekannte sich Childerich I. zu Aegidius, der die Entscheidung aus Rom nicht akzeptieren wollte, während sich die Rheinfranken auf Seite der Burgunder schlugen – der namentlich nicht bekannte erste rheinfränkische König verheiratete zudem seinen Sohn Sigibert mit einer burgundischen Prinzessin. Nach der Absetzung des letzten römischen Kaisers, des Romulus Augustulus, im Jahre 476 scheinen die Rheinfranken ihren Herrschaftsanspruch bis an die Mosel ausgeweitet zu haben. Childerichs Sohn und Nachfolger Chlodwig besiegte einige Jahre

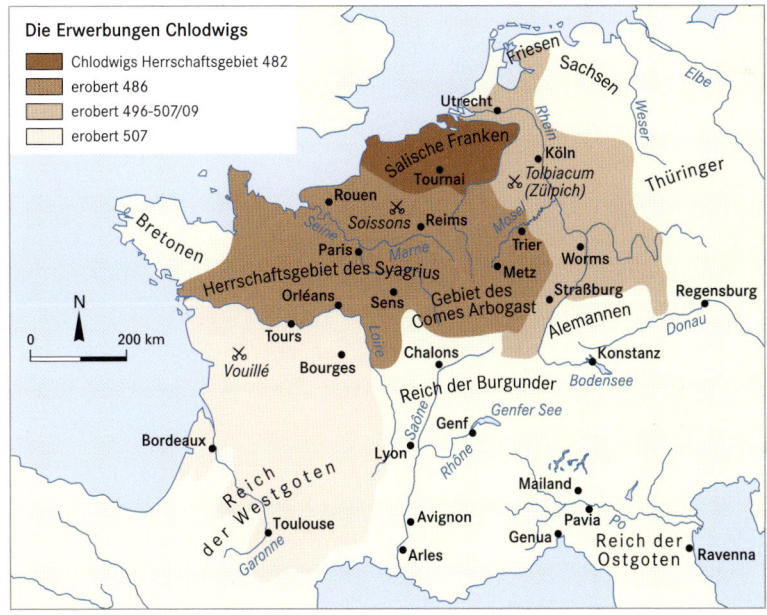

30. Das Frankenreich im Jahre 511

später wiederum den Sohn des Aegidius, Syagrius, den „König der Römer", wie er in einer Quelle genannt wird, und zerschlug damit die letzten römischen Machtstrukturen in Gallien.

Zur gleichen Zeit wie Chlodwig regierten Chararich, Ragnachar und Richarius als Teilkönige über andere salfränkische Gruppen.

Im letzten Viertel des 5. Jahrhunderts, so berichtet Gregor von Tours, war Sigibert König der Rheinfranken. Der erste Herrscher der Rheinfranken – der Vater Sigiberts – war wahrscheinlich ein hoher Offizier in römischen Diensten und hatte, genau wie Merowech bei den Salfranken, die Gunst der Stunde genutzt und eine eigene Herrschaft errichtet.

Dieses fränkische Kleinkönigtum wurde in der Literatur bisweilen „ripuarisches" Reich genannt. Die „Ripuarier" (lat. Uferbewohner) waren diejenigen Franken, die am Rhein siedelten. Der Name taucht aber erst im 7. Jahrhundert erstmals in den Quellen auf – die *lex Ribuaria*, das merowingische Gesetzbuch für die Franken am Rhein, wurde unter König Dagobert (629 bis 639) aufgezeichnet. Daher ist man dazu übergegangen, Sigiberts Reich als „rheinfränkisch" zu benennen.

51

Die *lex Ribuaria*

Seit dem 6. Jahrhundert werden die Stammesrechte der germanischen Völker, die sich auf dem Boden des untergegangenen Weströmischen Reichs niedergelassen haben, systematisch gesammelt, kodifiziert und schriftlich niedergelegt, so etwa die *lex Burgundionum*, eine der ältesten germanischen Rechtsammlungen. Im fränkischen Reich hat bereits Chlodwig I. (482 bis 511) die Erstellung einer Gesetzessammlung veranlasst – die *lex Salica* stammt aus der Zeit nach der Eroberung der westgotischen Teile Galliens (507). Die im 7. Jahrhundert, wohl in der Regierungszeit Dagoberts I. (629 bis 639) entstandene *lex Ribuaria* ist demgegenüber kein „Stammesrecht", sondern ein Gesetzbuch für die Franken, die im früheren rheinfränkischen Kleinkönigreich siedeln. Die *lex Ribuaria* enthält z. B. einen Wergeldkatalog, in dem immer wieder die herausgehobene Stellung der Ribuarier, der fränkischen „Uferbewohner" (von lat. *ripa* = das Ufer), hervorgehoben wird. So heißt es im Text unter anderem: „Wenn ein Ribuarier einen zugewanderten Franken tötet, werde er wegen 200 Schillingen als schuldig erachtet." Oder: „Wenn ein Ribuarier einen zugewanderten Römer tötet, werde er mit zweimal 50 Schillingen bestraft." Das zeigt nicht zuletzt, dass die rheinischen Franken auch nach dem Aufgehen im Großreich der Merowinger eine eigene rechtliche Identität bewahren konnten.

Sigibert residierte im Kölner Prätorium, so wie in Trier die constantinische Palastaula als Residenz diente. Vermutlich wurde damals aus römischem Staatsland fränkischer Königsbesitz (Fiskalgut). Gregor von Tours erwähnt die königliche Halle (*aula regia*) in der *Colonia* um 520.

Das Verhältnis zwischen Rhein- und Salfranken scheint im letzten Drittel des 5. Jahrhunderts intakt gewesen zu sein. Bekannt ist, dass beide „Stämme" damals gegen die Nordexpansion der Alemannen vorgingen. In der Schlacht bei *Tolbiacum* (Zülpich) kämpften Rhein- und Salfranken gemeinsam gegen ein alemannisches Heer. Sigibert wurde in dieser Schlacht schwer verletzt und führte fortan den Beinamen „der Lahme". Der Sieg wurde aber vor allem Chlodwig zugeschrieben. Nach einer erneuten Niederlage der Alemannen, vermutlich im Jahr 506, wurde das alemannische Stammesgebiet Teil des Frankenreiches. Auch im Jahr 507 standen die Rheinfranken an der Seite der salischen Franken; es ging gegen die Westgoten in Südwestfrankreich. Den Sieg über die Westgoten in der Schlacht von Vouillé (nördlich von Poitiers) errangen salische und rheinische Franken gemeinsam. Die Schlacht bedeutete das Ende des *tolosanischen* Königreichs der Westgoten in Gallien – ihre Hauptstadt Tolosa (Toulouse) wurde von den Franken erobert. Die besiegten Goten flohen nach Spanien, nur ein schmaler Küstenstreifen zwischen Rhone und Pyrenäen unterstand weiterhin ihrer Herrschaft. Die Franken beherrschten nun den größten Teil Galliens.

Chlodwig und die Merowinger

Chlodwig entstammte dem Geschlecht der Merowinger (benannt nach seinem Großvater Merowech). Gregor von Tours berichtet, dass die Franken – nachdem sie Pannonien verlassen und sich an den Ufern des Rheins niedergelassen hätten – „gelockte Könige" oder „langhaarige Könige" *(reges criniti)* über sich gesetzt hätten, die in Gauen und Stadtbezirken regierten. Ihrem ersten und adeligsten Geschlecht – Gregor nennt da keinen Namen – hätten diese Könige angehört. Chlodio (in anderer Schreibweise Chlogio genannt) sei Mitglied dieser Sippe gewesen, der schon erwähnte Merowech sei möglicherweise einer seiner Söhne gewesen. Dessen Sohn wiederum war der historisch belegte Childerich, der Vater des Reichsgründers Chlodwig.

Chlodwig, der 482 die Nachfolge Childerichs antrat, wurde zum Alleinherrscher der Franken, indem er frühzeitig damit begann, seine königliche Verwandtschaft systematisch auszurotten. Dabei griff er, wie im Falle des salfränkischen Königs Ragnachar, auch schon einmal eigenhändig zur Streitaxt.

Nachdem er seine gesamte Blutsverwandtschaft aus dem Weg geräumt hatte, soll Chlodwig seiner Umgebung geklagt haben, nun stehe er ganz alleine da – „ich habe keine Verwandten mehr, die mir, wenn das Unglück über mich kommen sollte, Hilfe gewähren könnten." Gregor von Tours, der gewissenhaft die Grausamkeit und Brutalität des Königs, seine Niedertracht und Hinterlist festgehalten hat, erkennt dennoch in Chlodwigs Aufstieg den göttlichen Willen: „Gott aber warf Tag für Tag seine Feinde vor ihm zu Boden und vermehrte sein Reich, darum, dass er rechten Herzens vor ihm wandelte und tat, was seinen Augen wohlgefällig war."

Chlodwig war im Übrigen der erste germanische König, der zum katholischen Bekenntnis übergetreten war, der Legende zufolge nach der siegreichen Schlacht gegen die Alemannen. Chlodwig starb am 27. November des Jahres 511. Er wurde in St. Geniève zu Paris beigesetzt; sein Grab ist bis heute nicht entdeckt worden.

31. Chlodwig, der erste König aller Franken (Französische Buchmalerei, 14. Jh.)

Vor allem der Sieg über die Westgoten festigte in erster Linie die Position Chlodwigs. „Er kehrte als Sieger nach Tours zurück und weihte viele Geschenke der heiligen Kirche des seligen Martinus", berichtet Gregor von Tours. „Damals erhielt er vom Kaiser Anastasius ein Patent als Konsul und legte in der Kirche des heiligen Martinus den Purpurrock und Mantel an und schmückte sein Haupt mit einem Diadem. Dann bestieg er ein Pferd und streute unter das anwesende Volk mit eigner Hand Gold und Silber auf dem ganzen Weg von der Pforte der Vorhalle bis zur Bischofskirche mit der größten Freigiebigkeit aus; und von diesem Tag an wurde er Konsul oder Augustus genannt."

Der Konsul von Byzanz' Gnaden strebte aber nach Höherem – und bald darauf schickte er sich an, seine Expansionspolitik auf die Rheinfranken auszudehnen. Aus seiner neuen Hauptstadt Paris schickte er heimlich Boten zu Chloderich, dem Sohn Sigiberts. „Siehe, dein Vater ist alt geworden und hinkt auf einem verkrüppelten Bein. Stürbe er, so würden dir zugleich mit unserer Freundschaft mit Recht sein Reich zuteil werden" – so Chlodwigs Botschaft. Damit brachte er Chloderich dazu, den eigenen Vater umzubringen. Nur wenig später, etwa 508/09, ließ Chlodwig hinterrücks den Chloderich ermorden, als dieser den Männern Chlodwigs die Schätze seines Vaters zeigen wollte. Chlodwig kam dann höchstpersönlich nach Köln – und stritt jede Beteiligung an den Morden ab: „Das Blut meiner Stammesvettern darf ich ja nicht vergießen, und schändlich wäre es, wenn ich es täte." Von den rheinfränkischen Großen ließ er sich zum König aller Franken ausrufen – „sie schlugen an ihre Schilde, riefen Beifall, hoben ihn auf den Schild."

Der Ort, wo Chlodwig auf den Schild gehoben wurde, war möglicherweise die Kirche des hl. Gereon vor den Toren Kölns. Das Reich der Rheinfranken ging im Großreich Chlodwigs und der Merowinger auf.

3.4. Archäologische Erkenntnisse zur frühen fränkischen Besiedlung Kölns

Welche Funde lassen sich den überlieferten Ereignissen seit der Mitte des 5. Jahrhunderts archäologisch gegenüberstellen? Was lässt sich aus der Zeit des rheinfränkischen Reiches in den Bodenfunden nachweisen?

Sowohl bei den Ausgrabungen auf dem Heumarkt als auch im Kastell *Divitia*-Deutz wurden Funde aus dieser Zeit gemacht, die sich auf Germanen zurückführen lassen. Hinzu kommen Zeugnisse frühfränkischer Bestattungen von Friedhöfen *extra muros* (außerhalb der Stadtmauern). Da die Germanen innerhalb der römischen Stadt bzw. im Kastell Deutz lebten, waren sie vermutlich römische Föderaten. Die Kölner Funde stehen hier keineswegs isoliert, denn Vergleichbares ist aus dem 5. Jahrhundert auch von weiteren Plätzen entlang der Rheinschiene bekannt, etwa aus Mainz, Andernach, Bonn, Krefeld und aus den Niederlanden.

Den eindrucksvollsten Befund haben die Ausgrabungen der Jahre 1996 bis 1998 auf dem Heumarkt geliefert. Der Heumarkt liegt über einer ehemaligen Rheininsel vor dem hochwassersicheren Geländeschild der alten römischen Stadt. Von Anfang an dürfte die Insel vor allem als Lagerplatz genutzt worden sein, auch nachdem sie durch Ablagerungen an das Festland angebunden war. Im 4. Jahrhundert wurde auf dem ehemaligen Inselgelände ein über 100 Meter langer, aber nur wenige Meter breiter Bau errichtet, der vermutlich als Lagerhalle diente.

32. Heumarkt: Luftbild der Ausgrabungsfläche (1996 bis 1998)

Um die Mitte des 5. Jahrhunderts wurde unmittelbar neben diesem zumindest noch als Ruine bestehendem Großbau eine Siedlung *germanischer* Bauart errichtet. Die nun in Holzbauweise errichteten Posten- und Grubenhäuser sind ganz und gar unrömisch. Auf der etwa 120 mal 50 Meter großen Untersuchungsfläche wurden zu dieser Zeit mindestens drei Hofareale gegründet. Zahllose Pfostensetzungen zeugen von ebenerdigen Bauten, die vermutlich als Wohn-, vielleicht aber auch als Stallhäuser dienten. Aus dem Gewirr der Pfosten lassen sich leider – mit einer Ausnahme – keine eindeutigen Grundrisse rekonstruieren. Die dunkle Färbung des Erdreiches wird auf die starke Überdüngung durch die Fäkalien von Nutztieren (Kleinvieh wie Hühnern, Schafen, Rindern und Schweinen, die in der Siedlung gehalten wurden) zurückgeführt, was sich auch in den hohen Phosphorwerten des Bodens widerspiegelt.

Das ausgeklügelte römische Abwassersystem war im frühen 5. Jahrhundert aufgegeben worden und wurde im Frühmittelalter nicht erneuert. Im Umfeld der Häuser lagen Gruben, in denen Siedlungsabfälle entsorgt wurden – erst im 10. Jahrhundert scheint es Ansätze einer geregelten Abwasserentsorgung gegeben zu haben. Mitten durch die Höfe verlief in West-Ost-Richtung, also

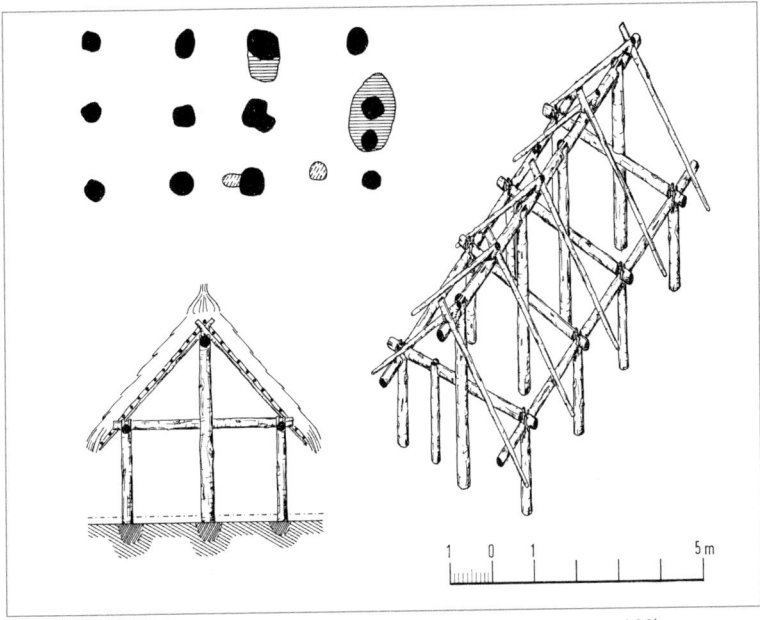

33. Rekonstruktion eines frühmittelalterlichen Pfostenhauses (nach W. Sage, 1969)

in Richtung Rhein führend, ein mit Bruchsteinen geschottertes Sträßchen. Die nur 1,60 Meter breite Wegführung war mit hochkant und quer zur Straßenachse verlegten Grauwacken, Tuffen und Trachyten sowie einzelnen Kalksteinen unmittelbar auf den Hochflut-Lehm befestigt.

Die Grubenhäuser wurden nicht zu Wohnzwecken, sondern als Vorrats- und Werkstatthäuser genutzt. Die Häuser waren recht einfach konstruiert: Eine Grube von bis zu 4 mal 3 Metern Größe wurde bis zu einem Meter tief in das anstehende Erdreich gegraben. An den Schmalseiten wurden jeweils drei Pfostensetzungen in die Grubensohle gesetzt, wobei die beiden Mittelpfosten etwas höher aufragten. Auf diese Weise ließ sich eine einfache Giebel- und Firstdachkonstruktion anlegen. Leider enthielten die Grubenhäuser selbst keine Funde, die Aussagen über ihre Nutzung zuließen. Lediglich eines der Grubenhäuser enthielt Buntmetallschlacke, die auf Metallverarbeitung hinweist. Andere enthielten Werkzeuge, einen bronzenen Pfriem (Lederverarbeitung) bzw. einen eisernen Flachmeißel sowie eine bronzene Nadel.

Die Funde aus den Grubenhäusern sind übrigens weitgehend in römischen Werkstätten produziert worden. An Gefäßkeramik fanden sich sogenann-

34. Heumarkt: Ausgrabungen im Bereich der frühmittelalterlichen Siedlungsfläche (1998)

35. Rekonstruktion eines frühmittelalterlichen Grubenhauses (nach W. Sage, 1969)

te Argonnen-Sigillate sowie unverzierte, auf Drehscheiben gefertigte Töpfe, Schalen und Krüge. Letztere stammen unter anderem aus den großen, nach industriellen Maßstäben und mit einem festen Formrepertoire arbeitenden Töpfereien bei Mayen. Typisch „fränkische" Keramik – etwa stempelverzierte Knickwandtöpfe – oder handgemachte Kümpfe machen nur einen verschwindend geringen Anteil aus. Ohne die spezifische Bauweise, die wir aus zahlreichen fränkischen, alemannischen und bajuwarischen Siedlungen des 5. bis 7. Jahrhunderts kennen, würde man den Siedlungsniederschlag für römisch halten. Über die Keramik hinaus kamen Reste von zerbrochenen Glasbechern, Kämme, Haarnadeln aus Knochen und Metall sowie zahlreiche Spielsteine zutage.

Aus dem Siedlungsgelände des mittleren 5. Jahrhunderts stammen im Übrigen einige Funde, mit deren Hilfe man die Herkunftsgebiete der Siedler festlegen kann. Die Funde belegen, dass die germanischen Söldner, die das Heumarktgelände in Besitz nahmen, im Familienverband an den Rhein gezogen waren. Aus dem Areal stammt eine kleine Bügelfibel mit halbrunder Kopfplatte, die fast an

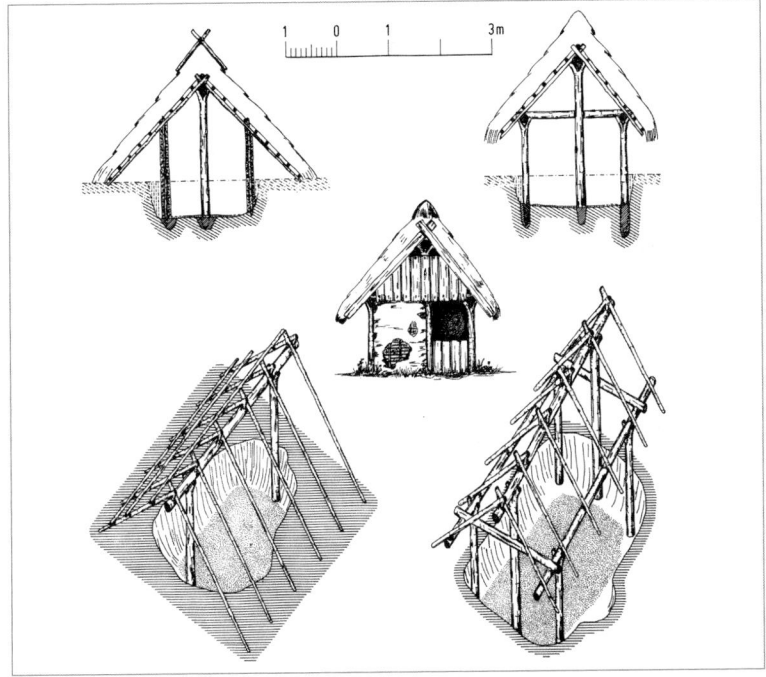

einen Halbmond erinnert. Die aus Bronze gegossene, mit kleinen Punzen verzierte Bügelfibel gehörte zur Tracht einer Germanin. Zwar handelt es sich bislang um ein Unikat, doch stehen dem Fund andere Bügelfibeln mit halbrunder Kopfplatte, schwalbenschwanz- oder rautenförmiger Fußplatte nahe. Ähnliche Bügelfibeln aus dem zweiten Drittel des 5. Jahrhunderts sind in Böhmen und Mitteldeutschland verbreitet. Von dort aus wurden sie von ihren elbgermanischen Trägerinnen in den Rhein-Main-Neckar-Raum und teilweise sogar bis nach Nordfrankreich gebracht.

Zu den Fundstücken der ältesten germanischen Besiedlung gehört auch eine Schalenfibel mit Fünferwirbel, wie sie für die Mitte und zweite Hälfte des 5. Jahrhunderts typisch ist. Auch diese Fibel verschloss das Gewand einer Germanin. Rundfibeln dieser Form kommen vor allem an der unteren Elbe und in Südengland vor; im Rheinland, in Belgien und Frankreich ist der Fibeltyp außerordentlich selten.

Von besonderer Bedeutung ist auch ein kleiner eiserner Hakensporn mit einem bandförmigen Bügel, kleinem Dorn und zwei Fersenhaken aus der Mit-

te oder zweiten Hälfte des 5. Jahrhunderts. Der unscheinbare Fund stammt ebenfalls aus Mitteldeutschland und beweist, dass unter den germanischen Soldaten auch ranghohe Berittene waren.

Auch auf den *extra muros* gelegenen spätantiken Friedhöfen, deren Wurzeln bis in die römische Frühzeit zurückreichen, finden sich Gräber der frühen fränkischen Herren der Stadt. Bei St. Severin liegt einer dieser Bestattungsplätze. Im Herbst 1938 gelang es Fritz Fremersdorf, unter der Severinskirche zwei Knabengräber in Tuffsteinsarkophagen freizulegen. Die beiden Bestattungen lagen unmittelbar nebeneinander, so dass eine verwandtschaftliche Beziehung der beiden wahrscheinlich ist.

Die Jungen, die um die Mitte des 5. Jahrhunderts im Alter von vier bzw. sechs Jahren gestorben sind, wiesen fast identische Beigabenensembles auf. Zu Füßen des Jüngeren (in Grab III,64) waren mehrere Tongefäße, ein Glasgefäß sowie eine Wegzehrung für das Jenseits niedergelegt worden. In einer der Tonschalen lagen mehrere Eier, in einem Henkeltopf befand sich gekochtes Geflügel, in einer Glasschale fanden sich Reste eines in Honig und frischen Kräutern gebratenen Vögelchens. Geflügel war als Speise in der Merowingerzeit sehr beliebt. Die Zubereitung in Honig folgt mediterraner Tradition. Beigegeben war außerdem eine eiserne Franziska. An der rechten Hand trug der Tote einen silbernen Fingerring, am linken Handgelenk einen mit Goldblech verkleideten eisernen Ring, als Zeichen seiner gesellschaftlichen Stellung.

36. Germanische Fundstücke vom Heumarkt: Vergoldete Bügelfibel (Länge 4,9 cm) und eiserner Sporn (Länge 7,1 cm, 5. Jh.)

37. Heumarkt: Bronzene Scheibenfibel mit Spiralverzierung (Durchmesser 3,9 cm, 5. Jh.)

38. St. Severin: die fränkischen Knabengräber III,64 und III,65 (Mitte 5. Jh., nach B. Päffgen)

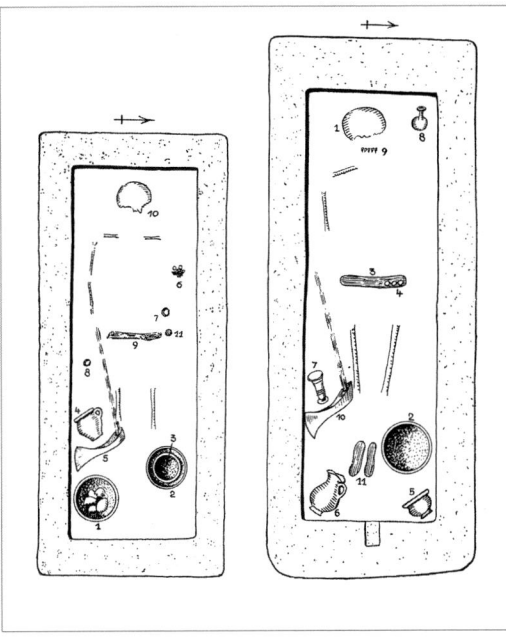

Außerdem wurde ein lederner Gürtel mit bronzener Gürtelschnalle gefunden. Am Gürtel war ein eisernes Miniaturhiebschwert befestigt, ein sogenannter Kindersax.

Der etwa sechsjährige Knabe (in Grab III,65) trug ein Paar lederner Sandalen. Die Oberbekleidung bestand wohl aus Tunika und Mantel, der typischen Tracht des 4./5. Jahrhunderts. Zu seinen Füßen lagen drei Ton- und zwei Glasgefäße. Auch ihm war eine reich gedeckte Tafel ins Grab gegeben worden: Ein Kleeblattkrug war mit gegorenem Birkensaft (Birkenwein oder -met) gefüllt, ein gläserner Glockenbecher Reste von Rebenwein und eines der Tongefäße lieferten Hinweise auf Rindfleisch in würziger Brühe. In einer Schale fanden sich Spuren von gesüßtem Hirsebrei mit Honig und tierischem Fett. Auch der ältere Junge besaß eine Franziska, einen Ledergurt mit Miniatursax und Bronzeschnallen. Die Beigabe von alkoholischen Getränken im Grab des Knaben erscheint auf den ersten Blick ungewöhnlich. Sie ist jedoch Spiegelbild seiner gesellschaftlichen Stellung. Alkoholkonsum spielte in der frühmittelalterlichen Welt eine nicht unerhebliche Rolle. Der Dichter Venantius Fortunatus berichtet nicht ohne Spott, „man

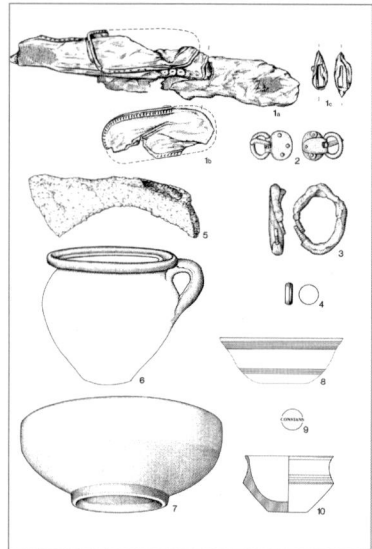

39. St. Severin: Ausstattung des Knaben in Grab III,64 (nach B. Päffgen)

40. St. Severin: Ausstattung des Knaben in Grab III,65 (nach B. Päffgen)

kann sich glücklich schätzen, die Folgen eines fränkischen Gastmahls zu überleben".

Die für Kindergräber überdurchschnittlich reichen Beigaben, insbesondere Miniaturschwert und Wurfbeil *(franziska)* sowie die Speisen, zeigen, dass es sich bei den Bestatteten um Mitglieder einer wohlhabenden Familie im Umfeld des frühfränkischen Hochadels gehandelt haben muss. Diese Vermutung wird auch durch die prominente Lage der beiden Gräber in der Mittelachse des steinernen Apsidensaales – eines Vorgängers der Severinskirche – unterstrichen. Der Saal hatte wohl kurz zuvor eine bauliche Erweiterung erfahren.

Auch auf dem rechten Rheinufer – in Deutz – lassen sich anhand der archäologischen Funde germanisch-fränkische Siedler nachweisen, die sich um die Mitte des 5. Jahrhunderts dort niedergelassen haben. Schon Fritz Fremersdorf waren bei Ausgrabungen in den Jahren 1927 bis 1938 nachrömische Befunde und Funde innerhalb der antiken Mauern des Kastells *Divitia* aufgefallen. Wie auf dem Heumarktgelände gibt es im Kastellbereich keinerlei Hinweise auf einen gewaltsamen Machtwechsel. Auch in Deutz lebten die „fränkischen" Familien inmitten römischer Architektur, geschützt durch die Kastellmauern, die

41. Urbanstraße: Nahe dem Osttor des Kastells Divitia-Deutz wurde in den 1920/30er Jahren eine germanische Bügelfibel gefunden (L. 5,2 cm, Mitte 5. Jh.)

42. Knochenkämme aus Areal des Kastells Divitia-Deutz (L. bis 6,8 cm, 4./5. Jh.)

erst im Hochmittelalter endgültig abgerissen wurden. Sie errichteten ebenerdige Pfostenbauten und Grubenhäuser auf dem Kastellgelände.

Das Fundspektrum ähnelt dem der zeitgleichen Befunde vom Heumarkt. Aus der Mitte des 5. Jahrhunderts stammen frühe „Knickwand"-Töpfe und handgemachte Kümpfe, außerdem spätantik-romanische Drehscheibenware (Wölbwandtöpfe) und rot gestrichene Keramikwaren; aus der gleichen Zeit stammt eine elbgermanische Bronzefibel. Eine heute verschollene kleine Blei-Franziska, die in eine fränkische „Kulturschicht" eingebettet war, zählt zu den Miniaturfranzisken, die aus Knabengräbern der fränkischen Oberschicht seit dem 5. Jahrhundert bekannt sind. Die kleinen Waffen wurden zu Übungszwecken in hochstehenden Kreisen von Knaben genutzt.

IV. Köln im Reich der Merowinger

Die merowingischen Könige, Chlodwig und seine Nachfolger, residierten im Kernland des Frankenreiches. Hauptorte waren zunächst Paris, Metz, Orleans und Soissons, später auch Reims. Köln war stets eine Art „Nebenresidenz", denn bis weit in das 8. Jahrhundert hinein lag die Stadt eher an der Peripherie, der Ostgrenze des Frankenreichs.

Es gibt nur verhältnismäßig wenige Belege dafür, dass Herrscher des östlichen Frankenreichs sich in Köln aufhielten, so für das Jahr 525/26, als Theuderich in Köln weilte. In der Mitte des 6. Jahrhunderts soll Gundowald, ein angeblicher Sohn Chlothars I., die Stadt aufgesucht haben. Zweimal hat Childebert II. (575 bis 596) Köln besucht; König Theuderbert II. flüchtete im Jahr 612 nach Köln, nachdem sein Heer bei Toul dem Aufgebot seines Bruders Theuderich II., der in Burgund herrschte, unterlegen war.

Die geringe Zahl von Erwähnungen in den Schriftquellen sollte man jedoch keinesfalls überbewerten. Reims etwa – im 6. und 7. Jahrhundert nachweislich eine der Residenzstädte der fränkischen Könige – taucht noch seltener in zeitgenössischen Dokumenten auf. Zweifellos genoss Köln dank seiner Lage am Rhein, an einem der wichtigsten europäischen Fernverkehrswege, eine herausragende Stellung im Frankenreich.

Fernhandel im Merowingerreich

Die zeitgenössischen Schriftquellen berichten nur wenig über den Fernhandel im Merowingerreich. Anhand der Bodenfunde lässt sich jedoch recht differenziert rekonstruieren, welche Waren und Güter auf Fernhandelswegen aus dem Mittelmeergebiet in den Raum nordwärts der Alpen transportiert wurden. Eingeführt wurden u. a. wertvolle Gewürze, kostbare Textilien wie Seide, Wein, Muscheln (z. B. Panther- und Tigerschnecken aus dem Roten Meer, die zu Amuletten verarbeitet wurden), Rohstoffe wie das lange Zeit zur Glasherstellung erforderli-

43. Gegossenes „koptisches" Bronzegefäß aus der Sammlung Diergardt im Römisch-Germanischen Museum (Durchmesser 27,7 cm, 6./7. Jh.)

che Mineral Soda-Trona und gegossene *koptische* Bronzegefäße. Über Stückzahlen lässt sich wenig sagen. Die Forschung geht allerdings davon aus, dass jeder bekannte Fund zumindest mit dem Faktor 100 zu multiplizieren ist. Von den koptischen Bronzegefäßen sind nördlich der Alpen etwa 100 Stück vorwiegend aus Grabfunden des späten 6. und 7. Jahrhunderts bekannt. Das würde bedeuten, dass in einem Zeitraum von rund 100 Jahren etwa 10000 der wertvollen Importgefäße an wohlhabende Alemannen, Bajuwaren, Franken und Angelsachsen verkauft wurden. Die Bronzegefäße wurden von jüdischen und syrischen Kaufleuten aus dem byzantinischen Herrschaftsbereich per Schiff über das Mittelmeer nach Europa gebracht, zu den wichtigen Häfen Marseille und Ravenna. Von dort wurden sie und andere Waren auf der Rhone, dem Rhein und anderen Flüssen weitertransportiert.

Die Verbreitungskarte der gegossenen Bronzegefäße zeichnet die zentralen Handelsverbindungen von Süd- nach Mittel- und Nordeuropa nach. Auch die antiken Passstraßen über die Alpen wurden im frühen Mittelalter intensiv genutzt. Die beiden bedeutendsten Fernstraßen waren die über den Brenner nach Augsburg und von dort weiter in

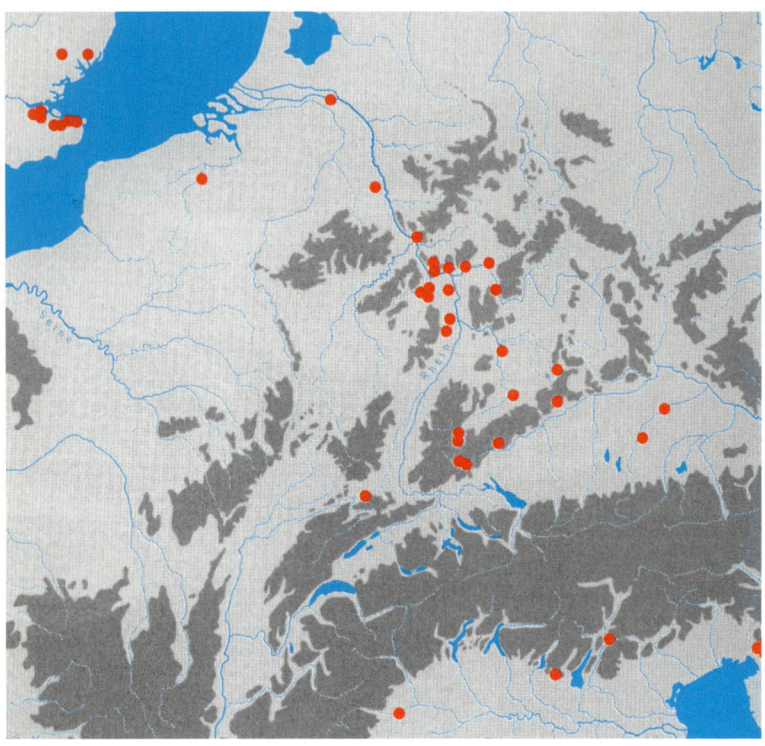

44. Verbreitung „koptischer" Bronzegefäße im frühen Mittelalter (6./7. Jh.)

Richtung Neckar führende *via Claudia Augusta* sowie die Straße über den Großen St. Bernhard, die über das Schweizer Mittelland nach Südwestdeutschland führte.

Angesichts erheblich geringerer Kosten bevorzugte man auch auf dem Festland den Transport per Schiff. Aus Schriftquellen geht hervor, welche eminente Bedeutung die Flüsse Rhone und Saône für den Handel des frühen Mittelalters hatten. Zwar fehlen schriftliche Belege, die den Transport von Handelsgütern auf dem Rhein in der Merowingerzeit bezeugen, doch sprechen die Verbreitung verschiedener archäologischer Materialgattungen – darunter die der gegossenen Bronzegefäße – und numismatische Quellen für die herausragende Bedeutung dieses Gewässers im frühmittelalterlichen Handel.

45. Das Praetorium: Blick in den Ausgrabungsbereich unter dem Spanischen Bau des Kölner Rathauses – im Vordergrund das Modell des Statthalterpalastes

4.1. Merowingische Administration in Köln

Im Auftrag des Königs übernahmen fränkische Amtsträger die Kontrolle über den ehemaligen römischen Staatsbesitz, auch in der Umgebung Kölns, dem Kölngau, und damit die Aufsicht über Fortifikationen, Straßen und Brücken. Die höchsten königlichen Beamten nannte man nach römischer Tradition *comes* (altdt. *Grafio*: Graf), sie wurden nach Belieben in Gauen, aber auch in Städten eingesetzt. Zu den Befugnissen des Grafen gehörte vor allem, die Gerichtsversammlungen in seinem Gebiet zu leiten, für das Gerichtswesen zu sorgen und – gemäß den Vorgaben des fränkischen Stammesrechts, zunächst der *lex Salica* und unter den Karolingern der *lex Ribuaria* – Abgaben, Bannbußen sowie Friedensgelder einzutreiben und an den Königshof weiterzuleiten (ein Drittel davon blieb den Grafen allerdings als Einnahme). Darüber hinaus hatte er auch eine militärische Funktion, er stand an der Spitze des Aufgebotes seines Amtsbezirkes. Gerade in der Umgebung Kölns setzte in der fränkischen Frühzeit eine Neubesiedelung ein: Bis zum Beginn des 7. Jahrhunderts, so haben Archäologen herausgefunden,

46. Rathausplatz: Nachprägung eines Triens des Kaisers Justinus II. (565 bis 578)

verdreifachte sich die Zahl nachgewiesener Siedlungen, in der Regel kleine Weiler und Gehöfte.

Die Kölner *aula regia*, das königliches Verwaltungszentrum, lag im Bereich des antiken Statthalterpalastes, der seit den frühen 1950er Jahren archäologisch erforscht wird. Wie man sich die königliche Residenz in Köln vorzustellen hat, lässt sich kaum sagen. Vermutlich waren die römischen Mauern in großen Teilen noch erhalten, Holz- oder Fachwerkkonstruktionen wurden dagegen ergänzt. Das Ganze hat zweifellos repräsentativen Ansprüchen Genüge getan, denn auch die merowingischen Herrscher wussten eine entsprechende Selbstdarstellung zu schätzen, wie nicht zuletzt das Grab des salfränkischen Königs Childerich I. zeigt. Bei den Kölner Ausgrabungen wurden jedoch bislang keine Befunde aus der Zeit der Merowinger nachgewiesen, was allerdings grabungstechnisch begründet sein könnte. Auch frühmittelalterliche Keramik ist im Fundbestand nicht erhalten. Lediglich 1967 wurde auf dem Rathausplatz – südöstlich der Rundung der großen Apsis – eine westgotische Nachprägung eines Triens des oströmischen Kaisers Justinus II. (565 bis 578) geborgen.

Wie lange die fränkischen Herrscher und ihre Statthalter in der *aula regia*, im alten Prätorium, residierten, ist umstritten. Im Allgemeinen wird vermutet, dass das Gebäude bis in frühkarolingische Zeit repräsentativ genutzt wurde. Allerdings ist diese These weder archäologisch noch historisch zu beweisen. Der Ausgräber Otto Doppelfeld erwähnte zahlreiche Gruben aus karolingischer und ottonischer Zeit, die er mit der Aufgabe des Gebäudes in Zusammenhang brachte. Sicher ist, dass sich spätestens im 9. Jahrhundert vermögende jüdische Kaufleute im Bereich des Prätoriums niederließen. Möglicherweise geht die Ansiedlung einer jüdischen Gemeinde an diesem Platz (auf königlichem Grund) mit dem Neubau eines neuen Palastes, einer Königspfalz, unmittelbar südlich des Domes einher.

Das jüdische Viertel

Auf dem Rathausplatz erinnert die Mikwe an das mittelalterliche jüdische Viertel. Die Kölner Gemeinde gilt als die älteste und bedeutendste im mittelalterlichen deutschen Reich. Dass Juden sich im Rheinland niedergelassen hatten, ist seit dem 4. Jahrhundert belegt: In einem Schreiben, datiert ins Jahr 321, forderte Kaiser Constantin den Kölner Stadtrat auf, auch Juden in öffentliche Ämter einzusetzen – was aber noch nicht heißen muss, dass es zu dieser Zeit schon eine Gemeinde gab, ganz zu schweigen von der Existenz einer Synagoge. Die Entstehungszeit der ersten Synagoge ist umstritten: Funde vom Rathausplatz deuten darauf hin, dass es im 9. Jahrhundert einen jüdischen Kultraum gegeben hat. Die erste schriftliche Nachricht stammt dagegen aus dem Jahre 1012, als der Kölner Erzbischof Heribert den Juden erlaubt haben soll, eine Synagoge zu errichten.

4.2. Das Bistum Köln im Reich der Merowinger

Ein Jahr nach seinem Sieg über die Alemannen hatte sich Chlodwig in Reims taufen lassen. Gregor von Tours berichtet darüber: „Mit bunten Decken wurden nun die Straßen behängt, mit weißen Vorhängen die Kirchen geschmückt, die Taufkirche in Ordnung gebracht, Wohlgerüche verbreiteten sich. Und solche Gnade ließ Gott denen zuteil, die damals gegenwärtig waren, dass sie meinten, sie seien in die Wohlgerüche des Paradieses versetzt. Zuerst verlangte der König vom Bischof, getauft zu werden. Er ging, ein neuer Constantin, zum Taufbade, sich rein zu waschen vom alten Aussatz. Als er aber zur Taufe schritt, redete ihn der Bischof so an: *Beuge deinen Nacken, stolzer Sugambrer, verehre, was du verfolgtest, verfolge, was du verehrtest.* Es war nämlich der heilige Bischof Remigius ein Mann von Heiligkeit und hoher Wissenschaft. Also bekannte der König den allmächtigen Gott als den dreieinigen und

47. Die Taufe Chlodwigs (französische Buchmalerei, 14. Jh., Paris, Nationalbibliothek)

ließ sich taufen. Von seinem Heer aber wurden mehr als 3000 Männer getauft."

Der gesamte fränkische Adel trat vermutlich mit König Chlodwig zum Christentum über, doch dauerte es noch mehrere Generationen, bis alte heidnische Glaubensvorstellungen vollständig verdrängt wurden. Letztlich spiegelt sich die Absicherung „nach beiden Seiten" auch in den Bestattungssitten der Franken wider: Obwohl man sich Anfang des 6. Jahrhunderts zum Christentum bekannt hatte, wurden die Verstorbenen gemäß alter heidnischer Vorstellungen zumindest bis um die Mitte des 7. Jahrhunderts mit Beigaben für das Leben im Jenseits ausgestattet. Vor allem in Frauengräbern tauchen zahlreiche Unheil abwehrende Amulette auf. Auch die Beisetzung *ad sanctos* – in der Nähe spätantiker Märtyrergräber – änderte daran nichts.

In der Umbruchzeit des 5. Jahrhunderts spielte die Kirche zweifellos auch eine wichtige politische Rolle. Die Franken hatten die römische Diözesaneinteilung übernommen, das heißt, das Bistum Köln umfasste wahrscheinlich das Gebiet der römischen Provinz *Germania secunda*. Der alte senatorische Adel, in erster Linie galloromanische christliche Familienverbände, sorgte dafür, dass der Kirche mit ihren Bischöfen an der Spitze zahlreiche administrative Entscheidungen übertragen wurden. Die Bischofstühle wurden bis weit in das 6. Jahrhundert hinein — soweit bekannt — ausschließlich mit Romanen aus vornehmen Familien besetzt. Damit sicherte sich die romanische Oberschicht einen großen politischen und gesellschaftlichen Einfluss im Frankenreich des 5. und 6. Jahrhunderts.

Heiden im christlichen Köln

Das Christentum hatte den heidnischen Glauben zumindest bis weit in das 6. Jahrhundert nicht vollständig verdrängt. Im Jahre 520, als Chlodwigs Sohn Theuderich die Stadt Köln besucht, erfährt der ihn begleitende Bischof Gallus von Clermont, dass es in der Stadt einen heidnischen Tempel gibt. Gregor von Tours hat das Geschehen so beschrieben: „Als der König sich nach Köln begab, ging der hl. Gallus mit. Es gab dort einen heidnischen Tempel, der mit verschiedensten Zierraten überladen war; hier wurde nämlich das Barbarenvolk aus der Umgebung, das seine Opfer brachte, bis zum Erbrechen mit Speise und Trank vollgestopft, betete die Götzenbilder als Gottheit an, und jeder schnitzte den Körperteil, an dem er litt, in Holz und hing es auf. Kaum hatte der hl. Gallus davon gehört, als er auch schon von nur einem Kleriker begleitet dorthin eilte. Er schlug Feuer, legte es an den Tempel und brannte ihn nieder, weil sich gerade keiner von den törichten Heiden blicken ließ. Als sie aber den Rauch von ihrem Tempel zum Himmel aufsteigen sahen, suchten sie den Brandstifter, fanden und verfolgten ihn mit gezückten Schwertern. Er aber entkam und rettete sich in den Königspalast."

Von den frühen Kölner Bischöfen sind zumeist nur die Namen überliefert; im 6. Jahrhundert sind ohnehin nur zwei Bischöfe bekannt, zum einen Carentinus (oder auch Clarentinus) — der Dichter Venantius Fortunatus hat um 565/67 ein Lobgedicht auf den Bischof verfasst: „Goldenen Kirchen gabst Du neue Pracht und stattliche Stützen, Du strahlst selbst und gibst Glanz dem Hause des Herrn. Und damit größere Scharen von Gläubigen die Kirchen fassen, werden in schwebender Höhe Säulenemporen errichtet." Historiker vermuten seit langem, dass sich diese Textpassage auf den Neubau einer Kirche am Platz des Domes oder auf den Umbau eines ursprünglich profanen Grabbaus zu „goldenen Kirchen" *(aura templa)* bezieht, gemeint sein könnte St. Gereon. Denn Gregor von Tours nennt die Gereonskirche im späten 6. Jahrhundert *basilica ad Sanctos aureos*; vermutlich bezog er sich auf die goldgrundigen Mosaiken des spätantiken Urbaus von St. Gereon.

Nach Carentinus wird dann etwa um das Jahr 590 Eberigisil (Evergisil, Evergisilus) als Bischof genannt, ein Mann vermutlich fränkischer Herkunft – damals begannen fränkische Adelige, die Leitung von Abteien und Bistümern zu übernehmen. Am Ende des 6. Jahrhunderts saß damit erstmals ein Franke auf dem Kölner Bischofsstuhl. Eberigisil, einer einflussreichen Familie aus dem Raum Elsass-Lothringen entstammend, dürfte die direkte Nachfolge des Carentinus angetreten haben; Indizien sprechen dafür, dass Carentinus vor 590 gestorben ist. Die nun etwas intensiver sprudelnden Schriftquellen überliefern, dass Eberigisil in oder bei Xanten eine steinerne Kirche *(basilica)* errichten ließ. Im Auftrag Childeberts II. reiste er nach Poitiers, der König hatte ihn mit der Schlichtung eines Streites zwischen seinen Töchtern Chrodechilde und Basina und der Äbtissin des Klosters der hl. Radegunde beauftragt. Eberigisil zählte offensichtlich zum Umfeld oder gar zur Verwandtschaft des Merowingerkönigs und verfügte über enge Beziehungen zu anderen gallischen Bischöfen sowie den weltlichen Machthabern. Eher legendenhaft wirkt die in anderem Zusammenhang schon zitierte Textpassage bei Gregor von Tours: Eberigisil, der auf seinem Gut in der Nähe von Köln weilte, soll „durch Staub aus dem Brunnen der Kirche zu den Goldenen Heiligen" *(basilica ad sanctos aureos)* von seinen Kopfschmerzen befreit worden sein. Wo Eberigisil bestattet wurde, ist nicht überliefert. Angeblich wurden seine Gebeine im 10. Jahrhundert in St. Cäcilien beigesetzt.

Weiter sind in der ältesten Kölner Bischofsliste (die aus dem 9. Jahrhundert stammt) die Bischöfe Solatius, Sunnoveus und Remedius aufgeführt. Bischof Solatius war Teilnehmer eines Konzils, das 614 in Paris stattfand.

Nachfolger des Remedius wurde Kunibert, in den Quellen wird er auch *Hunibertus* oder *Honoberthus ex civitate Colonia* genannt. Er ist 626/27 erstmals urkundlich erwähnt, als er als das Protokoll eines Konzils in Clichy-la-Garenne abzeichnete. König Chlothar II., der das Frankenreich nach den

48. Die „Saufang" genannte Glocke soll — so eine Kölner Legende — von Erzbischof Kunibert geweiht sein (Kölnisches Stadtmuseum).

blutigen Auseinandersetzungen innerhalb der merowingischen Dynastie wieder vereinen konnte, und sein Sohn Dagobert sollen großen Anteil an der Erhebung Kuniberts gehabt haben, der einer vornehmen moselländischen Familie entstammte und schon in jungen Jahren am Metzer Königshof tätig war. Dort führte er für den jungen Dagobert — später auch für dessen Sohn Sigibert III. — die Regierungsgeschäfte. Unter seinem Einfluss regierte der König „die ihm untergebenen Völker", heißt es in der so genannten Fredegar-Chronik, „mit großer Sorge um ihr Wohlergehen und um Gerechtigkeit, dass keiner von den früheren Königen der Franken größeres Lob als er verdient hat".

Auf Kunibert soll zudem die erste Zusammenfassung des ripuarischen Rechts zurückgehen. Neben dieser politischen Tätigkeit tritt das seelsorgerische Wirken des Bischofs etwas in den Hintergrund. Er soll die Clemens- und Marcelluskapelle vor den Toren Kölns errichtet haben, eine fromme Überlieferung schreibt ihm auch die Gründung des Hospizes St. Lupus zu. In seiner Amtszeit wird erstmals das Patrozinium des Apostels Petrus für die Kölner Bischofskirche erwähnt. Einer Legende zufolge hat Kunibert auch jene uralte Glocke geweiht, die man – nach ihrem Finder – „Saufang" nannte. Bei der Kirche St. Cäcilien habe eine Sau die im Schlamm verborgene Glocke entdeckt; erst nach der Weihe durch den Bischof habe die Glocke „wunderlich" geläutet – und so ertönte sie später jeweils am Festtag des hl. Kunibert.

Als dem Königtum eng verbundener Kirchenmann wusste Kunibert seinem Bistum Privilegien und Schenkungen von Domänen zu verschaffen, die über das gesamte Reichsgebiet verstreut waren. König Dagobert I. schenkte ihm auch das Kastell Utrecht, von wo aus Kunibert die Mission der Friesen begann. Der bedeutende Kirchenmann starb am 12. November 663, seine letzte Ruhestätte fand er in der Clemenskirche – die man seither Kunibertskirche nannte.

Nur als Namen sind in der mittelalterlichen Bischofsliste des weiteren Stephanus, Giso, Anno I., Faramundus, Alduin und Reginfried überliefert, über ihr Schaffen wissen wir so gut wie nichts. Eine der wenigen Nachrichten des ausgehenden 7. Jahrhunderts besagt, dass der Hausmeier Pippin (der Mittlere) im Jahre 693 die Gebeine zweier Missionare, die von den Sachsen erschlagen worden waren, genannt die beiden Ewalde, nach St. Kunibert überführen ließ.

4.3. Chlodwigs Nachfolger

Nach Chlodwigs Tod hatten seine vier Söhne das Reich unter sich aufgeteilt, jeder von ihnen war „König der Franken". Sie trafen ein Abkommen über die Nutzung des Hausgutes und ein weiteres über die territoriale Abgrenzung ihrer Regierungsgewalt. Die Lage ihrer Hauptresidenzen zeigt ungefähr diese Vierteilung an: Metz fiel dem Theuderich zu, Orleans dem Chlodomer, Paris dem Childebert, Soissons dem Chlothar. Bei kriegerischen Aktionen machten die Könige oft gemeinsame Sache, vielfach gingen sie indessen auch einzeln vor. Der Anstoß zur Eroberung des Burgunderreiches ging von Chlodomer aus, doch die endgültige Unterwerfung der Burgunder gelang seinen Brüdern erst nach Chlodomers Tod. Theuderich dagegen eroberte auf eigene Faust das

Reich der Thüringer, die traditionell mit den Ostgoten verbündet waren. Er nutzte dabei die zunehmende Schwäche des italischen Ostgotenreichs aus – im Jahre 526 war nämlich der große König Theoderich gestorben war, der die Ostgoten nach Italien geführt hatte und zum mächtigsten germanischen König auf dem Boden des untergegangenen weströmischen Reiches aufgestiegen war. Theoderich hatte den Expansionsplänen der Merowinger lange Zeit mäßigend im Wege gestanden hatte – mit seinem Tod war der „Ordnungsfaktor" auch in den Gebieten zwischen Donau und Alpen ausgefallen.

Theuderich war sicherlich der bedeutendste von Chlodwigs Söhnen; als er 533 starb, wollten Childebert und Chlothar sein Teilreich – wie man es zuvor beim Tode Chlodomers praktiziert hatte – einziehen, doch seinem Sohn Theudebert gelang es, die Herrschaft im östlichen Frankenreich (später „Austrasien" genannt) zu erkämpfen und als Teilhaber am Königtum anerkannt zu werden. Köln gehörte zu diesem Reichsteil und war somit eine „austrasische" (oder „austrische") Stadt.

Münzen und Münzproduktion im merowingischen Reich

Als erster fränkischer Herrscher ließ Theudebert I. (534 bis 548), ein Enkel Chlodwigs, Goldmünzen schlagen, die den Herrscher im Bild zeigten und seinen Namen nannten. Es waren Nachprägungen römischer Solidi mit einem Nominalgewicht von jeweils 4,5 Gramm. Die Münzinschrift zeichnete den König mit dem Ehrentitel *Augustus et dominus noster* aus, was so viel heißt wie „unser oberster und erhabener Herr". Das Kürzel COL weist den Münzprägeort Köln *(Colonia)* aus. Anlass der Prägung war vermutlich das Jahr 539, als die Merowinger in den ostgotisch-byzantinischen Krieg in Italien eingriffen. Auch wenn dieser Münztypus wohl nur in kleiner Serie geschlagen wurde – bekannt sind bislang gerade einmal vier Exemplare –, so war der Vorgang aus Sicht der oströmischen Herrscher ein Tabubruch und eine ungeheure Anmaßung, denn das Recht, Goldmünzen prägen zu lassen, stand bis dahin allein dem Kaiser zu.

Neben dem Solidus kennt das merowingische Währungssystem noch den Triens, eine Goldprägung mit dem Idealgewicht von ca. 1,5 Gramm Gold.

49. In Köln geprägter Solidus des Frankenkönigs Theudebert I. (533 bis 548)

Auch spätrömische Bronzemünzen könnten als „Kleingeld" weiterhin kursiert sein.

Münzfälschung war auch in fränkischer Zeit ein Problem: So sind nicht wenige Fälschungen mit Goldmantel und Bleikern gefunden worden. Kaufleute führten daher in der Regel sogenannte Probiersteine mit sich, mit denen man mittels Abrieb den Feingehalt des Goldes überprüfen konnte.

Die Münzprägung spielte in Köln nach Aussage der archäologischen Funde im Vergleich mit anderen Münzstätten an Rhein, Maas und Mosel, vor allem aber mit den Prägeorten im westlichen Frankenreich, eine eher untergeordnete Rolle. Im 6. und 7. Jahrhundert lassen sich fünf Kölner Prägungen in insgesamt 24 Exemplaren nachweisen. Vier dieser fünf Prägungen sind so genannte Monetarmünzen. Bei Monetarmünzen handelt es sich um Goldprägungen, die von königlichen Beamten und privaten Unternehmern im Auftrag des Königs, aber in eigenem Namen geschlagen wurden. Typische Monetarmünzen sind die aus Banassac bzw. Andernach nach Köln gekommenen Goldprägungen (Trienten) aus der Heumarktgrabung. Insgesamt lassen sich bis zu 2000 Monetare im Merowingerreich namentlich nachweisen.

Die Kölner Prägungen können den Münzmeistern Rauchomarus (in Köln tätig im ersten Viertel des 7. Jahrhunderts), Gaucemarus (tätig im zweiten Drittel des 7. Jahrhunderts), Suno (ebenfalls tätig

76

50. Goldprägung (Triens) des Kölner Münzmeisters Rauchomarus (frühes 7. Jh.)

im zweiten Drittel des 7. Jahrhunderts) und einem namentlich nicht genannten Münzmeister des 6. Jahrhunderts zugewiesen werden. Kölner Münzen wurden überwiegend am Niederrhein, in Friesland und in England gefunden. Das Verbreitungsbild der Münzen spiegelt die Bedeutung des Rheins als Handelsroute und die Qualität und Intensität der Handelsverbindungen Kölner Kaufleute mit den Nordseeanrainern – etwa im Tuch- und Fischhandel – wider.

Unter den frühmittelalterlichen Funden im Kölner Stadtgebiet findet sich auch eine größere Zahl fremder Prägungen. Auch diese Münzen dürften als Zeugnis frühmittelalterlicher Handelstätigkeit zu werten sein. Dabei zeichnen sich wandelnde geographische Schwerpunkte im Laufe der Jahrhunderte ab: Zwischen dem mittleren 5. und dem letzten Viertel des 6. Jahrhunderts stammen die meisten Prägungen aus Gallien; hinzu kommen einige wenige byzantinisch-italische Prägungen. Am Ende dieser Zeitspanne tauchen dann einige westgotische Münzen auf, die aus Südfrankreich und Spanien stammen. Erst bei den Funden aus dem 7. Jahrhundert ändert sich das Bild der „ausländischen" Währungen: Gallische und mittelrheinische Prägungen dominieren nun. Die gallischen Münzen stammen aus Prägeorten wie Banassac, Marseille und Clermont-Ferrand im Südwesten des Frankenreichs. Sie gelten als Zeugnisse des Handels auf Rhône, Saône, Mosel und Rhein.

Die gallischen Monetarmünzen hatten im gesamten Reich der Merowinger Gültigkeit. Die mittelrheinischen Prägungen waren vor allem für den Regionalhandel bestimmt. Wegen ihres hohen Wertes waren die Goldmünzen nicht für alltägliche Transaktionen etwa innerhalb einer Stadt geeignet; sie wurden nur bei Handelsgeschäften eingesetzt, bei denen bedeutende Summen beglichen werden mussten – oder man nutzte die Münzen als Geschenke unter den Eliten, für Soldzahlungen und Ähnliches.

Eine bestimmende Rolle im Handel, das soll nicht vergessen sein, nahm im östlichen Frankenreich aber auch wieder die Tauschwirtschaft (Naturalhandel) ein.

Nach dem Tod seiner Brüder und seines Großneffen Theudebald gelang es Chlothar I., dem jüngsten Sohn Chlodwigs, das fränkische Reich unter seiner Herrschaft wieder zu vereinen – doch nach seinem Tod im Jahre 561 wurde erneut eine Reichsteilung vollzogen. Und wieder teilten sich vier Söhne die Herrschaft. Charibert, der nur wenige Jahre später starb, erhielt Westgallien, Guntram Burgund und das Gebiet um Chalons und Orleans, Sigibert I. die östlichen Teile nebst südgallischem Besitz, wobei Reims seine Residenz wurde, Chilperich I. den ursprünglichen Teil des Vaters um Soissons, der den Namen „Neustrien" erhalten hatte.

4.4. Dallas und Denver im Mittelalter – die merowingische Familienfehde

In den Anfängen ihrer Herrschaft betrieben die Brüder noch eine gemeinsame Reichspolitik – doch dann verstrickten sich Sigibert und Chilperich in eine der wildesten und berühmtesten Familienfehden der Geschichte, in deren Verlauf zahlreiche Könige getötet wurden und die Sippe der Merowinger fast ausgerottet wurde; diese Fehde ist im Nibelungenlied literarisch verarbeitet worden.

Zentrale Figur dieser Fehde war Brunichild, Tochter des Westgotenkönigs Athanagild – sie war seit dem Jahre 566 die Gemahlin Sigiberts I., des austrasischen Herrschers. In den Quellen wird die Schönheit ihrer Gestalt, die

Die Merowingerkönige und ihre Reiche

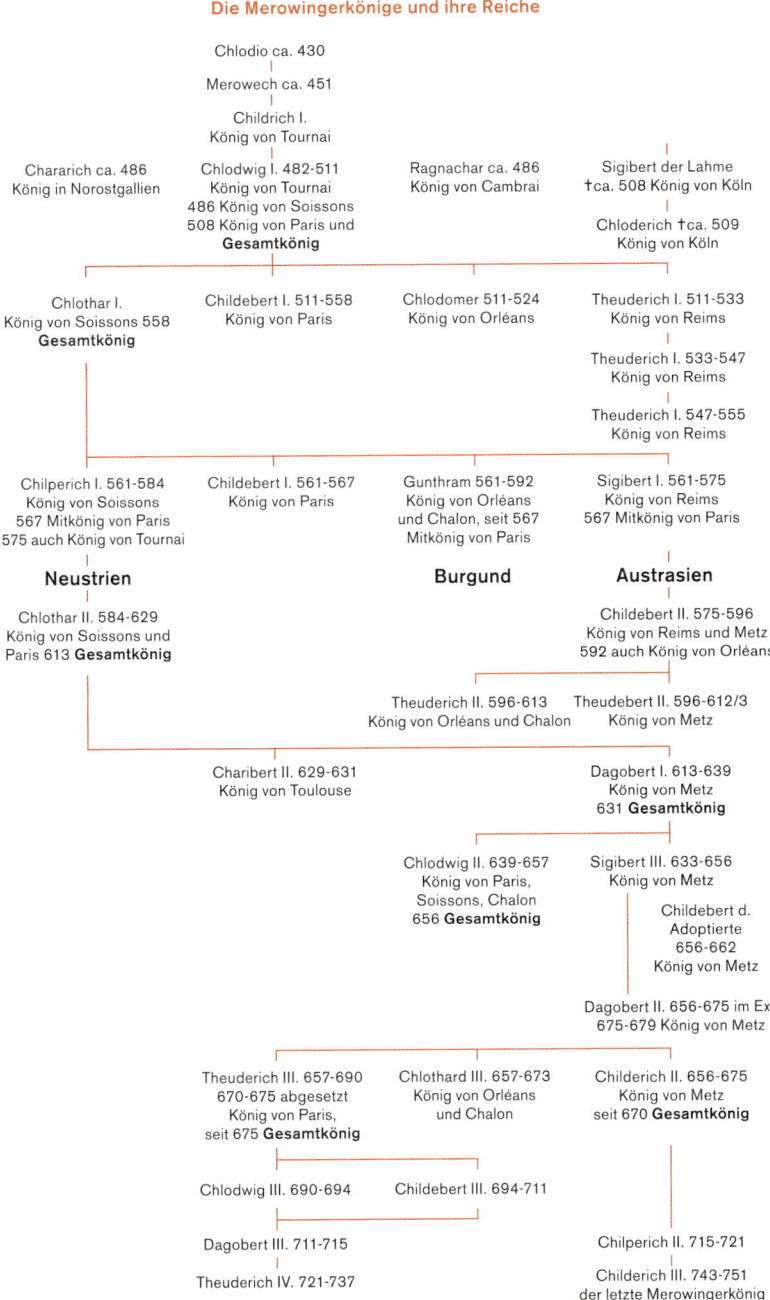

Chlodio ca. 430

Merowech ca. 451

Childrich I.
König von Tournai

Chararich ca. 486
König in Norostgallien

Chlodwig I. 482-511
König von Tournai
486 König von Soissons
508 König von Paris und
Gesamtkönig

Ragnachar ca. 486
König von Cambrai

Sigibert der Lahme
†ca. 508 König von Köln

Chloderich †ca. 509
König von Köln

Chlothar I.
König von Soissons 558
Gesamtkönig

Childebert I. 511-558
König von Paris

Chlodomer 511-524
König von Orléans

Theuderich I. 511-533
König von Reims

Theuderich I. 533-547
König von Reims

Theuderich I. 547-555
König von Reims

Chilperich I. 561-584
König von Soissons
567 Mitkönig von Paris
575 auch König von Tournai

Childebert I. 561-567
König von Paris

Gunthram 561-592
König von Orléans
und Chalon, seit 567
Mitkönig von Paris

Sigibert I. 561-575
König von Reims
567 Mitkönig von Paris

Neustrien

Burgund

Austrasien

Chlothar II. 584-629
König von Soissons und
Paris 613 **Gesamtkönig**

Childebert II. 575-596
König von Reims und Metz
592 auch König von Orléans

Theuderich II. 596-613
König von Orléans und Chalon

Theudebert II. 596-612/3
König von Metz

Charibert II. 629-631
König von Toulouse

Dagobert I. 613-639
König von Metz
631 **Gesamtkönig**

Chlodwig II. 639-657
König von Paris,
Soissons, Chalon
656 **Gesamtkönig**

Sigibert III. 633-656
König von Metz

Childebert d.
Adoptierte
656-662
König von Metz

Dagobert II. 656-675 im Exil
675-679 König von Metz

Theuderich III. 657-690
670-675 abgesetzt
König von Paris,
seit 675 **Gesamtkönig**

Chlothard III. 657-673
König von Orléans
und Chalon

Childerich II. 656-675
König von Metz
seit 670 **Gesamtkönig**

Chlodwig III. 690-694

Childebert III. 694-711

Dagobert III. 711-715

Chilperich II. 715-721

Theuderich IV. 721-737

Childerich III. 743-751
der letzte Merowingerkönig

Anmut des Antlitzes, die Feinheit ihrer Bildung gepriesen. Eine Art Eifersucht habe dann Chilperich I. von Soissons um eine Schwester Brunichilds werben lassen – Galswinth, die ihm von den Westgoten auch zugestanden wurde, nachdem er sich verpflichtet hatte, seine bisherigen Frauen und Buhlschaften von sich zu weisen. Galswinth soll von Chilperich zunächst mit großer Liebe verehrt worden sein, „sie hatte nämlich reiche Schätze mitgebracht", schreibt Gregor von Tours. Aber bald gewann wohl die Erinnerung an eine der Verstoßenen – sie hieß Fredegunde – wieder Gewalt über den König. Deren Bevorzugung trieb die Westgotin in den Entschluss, in ihre Heimat zurückzukehren. Doch ehe sie diesen Plan ausführen konnte, fand man sie eines Morgens tot im Bett, erdrosselt. Und Chilperich setzte nun Fredegunde zu seiner Gemahlin und Königin ein.

Brunichild soll Blutrache für die Schwester geschworen und ihren Gemahl Sigibert dafür gewonnen haben, kriegerisch gegen den Bruder vorzugehen. In den Zorn Brunichilds mengten sich die Gier nach Macht und Ländereien – und Sigibert und seine Brüder sahen nun eine günstige Gelegenheit, sich Chilperichs Reiches und seiner Schätze zu bemächtigen. Sigiberts Heer zog gegen Neustrien und eroberte nach vielen Kämpfen Paris. Chilperich wurde schließlich von seinen eigenen Kriegern verlassen. In Vitry erhoben die neustrischen Franken Sigibert im Jahre 575 auf den Schild und machten ihn zu ihrem König – doch als Sigibert Heerschau hielt, drängten sich zwei Vertraute Fredegundes an ihn heran und stießen ihm von jeder Seite ein vergiftetes Messer in den Leib. Gefolgsleute brachten Childebert, den fünfjährigen Sohn des erdolchten Königs, in Sicherheit, nach Austrasien.

Chilperich machte sich nun die allgemeine Verwirrung zu Nutze und erneuerte seine Königsherrschaft in Neustrien; er gebot nun über zwei Teilreiche, seines und das Chariberts. Zudem lieferten verräterische Große ihm Brunichild aus, die er in einem Kloster einsperren ließ. Die austrasischen Adeligen aber erhoben den unmündigen Sohn Sigiberts und Brunichilds, Childebert II., noch im gleichen Jahr zum König.

Das Morden hatte damit aber noch immer kein Ende genommen. „Es erhebt sich Vater gegen Sohn, Sohn gegen Vater, Bruder gegen Bruder, Verwandte gegen Verwandte," klagte Gregor von Tours, der Zeitzeuge. „Hütet euch vor der Zwietracht" – so warnte er die Könige – „hütet euch vor Bürgerkriegen, die euch und euer Volk in das Verderben bringen!"

Dem neustrischen König Chilperich I. wurde 584 – wie einst seinem Rivalen Sigibert – ein Messer in den Leib gestoßen, als er in der Dunkelheit von der Jagd heimkehrte, „er hauchte seine schwarze Seele aus." Man beschuldigte Fredegunde des Mordes am Gatten und unterstellte ihr ehebrecherische Gründe, doch auch Brunichild, der es gelungen war, aus der Haft Chilperichs zu fliehen, verharrte in tiefstem Hass gegen Fredegunde. „Marter und Hinrichtungen, Blendungen und Verstümmelungen sind an der Tagesordnung. Gott der Allmächtige, so denke ich, hat sich vom Volk der Franken abgewandt."

Als Childebert II., der sich nach Erreichen seiner Mündigkeit Schritt für Schritt dem Einfluss des austrasischen Adels entzogen hatte, im Jahre 593 auch die Herrschaft in Burgund übernehmen konnte, sah es kurzfristig so aus, als könne die Einheit des Frankenreiches wiederhergestellt werden. Doch er starb bereits 596 – und ein Jahr später starb auch Fredegunde.

Ihr Sohn Chlothar II. übte damals die Herrschaft in Neustrien aus, in Austrasien und Burgund regierten nun zwei Enkelsöhne Brunichilds, Childeberts unmündige Söhne Theudebert II. und Theuderich II. – Brunichild versuchte, in beiden Reichen die Regentschaft für die Enkel auszuüben, sie wurde aber 599 vom austrasischen Adel vertrieben und fand in Burgund Zuflucht.

Nachdem die Brüder Theudebert und Theuderich zunächst gemeinsam gegen Chlothar gekämpft hatten, führten wachsende Spannungen zwischen den beiden Königen, geschürt von den austrasischen Großen, zum Krieg. Theudebert fiel im Jahre 612 in Burgund ein, wurde aber in zwei Schlachten geschlagen und schließlich gefangen genommen. Ihn und seinen kleinen Sohn ließ Brunichild töten. Doch in dem Moment, in dem sie sich anschickte, Chlothar II., den Sohn ihrer Erzfeindin Fredegunde, der schon einen Großteil seines Herrschaftsgebietes hatte abtreten müssen, endgültig zu beseitigen, starb ganz überraschend ihre letzte verbliebene Stütze, ihr Enkel Theuderich II., in Metz.

Der austrasische Adel rief nun Chlothar ins Land. Die Großen Burgunds ließen Brunichild nun im Stich. Sie und zwei ihrer Urenkel wurden dem Chlothar ausgeliefert. Es ist überliefert, dass Chlothar eigenhändig die kleinen Söhne Theuderichs umbrachte, indem er ihre Köpfe an einen Stein schmetterte. Das Ende der Brunichild im Jahre 613 ist in der Fredegar-Chro nik (entstanden im 7. Jahrhundert) folgendermaßen beschrieben: „Brunichild wurde vor Chlothar gebracht, der sie zutiefst hasste. Er ließ sie drei Tage lang verschiedenen Foltern aussetzen, dann gab er den Befehl, sie zuerst auf ein Kamel zu setzen und im ganzen Heer herumzuführen und sie dann mit dem Haupthaar, einem Fuß und einem Arm an den Schwanz eines über alle Maßen bösartigen Pferdes zu binden; dabei wurde sie dann durch die Hufe und den rasenden Lauf in Stücke gerissen."

Inwieweit Köln von diesen endlosen Fehden und Kriegen direkt betroffen war, ist quellenmäßig nicht fassbar; lediglich bei der Auseinandersetzung zwischen den königlichen Brüdern Theudebert II. von Austrasien und Theuderich II. von Burgund, den Enkeln Brunichilds, wird Köln als Schauplatz erwähnt. Theudebert hatte seinem Bruder das Elsass abgenommen; Theuderich schwor daraufhin Rache und zog mit einem großen Heer nach Norden. Bei Toul kam es zur Schlacht – Theudebert wurde vernichtend geschlagen und flüchtete nach Köln. Mit Hilfe der Sachsen und Thüringer stellte er sich im Jahre 612 dem Bruder bei Zülpich erneut in den Weg. „Es wurden, als die Heere aufeinanderprallten und miteinander kämpften, so viele getötet, dass die Leichen keine Möglichkeit hatten, umzusinken: die Toten blieben vielmehr dicht nebeneinander stehen, als ob sie lebten", berichtet die Fredegar-Chronik.

Wieder behielt Theuderich die Oberhand – und zog, ohne auf Widerstand zu treffen, in Köln ein, wo man ihm die Schätze des geflüchteten Bruders aushändigte. In der Basilika des hl. Märtyrers Gereon huldigten die austrasischen Großen dem Sieger als ihrem neuen König. Als Theuderich sich anschickte, gegen Neustrien und Chlothar II. zu ziehen, starb er ganz überraschend 613 in Metz.

V. Romanen und Franken – eine „städtische" Gesellschaft

Archäologische Funde im antiken Stadtgebiet, die dem Zeitraum zwischen dem späten 5. und dem ausgehenden 7. Jahrhundert zuzurechnen sind, verteilen sich im Wesentlichen auf das Gebiet zwischen Rheinufer im Osten und Hohe Straße (*cardo maximus*) im Westen. Der *cardo* wird nur an zwei Stellen – bei St. Cäcilien und St. Kolumba – überschritten. Gerade bei den jüngsten Ausgrabungen, etwa für den Bau der „Nord-Süd Stadtbahn Köln", sind immer wieder und vermehrt Funde aus der Merowingerzeit zu verzeichnen. Ergänzt durch Einzelfunde aus Altgrabungen, zeugen sie von einer doch ausgeprägten Besiedlung innerhalb dieses fast 40 Hektar großen Gebietes.

5.1. „Römer" in der fränkischen Colonia

Auch nachdem Köln von den Franken in Besitz genommen worden war, lebten zahlreiche „Römer" – oder richtiger: Romanen – innerhalb der Stadtmauern. Lange Zeit vermuteten Archäologen und Historiker, dass sich die spätrömische Bevölkerung in den unsicheren Zeiten der Völkerwanderung in „sichere" Provinzen des Imperiums, etwa nach Italien, zurückgezogen hätte. So jedenfalls hat es der Schriftsteller Eugippius (zwischen 465 und 533) in seiner Biographie des hl. Severin von Noricum (eines Namensvetters des Kölner Bischofs) überliefert. Eugippius nannte die Bewohner von *Raetia* und *Noricum*, zweier Provinzen südlich der Donau, *indigenae* (Einheimische), *provinciales* (Provinzbewohner) und *Romani* (Romanen). Weite Landschaften dieses Raumes schienen nahezu entvölkert, bis sich germanische Einwanderer dort niederließen.

Jüngere archäologische und philologische Untersuchungen beweisen jedoch, dass viele Romanen weiterhin in den Provinzen nördlich der Alpen lebten, an römischen Traditionen festhielten und ein mehr oder weniger „verderbtes" Latein sprachen. Die Gründe hierfür waren wohl vielfältig. Viele

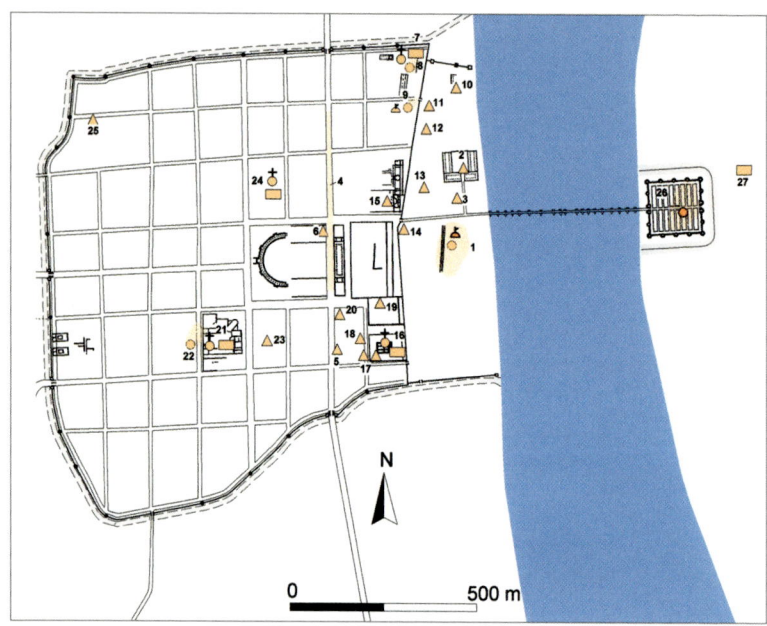

51. Verteilung fränkischer und romanischer Funde innerhalb der frühmittelalterlichen Colonia (5. bis 7. Jahrhundert). (1 Heumarkt, 2 An Groß St. Martin, 3 Lintgasse 18-20, 4 Hohe Straße-Straßenland, 5 Hohe Straße 14, 6 Hohe Straße 79, 7 Dom, 8 Domhof, 9 Am Domhof, 10 Bischhofgartenstraße, 11 Kurt-Hackenberg-Platz, 12 Bechergasse, 13 Alter Markt, 14 Martinstraße, 15 Rathausplatz, 16 St. Maria im Kapitol, 17 Kasinostraße, 18 Pipinstraße 4, 19 Pipinstraße/Kleine Sankaule, 20 Augustinerplatz/Große Sandk, 21 St. Cäcilien, 22 Joseph-Haubrich-Hof, 23 Sternengasse/Cäcilienstraße, 24 St. Kolumba, 25 Helenenstraße 10, 26 Deutz, Kestellgelände, 27 Deutz, Siegesstraße)

Familien waren vermutlich schon aus wirtschaftlichen Gründen nicht in der Lage auszuwandern. Andere städtische und dörfliche Gemeinschaften arrangierten sich mit den neuen Machthabern, Vertreter der romanischen Eliten übernahmen Spitzenpositionen innerhalb einer sich neu bildenden Gesellschaft, etwa innerhalb der kirchlichen Organisation.

Im spätantik-frühmittelalterlichen Köln lassen sich „die" Romanen, wie in anderen Zentren auch, archäologisch nur schwer fassen. Dies ist zum einen auf die spezifischen Bau- und Wohnweisen der Spätantike zurückzuführen. Typisch sind nämlich fragile Fachwerkhäuser, deren Wände aus niedrigen Sockelmauern bestehen – auf diesen Mauern, deren Steine man nicht mit Mörtel verband, ruhten die eigentlichen Fachwerkwände. Sehr oft wurden erhaltene Wände römischer Bauten in die frühmittelalterlichen Häuser der fränkischen Bewohner integriert.

52. St. Severin: Grabstein der Concordia, die – laut Inschrift – nur sechs Monate alt wurde (Sandstein, 5. bis 6. Jh.)

Reste der spätantik-frühmittelalterlichen Häuser lassen sich nur in Ausnahmefällen archäologisch nachweisen, so etwa am Josef-Haubrich-Hof. Im Mittelalter und in der frühen Neuzeit sind die Spuren dieser Häuser vielfach beim Ausbau tiefer Keller beseitigt worden. Einfach gestaltet waren auch die Lehmstampfböden, die im Laufe der Nutzung immer wieder erneuert wurden. Beheizt wurden die Anwesen durch offene Herdstellen, die teils mit römischen Ziegeln gepflastert waren. Die Dächer waren in der Regel wohl mit Stroh oder Holz gedeckt.

Wie die Romanen in Köln ihre Toten bestatteten, lässt sich aufgrund der spezifischen Grab- und Bestattungssitten ebenfalls kaum eindeutig nachweisen. Unter dem Einfluss des Christentums verzichtete die provinzialrömische Bevölkerung seit dem 4. Jahrhundert zunehmend darauf, ihre Verstorbenen mit Beigaben für das Leben im Jenseits auszustatten. Man beerdigte die Toten vor den Mauern der Stadt *(extra muros)*, nahe den Gräbern der Märtyrer und Heiligen *(ad martyros/ad sanctos)*. Das Grab schmückte in der Regel eine Grabplatte oder ein Grabstein mit Inschrift, christlichen Symbolen oder geometrischen Ornamenten.

Aus Köln sind etwa 50 Grabinschriften der Spätantike und des frühen Mittelalters überliefert. Sie stammen sämtlich von den Friedhöfen um St. Gereon, St. Severin und St. Ursula. Vergleicht man diesen Quellenbestand mit dem aus Trier, so ist er vergleichsweise gering, was darauf zurückzuführen ist, dass in Köln und im Kölner Umland – im Gegensatz zu Trier – seit der Spätantike keine Steinbrüche in Nutzung waren; daher wurden Grabsteine bei Baumaßnahmen oft wiederverwendet.

Trotz der kleinen Zahl erhaltener Grabsteine zeigen die Inschriften, dass die lateinische Sprache zumindest von Teilen der städtischen Gesellschaft im

5./6. Jahrhundert noch immer gesprochen und beherrscht wurde. Dies deutet darauf hin, dass es möglicherweise bis in das 6. Jahrhundert hinein in Köln Schulen gab, in denen Latein gelehrt wurde. Auch unter fränkischer Herrschaft lebte in Köln also eine zahlenmäßig starke Gruppe, die sich in lateinischer Sprache unterhielt, Texte schrieb und römische Sitten und Gebräuche pflegte.

Von 35 überlieferten Personennamen sind gut zwei Drittel lateinischen Ursprungs, die übrigen griechischer oder germanischer Herkunft; dies entspricht den statistisch aussagekräftigeren Ergebnissen in Trier.

Die Grabsteine mit frühchristlichen Inschriften sind daher ein sicherer Beleg romanischer Bevölkerungs- und Sprachkontinuität.

Fränkische Grab- und Bestattungssitten

Die Franken haben ihre Toten – wie andere Völker im frühen Mittelalter – in der Regel unverbrannt in gestreckter Rückenlage, den Kopf im Westen, den Blick nach Osten gerichtet, beigesetzt. Die Arme sind zumeist längs an den Körper angelegt, Oberkörper und Beine gestreckt. Die Grabgruben sind zwischen ein und zwei Meter tief eingegraben.

Neben einfachen Erdgräbern, mit und ohne Holzsarg oder Totenbett, lassen sich Steinplattengräber und Sarkophage nachweisen. Eine typische Sarkophagform sind trapezförmige Kalksteinsarkophage, die in mehreren Kölner Kirchen freigelegt wurden. Kalksteinsarkophage dieses Typs sind kennzeichnend für Gräber der Oberschicht. Die Sarkophage wurden von Steinmetzen aus Muschelkalk in Lothringen gefertigt und von dort per Schiff über Maas, Mosel und Rhein zu ihren vermögenden Kunden gebracht. Wenngleich nur selten oberirdische Grabdenkmäler wie Holzpfosten oder Steine nachzuweisen sind, dürften die Gräber in der Regel sichtbar gekennzeichnet gewesen sein, denn Grabüberschneidungen sind selten.

Eine typische Form der Mitte des 8. Jahrhunderts sind kleine rechteckige oder trapezförmige Grabsteine mit einfachen Stangenkreuzen. Sie sind vor allem von frühen Kirchen bekannt und beschränken sich auf Gräber der Oberschicht. Die Angehörigen gaben den Verstorbenen Beigaben für das Leben im Jenseits mit: Männer wurden mit Waffen, Leibgurten und Gegenständen des persönlichen Besitzes, Frauen in ihrer Tracht, Schmuck, Amuletten, Gefäßen und anderen Gerätschaften beigesetzt.

In der Regel sind nur Dinge aus anorganischen Materialien überliefert – Gefäße oder Möbel aus Holz, Nahrungsmittel, Stoffe und Leder von Kleidungsstücken oder andere organische Dinge sind nur bei besonders günstigen Bedingungen erhalten. Überdurchschnittlich konserviert waren etwa die Gräber unter dem Dom und unter St. Severin. Beigaben wie die kostbaren Fibeln aus dem Frauengrab unter dem Kölner Dom zeigen, dass die Verstorbenen aller Wahrscheinlichkeit nach dem merowingischen Hochadel angehörten.

Unter dem Einfluss des Christentums endete im Verlauf des 7. Jahrhunderts die Sitte, Verstorbene mit Beigaben auszustatten. Trotz schwerer Strafen, über die schon frühmittelalterliche Gesetzbücher berichten, machten sich schon bald Grabräuber auf die Suche nach kostbaren Beigaben. Manche gingen dabei so gezielt vor, dass eine genaue Kenntnis der Beigaben und der Lage im Grab vorauszusetzen ist, der Grabfrevel also von Zeitgenossen begangen wurde, die bei der Beisetzung zugegen waren.

5.2. Ausgrabungen im Bereich des Domhügels

Die Vorgängerbebauung des Doms in der Nordostecke der antiken Stadt wurde zwischen 1946 und 1997 in der sogenannten „Domgrabung" planmäßig archäologisch untersucht.

Bei den Grabungen und im Rahmen der wissenschaftlichen Untersuchungen konnte nach und nach eine Abfolge der Bebauung rekonstruiert werden, die sich etwa so zusammenfassen lässt: Über dem einplanierten Schutt spätrömischer Wohngebäude wurde schon im späten 4. oder im frühen 5. Jahrhundert im Bereich des – späteren – gotischen Domchores ein steinerner Apsidensaal unbekannter Größe und Form angelegt (wissenschaftliche Bezeichnung: Bau I). Anhand eines zugehörigen Estrichs könnte der Bau bis zu 25 Meter lang und elf Meter breit gewesen sein. Im Laufe des 5. Jahrhunderts wurde dieser Saal

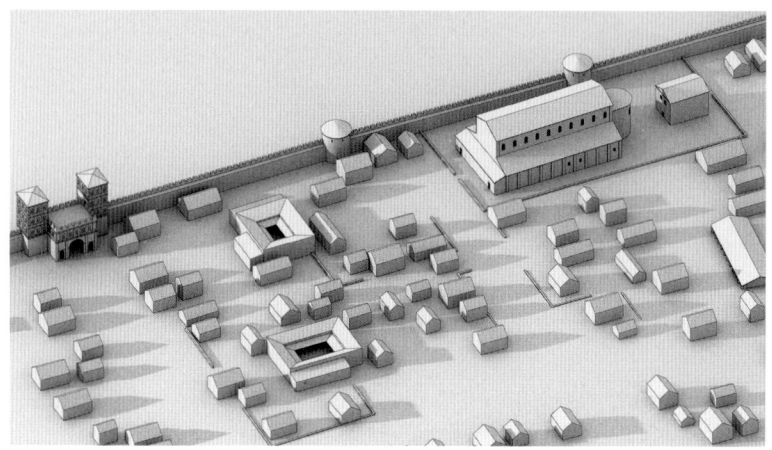

umgestaltet (Bau 2) – und vielleicht bis in das zweite Drittel des 6. Jahrhunderts als Grab- bzw. Memorialsaal genutzt. Rekonstruktion und funktionale Deutung dieses Baus sind jedoch umstritten. Einige Archäologen sehen schon in den beiden ältesten Bauphasen kirchliche Vorgängerbauten des Doms. Angesichts der reich ausgestatteten Gräber, die dort im zweiten Drittel des 6. Jahrhunderts angelegt wurden, ist diese These nicht so einfach von der Hand zu weisen: Grablegen dieser Größenordnung sind eigentlich nur im Zusammenhang mit einer frühchristlichen Kirche verständlich.

Anstelle der frühen Apsidensäle wurde spätestens in der zweiten Hälfte des 6. Jahrhunderts der erste gesicherte Kirchenbau (Bau 3a) am Platz des gotischen Doms errichtet. Er war deutlich größer als die vorherigen Gebäude. Seine ost-westliche Länge dürfte mindestens 50 Meter betragen haben. Der Grundriss lässt sich im Detail nicht rekonstruieren.

Es kann aber wohl kein ernsthafter Zweifel daran bestehen, dass es sich hierbei um die frühmittelalterliche Bischofskirche Kölns gehandelt hat. Im Osten stand das Baptisterium in einem eigenen Bau. Bei erneuten Umbauten erhielt die Kirche einen schlüsselförmigen Ambo, also einen erhöhten Einbau bzw. eine Kanzel, auf der der Priester seine Predigt hielt. Ein Treppenabgang führte in den Gemeinderaum.

Im Verlauf des 7. Jahrhunderts wurde die Kirche deutlich in westliche Richtung erweitert. Eine Urkunde Sigiberts III. nennt um das Jahr 640 erstmalig das Petrus-Patrozinium.

53. Eine Vorgänger-
kirche des Domes und ihr
Umfeld im 6. Jahrhundert
(Rekonstruktion © Lengyel
Toulouse Architekten,
Berlin 2011, www.lengyel-
toulouse.com)

54. Frühmittelalterliches
Taufbecken östlich des
Domes (5./6. Jh.)

Östlich dieser frühen Bischofskirche stand eine frühchristliche Tauf-
kapelle, die schon 1866 entdeckt wurde. Dieses *baptisterium* war mit einem
achtseitigen Taufbecken (*piscina*) von bis zu 2,40 Meter Innendurchmesser
ausgestattet. Das Taufgebäude dürfte eine Fläche von etwa 16 mal 13 Meter besessen haben. Gut vergleichbare Taufkapellen sind aus Frankreich
und Italien im 5./6. Jahrhundert bekannt. In frühchristlicher Zeit waren
räumlich isolierte Taufgebäude notwendig, da nur getaufte Gemeindemitglieder die Kirche betreten sollten. Die Taufe war also Voraussetzung und
musste außerhalb des Gotteshauses erfolgen. Im 7. Jahrhundert wurde der
Bau um zwei Seitenschiffe auf der Nord- und Südseite erweitert. Durch
den Anbau erhielt das Baptisterium im 7. Jahrhundert eine kreuzförmi-
ge Grundform. Der Ausbau dürfte zeitgleich mit der Erweiterung der Bischofskirche erfolgt sein. Bei Ausgrabungen auf dem Domhof – westlich
und südlich der Kathedrale – wurde 1948/49 „nachrömischer" Baubefund
freigelegt, doch sind diese Funde nach jüngsten Untersuchungen in die Zeit
der Karolinger zu datieren und gehören vermutlich zur frühen erzbischöflichen Pfalz. Gleichwohl deuten Einzelfunde wie Keramikfragmente des 5. bis
7. Jahrhunderts, bronzene Gewand- und Haarnadeln, Riemenzunge, Kamm-
fragmente und ein Fußfragment einer Bronzeschale an, dass die Fläche ursprünglich intensiv genutzt wurde. Da von der Geländeumgestaltung des 19.
Jahrhunderts insbesondere die nachrömischen Schichten betroffen waren,
sind vermutlich viele Befunde zerstört worden.

Dies wurde auch durch Ausgrabungen des Jahres 2004 anlässlich des Baus der „Nord-Süd Stadtbahn" bestätigt. Unmittelbar südlich des Studiengebäudes des Römisch-Germanischen Museums kamen Reste eines spätantiken Schwellenbaus des späten 4. oder 5. Jahrhunderts, Gruben mit Metallschlacken und ein Ofen, zutage. Im Umfeld der Befunde lagen Bruchstücke von Glasöfen und Produktionsabfälle von Glasverarbeitung. Der Ofen ist anhand von Keramikfunden in die späte Merowinger- oder frühe Karolingerzeit zu datieren. Die Befunde waren von karolingischen Sieldungsschichten überlagert.

5.3. Die fränkischen Fürstengräber unter dem Dom

Die wichtigsten Funde auf dem Domhügel sind zwei Gräber – die von Archäologen und Historikern schon früh mit dem fränkischen Hochadel oder dem merowingischen Königshaus in Zusammenhang gebracht wurden. Denn die Bewohner Kölns, Romanen wie Franken, begruben ihre Toten im Normalfall vor den Mauern der Stadt bei den Gräbern der Heiligen. Eine Bestattung innerhalb der Stadtmauern war außergewöhnlich.

Die Entdeckungsgeschichte der beiden Gräber könnte Inhalt eines Abenteuerromanes sein: Am 10. April 1959 brach im Verlauf von Ausgrabungen im Chorbereich der Boden ein – und den Grabungstechnikern war relativ schnell klar, dass man auf eine Begräbnisstätte aus fränkischer Zeit gestoßen war. Das Bild, das sich den Ausgräbern damals bot, ist auf Fotos festgehalten – neben Goldschmuck fanden sich auch Dinge des täglichen Bedarfs, ein Eimer und Trinkgefäße. Die kostbaren Beigaben deuteten darauf hin, dass es sich um das Grab einer Frau aus dem fränkischen Hochadel handeln musste. Das mit Steinplatten aus Trachyt befestigte Grab war drei Meter lang und

55. Spätantike und frühmittelalterliche Keramik-
funde aus dem Dombereich
(5.-7. Jahrhundert)

56. Das fränkische Damen-
grab ohne Deckplatten und
das Knabengrab mit Deck-
platten unter dem Kölner
Dom (erste Hälfte 6. Jh.)

I,I0 Meter breit, in den Westteil der steinernen Grabkammer war der I,70 Meter lange und 0,55 Meter breite Holzsarg gestellt. Das Skelett der etwa 28-jährigen Frau hatte sich – bis auf die Zähne – nicht erhalten.

Dem fränkischen Grab- und Bestattungsritus entsprechend, war sie stan-desgemäß in ihrer reichen Tracht, mit ihrem persönlichen Schmuck und Amuletten beigesetzt worden. Das Grab konnte nur unter schwierigsten Ar-beitsbedingungen untersucht werden, daher ist nicht von allen Beigaben die genaue Lage bekannt. Dank der guten Erhaltungsbedingungen im Kirchen-inneren hatten sich allerdings viele Dinge aus organischen Materialien erhal-ten. Die reichen Beigaben ergaben, dass das Frauengrab im zweiten Viertel des 6. Jahrhunderts angelegt worden ist.

Die fränkische Frauentracht

Fränkische Frauen, die es sich leisten konnten, trugen in der zweiten Hälfte des 5. und im 6. Jahrhundert eine sogenannte Vierfibeltracht, zu der zwei größere Bügel- und zwei Kleinfibeln gehörten. Da die meist aus

57. Rekonstruktion der merowingerzeitlichen Frauentracht, sog. Vierfibeltracht (5./6. Jh., nach M. Martin)

58. Rekonstruktion der Tracht im Grab der fränkischen Königin Arnegunde (spätes 6. Jh., nach M. Martin)

Silber gegossenen und feuervergoldeten Bügelfibeln in den Gräbern in der Regel auf Höhe des Beckens oder der Unterschenkel dokumentiert wurden, dachte man lange, dass sie dem Verschluss eines wollenen Wickelrockes dienten. Jüngere Untersuchungen haben gezeigt, dass das Bügelfibelpaar an einer breiten Schärpe befestigt war, die über dem Rock vom Leibgurt herabhing. Sie hatten vor allem Zierfunktion.

Kleinfibeln gibt es in unterschiedlichsten Ausprägungen. Bekannt sind beispielsweise Vogel- und Tierfibeln, Almandinscheibenfibeln, S-Fibeln, gleicharmige Fibeln oder Reiterfibeln. Sie werden im Grab meist in einer typischen Trachtlage unter dem Kinn oder auf dem Brustbein der Verstorbenen entdeckt. Daher nahm man an, dass Kleinfibeln ein leichtes, kleidartiges Untergewand verschlossen haben. Die moderne Analyse von Textilresten an Kleinfibeln ergab jedoch, dass sie das Obergewand in der Art eines über die Schultern gelegten Umhangs oder Mantels sicherten. Im Laufe des späten 6. Jahrhunderts wurde die merowingische Vierfibeltracht von der romanisch-mediterranen Mode verdrängt. Diese Veränderungen setzen im Hochadel ein und durchdrangen nach und nach alle Bevölkerungsschichten. An die Stelle der Vierfibeltracht traten einzeln getragene große Scheibenfibeln, die den Mantel zusammenhielten.

Der Leibgurt war in der ostfränkischen Frauentracht am Rhein meist schmucklos mit einer einfachen Gürtelschnalle verschlossen. Nur im westlichen und südwestlichen Frankenreich tauchen große Metallbeschläge mit breiten Gurten auf. Zum funktional notwendigen Trachtzubehör gehörten in überdurchschnittlich ausgestatteten Frauengräbern außerdem mit Edelmetall beschlagene Wadenbinden- und Schuhgarnituren.

Neben den funktional notwendigen Trachtbestandteilen sind Ohrringe, Arm- und Fingerringe zu nennen, die je nach Wohlstand und sozialem Stand der Dame aus Bronze, Silber oder Gold gefertigt waren. In besonders reichen Grablegen lassen sich immer wieder Importe aus dem Mittelmeergebiet nachweisen. Auf Gräber des frühmittelalterlichen Adels beschränkt sind golddurchwirkte Stoffe, goldene Stirnbänder oder seidene Schleier. Das Grab der Frankenkönigin Arnegunde, beigesetzt um 565/70 in St. Denis zu Paris, zeigt, dass der fränkische Hochadel auf kostbare Seidengewänder zurückgreifen konnte, die man aus dem Mittelmeerraum importieren ließ.

Amulettgehänge, die Unheil abwehren sollten, fehlen in fast keinem Frauengrab. In reichen Bestattungen können vielfältige Dinge an Lederbändern vom Leibgurt herabgehangen haben. Neben Muscheln, Schmuckperlen aus Glas, Bernstein oder Bergkristall, Amulettkapseln, Täschchen, Zierschlüsseln und Zierscheiben gab es auch einfache Gebrauchsgeräte wie Messer und Kämme.

Die Qualität der Beigaben aus dem Kölner Domgrab findet nur wenige Parallelen in Funden aus anderen Regionen des Frankenreichs. Fast alle Tracht- und Schmuckbestandteile waren aus purem Gold gefertigt, wenige aus vergoldetem Silber. Die Dame trug einen Schleier, von dem sich Goldbrokat der Stirnbinde und ein mittig aufgesetzter goldgefasster Almandin (Granat) erhalten hatten. Der Ohrschmuck bestand aus zwei großen Goldohrringen mit polyedrischer

59. Beigaben aus dem Frauengrab unter dem Dom: Bügel- und Scheibenfibeln, Ohrringe und Halskette (erste Hälfte 6. Jh.)

Kapsel, in die Perlen und Almandine eingelassen waren. Am linken Handgelenk trug sie einen Armreif aus massivem Gold (66 Gramm) und an beiden Händen goldene Fingerringe, die wohl aus dem Mittelmeerraum stammen; die Hände steckten in ledernen Handschuhen. Auf Höhe des Unterleibes lagen die beiden einzigartigen Bügelfibeln, kleine Kunstwerke aus Silber und Gold mit zahlreichen Almandinen. Die „Zangenform" der sogenannten Kopfplatte zeigt, dass die Frau aus dem Osten des fränkischen Reichs an den Rhein gekommen sein muss. Zwei kostbare goldene Rosettenfibeln — mit Almandinen und goldenem Filigrandrähten verziert — waren durch eine Goldkette miteinander verbunden.

60. Glasfunde aus dem Grab der adligen Frau unter dem Kölner Dom (erste Hälfte 6. Jh.)

Auf die Kette waren acht Münzen aufgezogen. Eine zweite, kürzere Goldkette war mit Goldmünzen verziert: ein Solidus des Theodosius II. (408 bis 450), ein Solidus des Honorius (395 bis 423), zwei Solidi des Valentinianus I. (364 bis 375), drei Solidi des Anastasius I. (491 bis 518) und einer des Justinus I. (518 bis 527). Außerdem waren fünf goldene Filigrananhänger, drei Goldanhänger mit Almandinen und einige teils ebenso verzierte Goldperlen aufgefädelt.

Auf der linken Seite hatte die Verstorbenen ein Gürtelgehänge mit einer großen Glasperle, einem prismatischen Bergkristallanhänger, einem tönernen Spinnwirtel, einer Eisenschere mit Lederfutteral sowie einem Messer mit

Goldblechgriff, Lederscheide und goldenem Ortband. Auf der rechten Seite lag ein zweites Gehänge mit einer kleinen Goldschnalle und Riemenzunge, Goldblechbeschlägen, einem kugeligen Bergkristallanhänger mit Goldblechstreifen und einer aus dem Mittelmeerraum importierten silbervergoldeten Amulettkapsel, die mit christlichen und mediterranen Motiven in Form von Weinranken und Palmetten geschmückt war.

Der Gürtel war mit einer vergoldeten Silberschnalle verschlossen. Zur Tracht gehörten Schuhe mit jeweils silbervergoldeten Schnallen und Riemenzungen.

Erhalten hatten sich darüber hinaus eine große Bronzeschale und ein Holzeimer aus Obstbaumholz mit Bronzebeschlägen. In einem rechteckigen Kasten — vermutlich aus Lindenholz — lagen Pantoffeln aus weichem Leder, verziert mit Goldborten, außerdem sechs Haselnüsse, eine Walnuss und vielleicht auch ein Dattelkern. Den Trinkbecher aus Ziegenhorn schmückten silberne Beschläge; zum Trinkgeschirr gehörten mehrere Glasgefäße.

Zur persönlichen Geldbörse gehören ein Solidus des Kaisers Anastasius I. (491 bis 518), zwei Silberprägungen des Ostgotenkönigs Theoderich (493 bis 526) sowie eine seines Nachfolgers Athalarich (526 bis 534). Über den Beigaben am Fußende des Grabes lag eine Wolldecke, die aufgrund ihrer Knüpftechnik aus dem südöstlichen Mittelmeerraum stammen dürfte.

Im Verlauf der Ausgrabung des Frauengrabes stießen die Ausgräber auf ein zweites Grab in unmittelbarer Nachbarschaft. Dennoch war die Überraschung groß, als sich zeigte, dass auch das unmittelbar östlich an das Frauengrab anschließende Steinplattengrab gänzlich ungestört war. Es handelte sich um ein ebenfalls west-ost-ausgerichtetes Kammergrab aus Trachyt- und Kalksteinplatten, 2,85 Meter lang, 1,20 Meter breit und 1,30 Meter hoch.

Nach der Öffnung der Grabplatten war im Westteil des Grabes eine hölzerne Totenlade in Form eines kunstvoll gedrechselten Bettes zu sehen. Darüber lagen Bretter aus Nadelholz. Am Fußende des Totenbettes stand ein Stuhl aus Hartholz (Kirsche oder Zwetschge). Auf dem Bett lag ursprünglich der Bestattete, von dem nur noch einige Zähne erhalten waren. Deren Untersuchung ergab, dass es sich um einen etwa sechs Jahre alten Jungen gehandelt haben muss.

Auch dieses Grab war mit außergewöhnlich reichen Beigaben ausgestattet. Von der Kleidung des Knaben hatten sich Textil- und Lederreste erhalten. An den Füßen trug er Lederschuhe, die Hände steckten in ledernen Fäustlingen. Bemerkenswert ist die Waffenausstattung des Jungen, die seinen

61. Das goldene Stirnband aus dem Frauengrab (erste Hälfte 6. Jh).

hohen gesellschaftlichen Stand widerspiegelt. Links vom Toten lag ein Sax mit Knochengriff, der in seiner lederverkleideten und mit Silberbeschlägen geschmückten Holzscheide steckte. Dabei lag ein kostbares Messer mit Elfenbeingriff und Goldblechkappe. Das zweischneidige Langschwert war das eines erwachsenen Kriegers: Es war 94 Zentimeter lang, hatte einen wertvollen Griff aus Elfenbein, die Klinge war aufwändig geschmiedet („damasziert"). Links neben dem Verstorbenen waren ein hölzerner Bogen mit drei Pfeilen und ein kleiner Schild mit eisernem Schildbuckel und bronzenen Zierknöpfen deponiert. Der Rundschild dürfte einen Durchmesser von 50 Zentimeter gehabt haben; der eiserne Schildbuckel war auf die Knabengröße zugeschnitten. Neben dem Schädel lag das klassische fränkische Wurfbeil, die Franziska. Sie war ebenso wie der Ango und die Lanze für einen Erwachsenen geschmiedet.

Wie der Schild war auch der Helm, der ursprünglich wohl am Fußende über dem hölzernen Stuhl hing, der Größe des Jungen angepasst. Der Kopfschutz war mit Hornplatten und vergoldeten Bronzebeschlägen nach dem Vorbild mediterraner Spangenhelme gefertigt. Innen war er mit Leder ausgekleidet, darunter wurde eine weiche Lederkappe nachgewiesen. Der Nackenschutz bestand aus eisernem Ringgeflecht. Helme mit Metallbesatz sind in der Merowingerzeit außerordentlich selten nachzuweisen und beschränken sich auf Gräber der höchsten sozialen Kreise. Insignien seiner gesellschaftlichen Stellung sind auch der Goldfingerring an der linken Hand und ein 54 Zentimeter langer gedrechselter Holzstab, der wohl eine Art Zepter war.

Vom Gürtel des Toten ließ sich eine silbervergoldete Gürtelschnalle mit Schilddorn nachweisen. Auf der Brust lagen fünf Silbermünzen, drei Goldknöpfe und ein Messerpaar im gold-besetzten Lederetui. Vor der Totenlade und neben dem Stuhl standen zwei Glasflaschen, ein gläserner Sturzbecher, eine gedrechselte Pilgerflasche, ein Trinkhorn aus Ziegenhorn mit Silberbeschlägen und zugehörigem silberbesetztem Gurt und ein Bronzeblechbecken mit Dreifußring, darin ein Becher aus Birkenholz. Unter der Stuhllehne lagen zwei gedrechselte Holzschälchen, davon eines mit silbervergoldeten Beschlägen, und ein Holzteller. Auf dem Stuhl lag offenbar ein mit Mehl gefüllter Lederbeutel. Um Bett und Stuhl in das Grab stellen zu können, hatte man deren Beine abgesägt: Der Stuhl war noch maximal 72 Zentimter, hatte eine Sitzhöhe von mindestens 30 Zentimeter und eine Breite von 45 Zentimeter. Das Holzbett ist 1,37 Meter lang, 53 Zentimeter breit und ohne die Füße mindestens 50 Zentimeter hoch. Die Hölzer des Totenbettes sind anhand der dendrochronologischen Untersuchungen an den Eichenhölzer um 537 (+/− 10 Jahre) gefällt worden.

Tracht und Bewaffnung der Männer

Je nach sozialer Stellung und wirtschaftlichem Wohlstand wurden die Toten für das Leben im Jenseits ausgestattet. Die wichtigste Waffe des Mannes war das zweischneidige Langschwert, die Spatha. Das knapp ein Meter lange Schwert, um das sich viele Sagen und Geschichten ranken, wurde an der linken Seite mit einem eigenen Schwertgurt getragen. In besonders reich ausgestatteten Gräbern des 5. und 6. Jahrhunderts tauchen sogenannte „Goldgriffspathen" auf, bei denen die Handhabe mit Goldblech, teils auch mit Edelsteinen wie roten Almandinen, verziert ist. Frühmittelalterliche Quellen berichten von goldenen Schwertgurten des Hochadels. Seit dem späten 6. Jahrhundert sind die ledernen Schwertgurte mit metallenen Beschlägen aus Eisen, Bronze, Silber, ganz selten auch aus Gold besetzt. Die Beigabe von zweischneidigen Langschwertern beschränkt sich insgesamt auf überdurchschnittlich ausgestattete Grablegen.

Neben der Spatha trug der Mann an der rechten Seite einen Sax. Aus dem nur 40 Zentimeter langen und schmalen einschneidigen Hiebschwert des 5. Jahrhunderts entwickeln sich im Laufe der Zeit schwere Breitsaxe und Langsaxe, die fast die Dimensionen der Spathen erreichten und diese teilweise verdrängten. Der Sax wurde am eigentlichen Leibgurt befestigt. Mit zunehmender Größe des Saxes wurde der Leibgurt immer breiter und mit großen Metallbeschlägen verziert. Typisch für die zweite Hälfte des

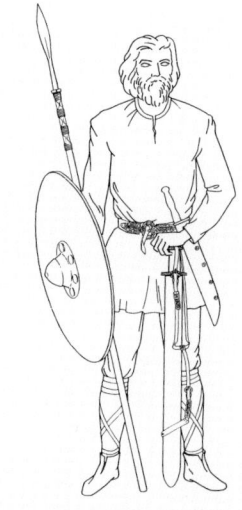

62. Rekonstruktion: Mann in Bewaffnung (um 600, nach M. Martin)

6. und das 7. Jahrhundert sind drei- und mehrteilige Gürtelgarnituren.

Neben Spatha und Sax sind Speere und Lanzen als wichtigste Angriffswaffe zu nennen, außerdem Pfeil und Bogen. Beilwaffen sind im 5. und 6. Jahrhundert recht häufig. Eine typisch fränkische Waffe ist die so genannte Franziska, ein Wurfbeil. Die Handhabung der Franziska erforderte große Geschicklichkeit und viel Übung.

Nur selten begegnet man in reich ausgestatteten Männergräbern dem Ango, einer Stechlanze mit langer Eisenspitze und Holzschaft, die von Berittenen eingesetzt wurde. Die häufigste Verteidigungswaffe war der Schild, von dem meist nur der eiserne Schildbuckel und die Handgabe erhalten sind. Helme mit Metallbeschlägen oder Brustpanzer sind nur in höchsten sozialen Kreisen anzutreffen. Der Sporn, bis in das 7. Jahrhundert hinein meist einzeln getragen, kennzeichnet den berittenen Krieger. Sattel und metallene Steigbügel wurden erst im 5./6. Jahrhundert von Reitervölkern aus Zentralasien nach Europa eingeführt. Nördlich der Alpen setzten sich die Steigbügel erst um 600 durch. Sie blieben der sozialen Oberschicht vorbehalten.

63. Waffenausstattung des Knabengrabs unter dem Kölner Dom (Spatha, Helm, Ango, Franziska, Lanze und Messer (erste Hälfte 6. Jh.)

Namentlich bekannt sind die beiden Bestatteten nicht. Otto Doppelfeld, der Grabungsleiter, vermutete spontan, dass es sich bei der Frau um Wisigarde, eine Gattin des Merowingers Theudebert I., gehandelt haben könnte; sie war eine Tochter des Langobardenkönigs Wacho. Gregor von Tours berichtet, nach der Verlobung von Theudebert und Wisigarde habe es sieben Jahre

64. Rekonstruktion des Knabengrabes zur Zeit der Beisetzung (erste Hälfte 6. Jh.)

65. Hölzerne Liege aus dem Grab des Knaben unter dem Kölner Dom (erste Hälfte 6. Jh.)

gedauert, bis die Ehe endlich geschlossen wurde. Wisigarde soll bald darauf gestorben sein. Wer der Knabe war, ist ebenfalls nicht bekannt. Da die beiden Gräber unmittelbar nebeneinander lagen, dürfte es sich um Familienangehörige gehandelt haben. Beide gehörten – das ist sicher – zur gesellschaftlichen Elite der Franken in der ersten Hälfte des 6. Jahrhunderts.

66. Hohe Straße: Die Straße war im 5. Jahrhundert mit kleinteiligem Ziegelbruch und Kies geschottert.

Neben den beiden Fürstengräbern wurden mindestens vier weitere Gräber und Beigaben aus zerstörten Bestattungen jener Zeit geborgen. Bemerkenswert ist vor allem die in Teilen überlieferte Ausstattung eines Steinplattengrabes aus der ersten Hälfte des 6. Jahrhunderts: Neben einem Messer, einem beinernen Kästchenbeschlag, einem Glasspielstein, Keramik- und Glasscherben sowie römischen Münzen enthielt die Grabverfüllung einen geschliffenen Schmuckstein aus Achat (Sardonyx), der ehemals wohl von einer kostbaren Fibel stammt. Ein trapezförmiger Kalksteinsarkophag stammt aus der Mitte des 8. Jahrhunderts.

Anhand der Gräber lässt sich die Belegungszeit dieser Begräbnisstätte zwischen dem zweiten Viertel des 6. Jahrhunderts und der frühen Karolingerzeit konstatieren. Durch die intensive Bautätigkeit am Alten Dom — und später an der gotischen Kathedrale — dürften die meisten Grablegen zerstört worden sein. Sicher ist, dass innerhalb des frühen Grab- oder Memorialsaales und der ersten gesicherten Kirche ausschließlich Mitglieder des merowingischen Hochadels oder des hohen Klerus bestattet wurden. Gut vergleichen lassen sich die Verhältnisse mit St. Denis bei Paris oder St. Ulrich und Afra zu Augsburg.

67. Hohe Straße: Über dem Straßenbelag des 5. Jahrhunderts lagen humose Nutzschichten der frühmittelalterlichen Straße.

5.4. Die Hohe Straße

Die Hohe Straße verläuft in der Achse des römischen *cardo maximus*, der wichtigsten Straße im römischen Köln, die auf geradem Weg zwischen Süd- und Nordtor der Stadt verlief. In den Jahren 2003 bis 2005 ergab sich die Möglichkeit einen etwa 600 Meter langen Teil im unteririschen „Stollenvortrieb" des U-Bahn-Baus zu untersuchen, in etwa drei bis sechs Metern unter der modernen Straßendecke.

Die Ausgrabungen belegen, dass der *cardo* auch in nachrömischer Zeit weiter genutzt und – so gut es bautechnisch ging – in Stand gehalten wurde. Nach Aussage der Kleinfunde wurde die Straßentrasse in der ersten Hälfte des 5. Jahrhunderts neu befestigt, indem man eine bis zu 20 Zentimeter starke Lage aus Kiesschotter und kleinteiligem römischen Abbruchschutt aufplaniert hat. Das bis dahin ausgeklügelte Entwässerungssystem wurde dabei ersatzlos aufgegeben. Die spätantike Straße blieb im Frühmittelalter in Nutzung. Über dem Straßenbelag des 5. Jahrhunderts wuchs im Laufe der frühmittelalterlichen Nutzung eine bis zu 50 Zentimeter dicke, dicht gepresste schwarzerdige Schicht an, die wenige spätantik-frühmittelalterliche und zahlreiche karolingisch-ottonische Scherben enthielt.

Auch über dieser Straßendecke sammelten sich im Laufe der Zeit Ablagerungen des 9. bis 11. Jahrhunderts. Folgt man der schriftlichen Überlieferung, so war die Hohe Straße erst seit dem Mittelalter wieder mit Steinen gepflastert. Um 1200 trug sie die Bezeichnung *lapidea strata* (Steinstraße).

Auf mehreren Grundstücken zu beiden Seiten der Straße sind Relikte aus der frühen Frankenzeit gefunden worden. Vermutlich verhindern die tiefen Unterkellerungen der späteren Straßenrandbebauung, dass frühmittelalterliche Befunde überliefert sind. Da die Häuser entlang der Straße stets zu den teuersten im Stadtgebiet gehört haben, wurden die Grundstücke intensiv genutzt und bebaut; zweigeschossige Keller sind die Regel. Auf dem Grundstück Hohe Straße 79 kam beim Bau eines Geschäftshauses ein angeblich fränkisches Gefäßbruchstück zutage, das heute verschollen ist. Vom Grundstück Hohe Straße 14 stammt eine stempelverzierter Scherbe eines Knickwandtopfes.

5.5. Das Heumarktgelände

1996 bis 1998 wurden anlässlich des Baus einer Tiefgarage großflächige archäologische Untersuchungen nahe dem Kölner Rheinufer unternommen. Das Untersuchungsgebiet liegt im Norden der großen mittelalterlichen Marktfläche. Da die historische Platzfläche nach der Marktgründung niemals großflächig überbaut wurde, haben sich die älteren Siedlungsbefunde dort besser erhalten, als dies sonst in der Kölner Innenstadt der Fall ist. Auf 6000 Quadratmeter Ausgrabungsfläche wurden großflächig archäologische Befunde aus der Zeit am Übergang von der Antike zum Mittelalter erbracht.

Aus der frühen germanischen Besiedlung (S. 55 ff.) entwickelte sich ein Handwerker- und Händlerzentrum nahe dem Rhein. Zahlreiche Funde – darunter Scherben von zerbrochener Gefäßkeramik und Trinkgläsern, Tierknochen, Geräte des täglichen Bedarfs, Werkstattabfälle, Münzen und Trachtbestandteile – sind Zeugnisse des intensiven frühmittelalterlichen Lebens. Neben spezialisiertem Handwerk und Handel lebten die Menschen vom Fischfang im Rhein, Gartenbau und Viehhaltung auf ihren Hofgrundstücken.

Welche Nutzpflanzen man dort angebaut hat, zeigen die Funde aus Latrinen und Gruben, die dank der vom Grundwasser gesättigten Böden zahlreiche pflanzliche Gartenabfälle aus örtlichen Krautgärten enthielten. Nachgewiesen wurden unter anderem unzerkaute und unverdaute Körner von Sellerie und Amarant, einem hirseähnlichen Getreide, das sich damals großer Beliebtheit erfreute. Viele Latrinen enthielten Stroh und Dung. Anhand der Tierknochen ließ sich nachweisen, dass auf den Grundstücken Gänse, Hühner, Ziegen, Schweine und Schafe als Kleinvieh gehalten wurden. Deren Ausscheidungen versickerten im Erdreich und führten zu einer „Überdüngung" des Bodens, die sich in hohen Phosphatwerten widerspiegelt. Manch eine Latrine enthielt auch Gräten von Speisefischen, die vermutlich im Rhein gefangen wurden. Auch eine größere Zahl von Netzgewichten aus Blei zeigt, dass die dort Ansässigen dem Fischfang nachgingen.

Archäobotanik

Pflanzliche Reste vergangener Zeiten erhalten sich, wie alle organischen Materialien, nur unter besonderen Umständen. Die Güte der Konservierung wird ganz wesentlich von den Bodenverhältnissen bestimmt. Günstig sind besonders trockene (Wüstenklima) oder wassergesättigte Böden, bei denen die Pflanzenreste von Sauerstoff abgeschlossen sind. Dies ist beispielsweise in Mooren, Seen und verlandeten Flussrinnen der Fall. Bei diesen Böden handelt es sich um wahre Umwelt- und Kulturarchive. Man unterscheidet dabei pflanzliche Großreste wie Fruchtkerne, Samen, Knospen und Blätter (Makroreste), von organischen Mikrokörpern wie Pollen (Pollenanalyse). Die Analyse der Makro- und Mikrokörper ermöglicht nicht nur wichtige Aussagen über die pflanzliche Ernährung und Kulturpflanzen, sondern auch zur Umwelt und Klimageschichte vergangener Epochen.

Im Umfeld der frühmittelalterlichen Wohn- und Werkstatthäuser lagen knapp 200 Abfallgruben und Latrinen, in denen die Menschen Fäkalien und anderen Unrat entsorgt haben. Mindestens 25 Gruben lassen sich anhand der Kleinfunde in das 5. bis 7. Jahrhundert datieren. Zwei Latrinen waren bis zu 2,5 Meter tief senkrecht ohne hölzernen Verbau in den Auenlehm eingegraben. Beide waren mit

68. Heumarkt: Die dunkle Verfüllung einer Latrine zeichnet sich deutlich ab (6./7. Jh.)

dunklem Lehm verfüllt, der durch die hohen Phosphatanteile teilweise graugrün verfärbt war. In einer Latrine lag auf der Sohle eine Dungschicht und ein starkes Rundholz – vielleicht der Rest eines Donnerbalkens, auf den man sich zur Verrichtung seines „Geschäftes" setzen konnte. Gereinigt wurden diese Latrinen übrigens nicht. Man benutzte sie, so lange es ging. War ein Abort voll, wurden die „Latrinentorfe" mit kleinteiligem Bauschutt, Lehm, Kies und Tierknochen geruchsneutral versiegelt. Manch eine Latrine, die mehr als tausend Jahre später ausgegraben wird, „duftet" trotzdem bis auf den heutigen Tag!

Latrinen im Frühmittelalter

Gregor von Tours berichtet von einem Priester, der auf dem Abort starb: „Als er (der Priester) aber auf den Abort ging, um zuvor seine Notdurft zu verrichten, starb er plötzlich. Es wartete einer seiner Diener außen mit einer Kerze auf ihn, dass er herauskäme. Inzwischen war der Tag angebrochen und sein Gefährte, der andere Priester nämlich, schickte einen Boten und meldete ihm: ‚Komm, zögere nicht mehr,

106

dass wir zusammen ausführen, was wir gestern beschlossen.' Da aber der Tote drinnen keine Antwort gab, hob der Diener den Vorhang am Eingang auf und fand seinen Herrn tot auf dem Sitze im Abort."

Aborte, Latrinen und Kloaken (*cloacae*) dienten zur Aufnahme von menschlichen Fäkalien, der Entsorgung von Haustiermist, ungenießbarem Tierfutter, Garten-, Küchen- und Kehrichtabfällen. Drohte das Fassungsvermögen einer Latrine zu erschöpfen, wurde der verbliebene Hohlraum mit Schutt, Knochen, Haus- und Werkstattabfällen aufgefüllt und versiegelt. Seit römischer Zeit war die Latrine fester Bestandteil der Häuser. Auch während der Merowingerzeit wurden Latrinen genutzt, meist in kirchlichen Einrichtungen wie Klöstern oder in spätantiken Städten.

Im Frühmittelalter waren die Latrinen in die Erde gegraben und teilweise mit Holz verbaut. Erst um 1200 wurden Latrinenschächte regelhaft mit Steinen ausgemauert. Vor allem die unbefestigten Abtrittgruben waren nicht wasserdicht und ohne festen Boden, so dass Fäkalien im Boden versickerten, das Grundwasser vergifteten und den anstehenden Grund und Boden verunreinigten.

Die Funde vom Heumarkt geben Auskunft über die Tätigkeiten der vor Ort lebenden Menschen. Sie zeugen von spezialisiertem Handwerk, Regional- und Fernhandel nahe dem Rhein, der auch im Frühmittelalter eine der wichtigsten europäischen Fernverkehrswege war. Regionale und überregionale Handelsbeziehungen spiegeln sich in zwei Münzmeister-Prägungen wider. Die beiden Goldmünzen (*trientes*) des späten 6. und frühen 7. Jahrhunderts stammen aus dem rheinaufwärts gelegenen Andernach und dem südfranzösischen Banassac. Die dort geprägten Trienten sind vor allem in der südfranzösischen Provence verbreitet, verteilen sich aber über das Rheinland und Belgien bis hinauf nach Südengland. Damit sind sie ein wichtiges Zeugnis des frühmittelalterlichen Fernhandels in Europa. Die Goldprägung aus Andernach dürfte demgegenüber auf Regionalhandel zurückzuführen sein. Andernach war beispielsweise ein wichtiger Umschlagplatz für Mahlsteine aus Mayener Basaltlava.

Anhand der Funde sind Metall-, Glas- und Knochenverarbeitung nachgewiesen. Auf der Ostseite der Grabungsfläche waren offenbar Buntmetall-

69. Heumarkt: Goldprägung aus dem südfranzösischen Banassac (7. Jh.)
70. Heumarkt: Goldprägung eines in Andernach arbeitenden Münzmeisters (um 600)

schmiede tätig, wie Gusstiegelbruchstücke, Ofenwandreste und Buntmetall-schlacken zeigen. Eisen wurde — folgt man den Eisenschlackeresten — vor allem im Nordwesten der Untersuchungsfläche verarbeitet.

Obwohl aus Knochen gefertigte Kämme aus fast jeder merowingerzeitlichen Friedhofs- oder Siedlungsgrabung überliefert sind, kennt man deren Werk-stätten kaum. Umso erfreulicher war es, dass bei den Ausgrabungen auf dem Heumarkt ein Halbfertigprodukt eines zweireihigen Dreilagenkammes sowie weitere Abfälle derselben Werkstatt entdeckt wurden. Kämme wurden im Frühmittelalter von spezialisierten Handwerkern in einem aufwändigen Ar-beitsverfahren angefertigt. Die wenigen Werkstattfunde, die aus dem Franken-reich bekannt sind, stammen aus den städtischen Zentren, aus Köln, Maast-richt und dem belgischen Huy (Provinz Lüttich).

Im Osten des Heumarktgeländes wurde in der Merowingerzeit in größe-rem Umfang Glas verarbeitet. Mit den Kölner Werkstätten lassen sich im

71. Heumarkt: die Verteilung der frühmittelalterlichen Werkstattfunde innerhalb der Ausgrabungsfläche 1996 bis 1998 (nach F. Kempken)

Rheinland erstmals Glasateliers genau lokalisieren. Lange hatte man vermutet, dass die Werkstätten in waldreichen ländlichen Gebieten abseits der Zentren zu suchen sind. Die Ausgrabungen auf dem Heumarkt beweisen das Gegenteil: Die fränkischen Glaswerkstätten wurden in fortbestehenden spätantiken und frühmittelalterlichen Zentren betrieben, an Plätzen, die Käufer,

72. Heumarkt: Halbfertigprodukt eines aus Knochen geschnitzten Kammes (Länge 2,9 cm, 6. Jh.)

Sicherheit und eine funktionierende Infrastruktur garantierten. Der Handel mit den teuren, bruchgefährdeten Trinkgläsern wurde von Köln – und anderen Orten – auf Schiffen über den Rhein abgewickelt.

In der Merowingerzeit wurden Soda-Kalk-Gläser nach „römischer" Rezeptur hergestellt, bei der man verhältnismäßig wenig Brennholz benötigte, da der Schmelzpunkt des Quarzsandes mit Hilfe des aus dem Mittelmeerraum importierten Minerals Soda gesenkt wurde. Erst nach der Einführung des Pottasche-Glases in der Karolingerzeit stieg der Holzbedarf um ein Vielfaches.

Mindestens zwei aufwändig konstruierte Kühlöfen und Abfallgruben am Ostrand der Ausgrabungsfläche zeigen, dass dort Trinkgläser hergestellt wurden.

Mindestens neun Befunde haben Fragmente von Glashäfen geliefert; Glasabfälle und andere Produktionsreste sind jedoch außerordentlich selten. Der Grund hierfür liegt auf der Hand: Der kostbare Wertstoff Glas wurde im frühen Mittelalter recycelt, aus den Abfällen der Gefäßherstellung hat man Perlen und Glaswirtel (Amulette) als Nebenprodukte angefertigt.

Große Wirtel aus durchscheinend grünem Glas mit weißen Schlieren sind auf dem Heumarkt und bei Groß St. Martin gefunden worden. Die Amulette erfreuten sich im 5. und 6. Jahrhundert großer Beliebtheit, wie die weite Verbreitung mit Schwerpunkten von Südwestdeutschland bis Frankreich zu erkennen gibt.

Unter den Glasfunden der Siedlung fällt vor allem ein Bruchstück eines so genannten Rüsselbechers ins Auge: Die Rüsselbecher verdanken ihren Na-

73. Heumarkt: aus römischen Ziegeln errichteter Ofen zur Glasherstellung (5./6. Jh.)

74. Heumarkt: Glasabfälle und Produktionsreste aus der Siedlung (5. bis 7. Jh.)

men den vielen rüsselartigen Auflagen, die an römische Vorbilder erinnern. Ihre Herstellung war aufwändig, deshalb waren sie zweifellos teuer in der Anschaffung und konnten nur von Vermögenden bezahlt werden. In Grabfunden des 5. und frühen 6. Jahrhunderts finden sie sich meist zusammen mit anderen wertvollen Grabbeigaben.

III

75. Heumarkt: Schmuckperlen (Wirtel) aus grün-
weißem Glas (Durchmesser
4 cm, 5./6. Jh.)

76. Rüsselbecher gehörten
zu den prächtigsten Trink-
gefäßen aus fränkischer
Produktion (5./6. Jh.)

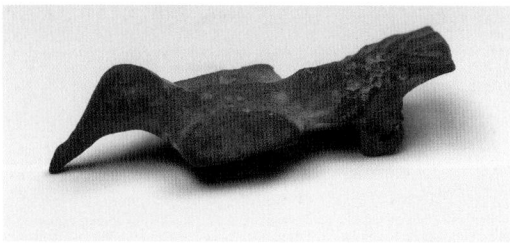

77. Heumarkt: romanische
Vogelfibel (Bronze, Länge
3,3 cm, 5./6. Jh.)

78. Heumarkt: Bronzene Schnallen von Schuhgarnituren (Länge bis 4,7 cm, frühes 7. Jh.)

Was haben die Menschen sonst noch in der Siedlung zurückgelassen? Vor allem Abfälle wie Tierknochen von der Speise, zerbrochene Tongefäße, einfache Eisengeräte wie Messer, Scheren und Pfrieme, die vor allem der Lederbearbeitung dienten. Wertvolle Funde aus Gold, Silber oder Bronze – deren wertvollen Rohstoff man beliebig oft wieder einschmelzen konnte – sind Ausnahmen. Bemerkenswert sind daher eine silberne Bügelfibel, die ursprünglich zur Tracht einer Frau im frühen 6. Jahrhundert gehörte. Ungewöhnlich ist die bronzene Vogelfibel des 5./6. Jahrhunderts, die wohl eine Taube darstellen soll. Tierfibeln dieses Typs sind im Rheinland eher selten. Viel häufiger finden sich solche Fibeln in den romanisch geprägten Landschaften Frankreichs und Italiens. Dort gehörten sie zur Tracht und verschlossen einen Mantel oder mantelartigen Umhang. Eine aus Bronze gegossene gleicharmige Fibel mit runden Armen stammt wohl aus den Landschaften westlich des Rheins, wo sie im 7. oder frühen 8. Jahrhundert in Mode waren.

Zur Gürteltracht gehört der bronzene Dorn einer Gürtelschnalle des mittleren 6. Jahrhunderts. Aus den fränkischen Siedlungsgebieten im Rheinland, Belgien und Nordfrankreich sind Gürtelschnallen dieses Typs in größerer Zahl bekannt. Von dort stammen auch aus Bronze gegossene Schuhschnallen mit Beschlägen, die ursprünglich Schuhgarnituren der Zeit um 600 und des 7. Jahrhunderts geschmückt haben. Ein eiserner Sporn mit Silber plattiertem Dorn gehörte um 700 einem berittenen Krieger und Mitglied der lokalen Oberschicht.

5.6. Freie und Unfreie – die „städtische" Gesellschaft im Reich der Franken

Die mittelalterliche Gesellschaft war streng hierarchisch gegliedert. In den frühen Schriftquellen wurde aber nur zwischen *liberi*, Freien, und *servi*, Unfreien, unterschieden. Nur die Freien hatten das Recht, Waffen zu tragen, nur sie wurden an allgemeinen rechtlichen und politischen Entscheidungen bedingt beteiligt, nur sie genossen Freizügigkeit und übten Herrschaft über Unfreie aus.

Die meisten Franken aber lebten seit der späten Merowingerzeit in ganz unterschiedlichen Formen rechtlicher Abhängigkeiten bis hin zur Unfreiheit. Und sie lebten hauptsächlich auf dem Land, in einer wirtschaftlichen, sozialen und politischen Organisationsform, die sich mehr und mehr ausbreitete und als „Grundherrschaft" bezeichnet wurde. Daneben ist anzumerken, dass sich auch die kulturellen wie politischen Machtzentren in dieser Zeit zunehmend aufs Land verlagerten. Und so ist es nicht verwunderlich, dass von den Menschen, die in Städten lebten, in den frühmittelalterlichen Quellen zumeist keine Rede ist, vor allem, wenn es um ihre Rechtsstellung und gesellschaftliche Abstufungen innerhalb der Stadtbevölkerung ging. Das mittelhochdeutsche Wort für Bauer – *gebure* – bezeichnete ursprünglich den Hausgenossen, den Nachbarn, den Angehörigen eines Siedlungsverbandes, auch in den Städten; in Köln hießen noch im Spätmittelalter die Versammlungsstätten der einzelnen Stadtviertel Geburhäuser. Erst im Lauf des Hochmittelalters wurde der Begriff „Bauer" mehr und mehr auf die Landbewohner angewendet.

Auch im Kölner Umland war die Landwirtschaft der wichtigste Zweig der frühmittelalterlichen Wirtschaftsordnung. Franken übernahmen in vielen Bereichen den hochentwickelten Acker-, Garten- und Weinbau der Römer. Die das fränkische Reich prägende gesellschaftliche Wirtschaftsform, die Grundherrschaft, entwickelte sich seit dem Ende des 7. Jahrhunderts. Sie ist gekennzeichnet durch die Aufteilung eines Grundbesitzes in landwirtschaftliche Flächen, die der Grundherr, in der frühen Merowingerzeit vielfach noch Angehöriger der romanischen Bevölkerung, selbst bewirtschaftete, und Land, das an mehr oder weniger selbstständige Bauern abgegeben wurde, gegen gewisse Leistungen, Abgaben und Dienste. Der Grundherr übte zugleich auch herrschaftliche Funktionen über die auf seinem Besitz wohnenden Menschen aus, vor allem die Gerichtsbarkeit.

Wie kam es dazu, dass im fränkischen Reich, das am Ende des 5. Jahrhunderts von den „Freien", den „Kühnen", auf dem Boden des römischen Galliens errichtet wurde, ursprünglich freie Bauern in ein Abhängigkeitsverhältnis zu adeligen Grundherren und städtischen Ministerialen gerieten?

Die Mittelalterforschung ist sich heute weitgehend einig, dass im Laufe eines „Verbäuerlichungsprozesses" freie Bauern aus eigenem Antrieb in den Dienst und – noch wichtiger – in den Schutz eines Grundherrn traten, um etwa von der Verpflichtung zum Kriegsdienst befreit zu werden. Je länger die Feldzüge dauerten, je weiter sie führten, gegen die Langobarden in Italien oder die Awaren auf dem Balkan, je kostspieliger und aufwändiger die kriegerische Ausrüstung wurde, desto mehr gingen fränkische Bauern dazu über, sich diesen Verpflichtungen zu entziehen, indem sie freiwillig in ein Abhängigkeitsverhältnis zu einem Grundherrn traten.

Andere gerieten wider Willen in Abhängigkeiten: In weiten Teilen des Frankenreichs waren die großen Grundbesitzer auch für das Steueraufkommen ihrer Region verantwortlich, was ihnen ermöglichte, die Besitzer freier Bauernstellen an ihre Domänen zu binden und zur Leistung von Abgaben zu zwingen.

Zu den wichtigsten Grundherren in der Region zählten die geistlichen Institutionen, Kanonikerstifte und Klöster, auch die, die in Köln gegründet worden waren. Seit dem frühen Mittelalter waren es hohe weltliche oder geistliche Amtsträger, die Klostergründungen förderten und ausreichende Ländereien und Mittel zur Verfügung stellten. Zur Versorgung der Mönche und Nonnen wurden den Gemeinschaften Wälder, Felder, Wiesen, Weiden, Weinberge und Gewässer übereignet, zudem erhielten sie das Recht der Selbstverwaltung und -bestimmung, darunter vor allem die Immunität, die *exemptio*, die Herausnahme aus dem Rechtsbereich des Umlandes. Die rechtliche Vertretung nach außen, in Prozessen etwa gegen andere Grundeigentümer, wurde dem *advocatus*, dem Vogt, übertragen, zumeist einem Adeligen aus der Umgebung.

Auch merowingische und karolingische Könige hatten zahlreiche Klöster im gesamten Reichsgebiet gegründet. Sie blieben ihrem Gründer in vielfacher Weise verbunden – denn die von Königen gegründeten Konvente, später „Reichsklöster" genannt, hatten das *servitium regis* zu leisten, den Königsdienst, sie mussten den König und sein Gefolge beherbergen, sie hatten auch Abgaben zur Finanzierung königlicher Heere zu leisten. Große Klöster mussten sogar Kontingente für den Kriegsdienst stellen – vor allem aber waren die

Mönche zum fürbittenden Gebet für den König und die Mitglieder der Herrscherfamilie verpflichtet. Erzbischof Bruno, der Bruder Ottos I., gründete um 960 in Köln das Kloster St. Pantaleon, in dessen berühmter Goldschmiedewerkstatt möglicherweise die Reichskrone gefertigt wurde.

Vom Kloster als Wirtschaftszentrum gingen indessen auch gewerbliche Impulse aus. Klöster besaßen Mühlen, Bäckereien und vor allem Brauereien, von denen einige weit über die Region hinaus bekannt wurden. Die Arbeit in diesen Betrieben erledigten Laienbrüder, die überschüssigen Produkte wurden auf den umliegenden Märkten oder an Händler verkauft. Die Arbeitsteilung in den Klöstern hatte Auswirkungen auf die städtische Wirtschaft: Auch in den Städten entstanden allmählich neue Berufe, die Städter entwickelten sich zu Spezialisten.

Die mittelalterliche Stadt, so hat es Hans-Werner Goetz einmal formuliert, war „anfangs noch ein Fremdkörper in einer durchweg agrarisch bestimmten Gesellschaft". Das Alltagsleben der Menschen, die in den Städten des fränkischen Reichs – durchweg Städten mit römischen Wurzeln – lebten, lässt sich durch archäologische Befunde rekonstruieren: Wir wissen, wie die Menschen gewohnt haben, welche Kleidung sie getragen haben, was sie gegessen haben, wir können vielfach feststellen, welche Berufe sie ausgeübt haben. Wie sich allerdings die oben beschriebene Entwicklung – aus „freien" Franken werden Unfreie – in den Städten vollzog, ist bisher quellenmäßig nicht erfassbar.

Dass die römische *civitas Agrippina* nach dem Abzug der Römer nicht sang- und klanglos untergegangen ist, wird nicht zuletzt der Tatsache zugeschrieben, dass die Stadt Sitz eines Bischofs war. Die galloromanischen Bischöfe übernahmen in der „Übergangszeit" wichtige Teile der öffentlichen Aufgaben, etwa beim Unterhalt der Befestigungsanlagen und in der Armenfürsorge. Jene fränkischen und germanischen Gruppen, die seit dem 5. Jahrhundert im Stadtgebiet Kölns lebten, fügten sich allmählich als Handwerker und Kaufleute in die vorhandene Wirtschaftsstruktur ein; das zeigen nicht zuletzt schon die Beigaben, die in den fränkischen Fürstengräbern im Dom gefunden wurden. Gold- und Waffenschmiede, Glashütten und Töpfereien stellten Produkte für die Angehörigen der Oberschicht her, Grundherren, Hofbeamte und kirchliche Würdenträger. Zahlreiche Funde im Bereich der Kölner Altstadt belegen Metall- und Glasverarbeitung und die Herstellung von Kämmen. Damit lässt sich schon einiges über die Bevölkerungsstruktur sagen: Einen nicht unerheblichen Teil der Stadtbevölkerung stellten die Klerikergemeinschaften samt Dienstmannen, Hörigen und Hauspersonal. Bischof, Domgeistlichkeit, Stifts- und Klosterinsassen entstammten dem Adel – vor dem 11. Jahrhundert ist kein Mönch und keine Nonne namentlich bekannt, die nicht adeliger Herkunft waren. Im fränkischen Reich war der Eintritt in eine Klerikergemeinschaft noch Privileg der Oberschicht. Gewöhnlich bestimmten adelige Familien, um Erbteilungen zu vermeiden, ihre nachgeborenen Söhne und Töchter für den geistlichen Stand. Auch behinderte Kinder wurden vielfach in die Obhut von Klöstern gegeben.

Die Klerikergemeinschaften sowie die adeligen Amtsträger und Gefolgsleute, aber auch die unfreien Ministerialen des Bischofs bildeten, so Otto Doppelfeld, eine „anspruchsvolle Konsumentenschicht". Ihren täglichen Bedarf deckten sie aus eigener Produktion, für den periodischen und gehobenen Bedarf waren die einheimischen Handwerker zuständig. Diese waren oft genug „grundherrliche", unfreie Handwerker, die zur *familia* des Grundherrn gehörten, etwa Bäcker, die in einem Stift tätig waren. Sie bildeten eine Schicht, die man als *censuales*, Zinspflichtige eines Klosters, eines Grundherrn oder eines Dienstmannes bezeichnete. Es gab aber daneben auch „freie" Handwerker – und nicht zuletzt freie Kaufleute und Händler. Damit sind – neben der Funktion als Verwaltungs- und kirchliches Zentrum – weitere Kennzeichen für den „städtischen" Charakter Kölns in der Frankenzeit genannt: Handel und Handwerk waren Träger des Wirtschaftslebens der Stadt, die auch als Marktort eine zentralörtliche Funktion für das Umland ausübte. Schon 744 hatte Pippin der Jüngere angeordnet, dass jede *civitas* einen Wochenmarkt abhalten solle. Als vermutlichen Standort des ältesten Kölner Marktes hat Hermann Jakobs das Gebiet des Kirchspiels St. Laurenz vorgeschlagen, in dessen Bereich sich später auch das jüdische Viertel bildete.

Die jüdischen Händler hatten großen Anteil an der Wirtschaftsentwicklung Kölns. Fernhandel betrieben seit dem 8. Jahrhundert auch die Friesen, die auch als Schiffsleute Karls des Großen erwähnt werden; Knotenpunkte ihres Warenaustausches waren um 800 Haithabu an der Schlei und Dorestad an der Rheinmündung, dem Zentrum der friesischen Händler. Möglicherweise ließen sich schon damals Friesen dauerhaft in Köln nieder – das Gebiet des heutigen Friesenviertels wird seit dem hohen Mittelalter als *platea Frisonum* bzw. *inter Frisones* (Friesenstraße, „unter den Friesen") genannt.

Friesische, jüdische und „einheimische" Händler und Kaufleute benötigten ihrerseits Helfer, Arbeiter, Tagelöhner, Dienstboten, Haussklaven, Knechte und Mägde – und die wiederum stellten die Mehrheit der städtischen Bevölkerung, in unterschiedlicher Rechtsstellung, zumeist als Unfreie. Welche Stellung Frauen in der städtischen Gesellschaft einnahmen, ist ebenfalls nur schwer fassbar. Die „Wertschätzung", die fränkischen Frauen entgegengebracht wurde, wird in der *lex Salica* verdeutlicht: Dort war festgelegt, dass das Wergeld (das Bußgeld für die Tötung eines Menschen) für Frauen im gebärfähigen Alter das Dreifache eines gewöhnlichen Mannes betrug; andererseits waren Frauen von der Erbschaft an „salischem" Land ausgeschlossen. Streng geregelt waren auch Brautpreis und Hochzeitsgabe – vor der Hochzeit musste der Bräutigam der Braut bis zu einem Drittel seines Besitzes als Geschenk übergeben. Dass es in Köln schließlich auch eine „Unterschicht" gab, wird durch die – allerdings nicht gesicherte – Überlieferung verdeutlicht, Bischof Kunibert habe den Unterhalt von zwölf Almosenempfänger am Hospital St. Lupus geregelt.

Von all diesen Menschen ist uns im behandelten Zeitraum, vom 5. bis zum 10. Jahrhundert, kaum einer namentlich bekannt. Der Mönch Lampert von Hersfeld, der in der zweiten Hälfte des 11. Jahrhunderts (!) den Aufstand der Kölner Bürger gegen Erzbischof Anno I. schildert, hielt es nicht einmal für nötig, den Namen jenes reichen Kaufmanns zu nennen, dessen Schiff von Annos Dienstleuten beschlagnahmt wurde; dieser Willkürakt war Auslöser des Aufstandes. Gewöhnlich tauchen in Schriftquellen lediglich einzelne Männer aus dem Umfeld des Bischofs/Erzbischofs auf, zumeist hohe Würdenträger; so wird zum Jahre 679 ein Faramundus erwähnt, den Bischof Aldwin *ex suo clerico* (aus dem Kreis seines Klerus') zum Bischof von Utrecht ordinierte. Dieser Faramundus wurde dann möglicherweise zu Beginn des 8. Jahrhunderts Bischof von Köln. Zu Zeiten des Erzbischofs Hildebold wird ein Chorbischof Heribert genannt, 833 erscheint der Bruder von Erzbischof Hadebald, ein gewisser Helmbald, als Benutzer der Dombibliothek. Bei kirchlichen Zusammenkünften des ausgehenden 9. Jahrhunderts, an denen der Kölner Erzbischof teilnahm, werden des Öfteren Kleriker namentlich erwähnt, Presbyter und Diakone, die aber nicht eindeutig als Kölner zu bestimmen sind. In den Zeugenlisten erzbischöflicher Urkunden des 10. Jahrhunderts häufen sich dann

Namensnennungen; doch ist in den meisten Fällen eine Zuordnung der Zeugen — wenn sie nicht als Presbyter oder Scholaster bezeichnet werden — zu Funktionen und Herkunftsort nicht möglich.

Die Einwohnerschaft Kölns wird gewöhnlich unter dem Begriff *clerus et populus* (Klerus und Volk) zusammengefasst.

Erst im Hochmittelalter setzte ein umfassender gesellschaftliche Wandel ein, der auch seinen Niederschlag in der schriftlichen Überlieferung fand, indem die überkommene geburtsständische Unterscheidung in *liberi* und *servi* aufgegeben und durch eine funktionale Differenzierung etwa zwischen *milites* (Ritter), *negotiatores*, *mercatores* (Händler, Kaufleute) und *rustici* (Landleute) ersetzt wurde. Und für die Bewohner der Städte setzte sich allmählich der Begriff „Bürger" (von *burgenses*, Bewohner des *burgus*, im eigentlichen Sinn eine Vorstadt) durch, er bezog sich aber im Wesentlichen auf das Besitzbürgertum, das Zugang zu politischer Mitsprache suchte.

Seit dem 11. Jahrhundert, das sei abschließend festgehalten, entwickelten sich die Städte zu Gemeinwesen mit einer eigenen, vom Lande abgehobenen Rechtsstellung, deren Anerkennung seitens Königtum und Territorialherren oft genug erkämpft werden musste.

In diesem Prozess sollte Köln eine wichtige Rolle spielen, wie etwa der eben erwähnte Aufstand der Bürger gegen Erzbischof Anno dokumentiert. Erst in diese Zeit fallen die Anfänge des „Stadtrechts", welches nur innerhalb der Stadtmauer galt und das Recht auf Selbstverwaltung sowie persönliche Freiheit und Gleichheit beinhaltete. Im späten Mittelalter schließlich wurden die Städte zu „Keimzellen der modernen städtisch orientierten Gesellschaft", um Goetz noch mal zu zitieren.

VI. *Civitas Divitia* – Deutz
im frühen Mittelalter

D as Kastell *Divitia* ging um die Mitte des 5. Jahrhunderts in fränkischen
Besitz über. Aus dieser Siedlung entwickelte sich die kontinuierlich
besiedelte *civitas Divitia*, ein zentraler Ort im Rechtsrheinischen. In den frühen schriftlichen Quellen taucht der Ort allerdings nur einmal auf – Gregor
von Tours berichtet zum Jahr 555: „König Chlothar focht (erneut) gegen die
Sachsen. Man erzählte nämlich, Childebert habe die noch vom vorigen Jahre
her gegen die Franken erbosten Sachsen aufgewiegelt. Sie waren aus ihren Sit-
zen ausgezogen, in das Frankenreich eingedrungen und hatten bis zur Stadt
Deutz hin geplündert und schwere Freveltaten verübt."

Offenbar waren die Sachsen zwar bis Deutz vorgedrungen, konnten die
Stadt aber nicht erstürmen – im archäologischen Befund lassen sich keine
nennenswerten Zerstörungen oder Schadensfeuer nachweisen. Geschützt
wurde die fränkische *civitas* durch die spätrömischen Kastellmauern, die erst
in karolingischer Zeit abgerissen wurden. Deutz dürfte in merowingischer
Zeit zum königlichen Staatsland gehört haben.

Die frühmittelalterlichen Befunde und Funde konzentrieren sich bislang
auf den Osten des 1,8 Hektar großen Kastellareals, das Fritz Fremersdorf
zwischen 1927 und 1938 untersuchen ließ. Bedauerlicherweise sind große
Teile seiner Grabungsunterlagen und auch der Funde durch Kriegseinwir-
kungen verloren gegangen. Daher lässt sich der Ausgrabungsbefund heute nur
noch summarisch beurteilen: Mindestens ein Grubenhaus der Merowinger-
bzw. der Karolingerzeit wurde dokumentiert, außerdem Abfallgruben und
zahlreiche Pfostenstellungen. Bei der Errichtung des ehemaligen Lufthansa-
Hochhauses (heute: MaxCologne) wurden Ende der 1960er Jahre einige wenige Funde der Frankenzeit im Süden des Kastells geborgen. Ähnlich dürftig
sieht es im westlichen Teils des Kastells aus. Dort lag das wichtige Tor zum
Rhein, das vielleicht eine Zollstelle beherbergte. Zum anderen stand unmittelbar neben dem Tor – und direkt neben der zum Osttor führenden Kas-
tellstraße – die Kirche Alt St. Urban. Sie wird zwar erst 1003 ausdrücklich

79. Kennedy-Ufer: Mittelalterliche Fundamente der Pfarrkirche Alt St. Urban während der Ausgrabungen im Herbst 2010

erwähnt, doch muss dort bereits um 870 eine Kirche existiert haben, in der der Domkleriker Willibert zum Erzbischof gewählt wurde.

Auch die Lage des Friedhofs der *civitas* ist bekannt. Rund 100 Meter östlich der Kastellmauern wurde 1958 ein Grab aus dem zweiten Viertel des 7. Jahrhunderts bei Bauarbeiten freigelegt. Bestattet war ein Mann, dem ein schwerer Breitsax, ein Schild mit eisernem Buckel, eine mit Silber- und Messingeinlagen verzierte Gürtelgarnitur, ein Knickwandtopf und ein zweihenkliges Bronzebecken, eine Pinzette und ein Messer ins Grab gelegt worden waren. Die überdurchschnittlich reiche Grabausstattung des Toten zeigt, dass es in der *civitas Divitia* Menschen gab, die durchaus in wirtschaftlichem Wohlstand lebten.

Köln und sein rechtsrheinisches Vorfeld waren bis in das 8. Jahrhundert immer Ziel sächsischer Angriffe. Für das Jahr 778 ist überliefert, dass die Sachsen das Umland der *civitas Divitia* gebrandschatzt haben. Die Kastellmauern boten den Einwohnern der Stadt damals aber noch ausreichenden Schutz − Teile des Kastells sind wohl erst auf Geheiß von Erzbischof Bruno (953 bis 965) geschleift worden. Vollständig abgerissen wurden die Kastellmauern in der Mitte des 13. Jahrhunderts.

Zwischen 870 und dem frühen 11. Jahrhundert ging die *civitas Divitia* aus königlicher Hand in den Besitz der Kölner Erzbischöfe über. 1002/03

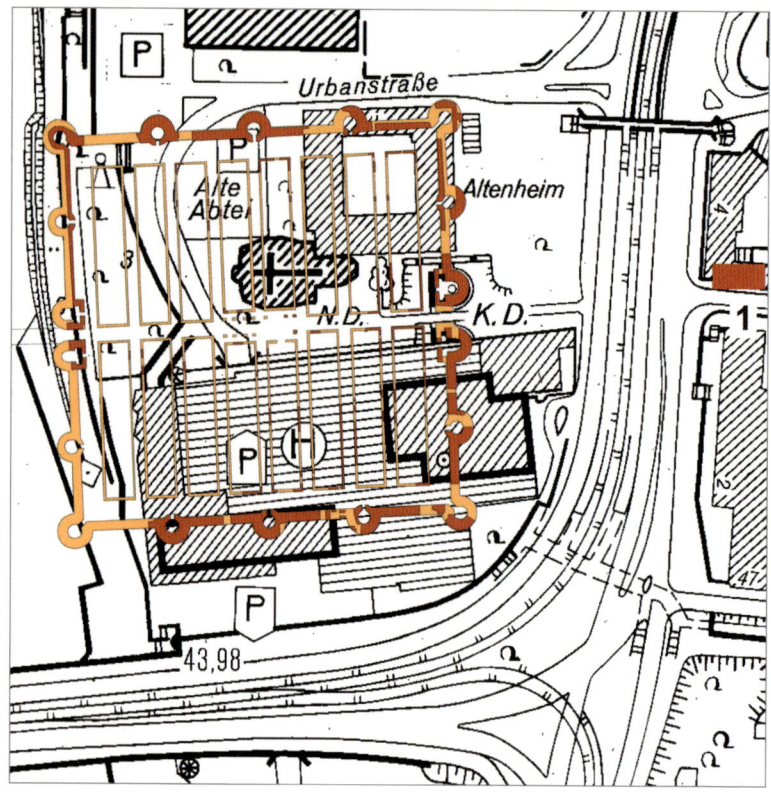

80. Grundriss des spätantiken Kastells Divitia-Deutz mit fränkischem Friedhof (rechteckige Signatur) und hinterlegtem Stadtkataster

gründete dann Erzbischof Heribert mit ausdrücklicher Erlaubnis Kaiser Ottos III. *in Divitensi castro* ein Kloster. Die *civitas Divitia* gab dem Deutzgau wahrscheinlich schon vor dem 10. Jahrhundert ihren Namen. Schriftlich erwähnt ist der Deutzgau 1025, als der ostfränkisch-deutsche König Konrad II. dem Kloster Deutz drei Hufen in Herl *in pago Tuizich*gowe schenkt.

VII. Die frühen Kirchen in der *Colonia*

Im frühen Mittelalter bestatteten die Bewohner städtischer Siedlungen ihre Verstorbenen vor den Mauern der Stadt. Bestattungen innerhalb der Stadtmauern waren – noch immer – nach römischem Recht verboten. Eine Sonderstellung nehmen in Köln die schon behandelten königlichen Gräber unter der ersten Bischofskirche ein. Und in der späten Merowingerzeit wurde auch bei den Vorgängerbauten von St. Cäcilien und St. Kolumba Bestattungen vorgenommen.

7.1. St. Cäcilien (in den römischen Thermen)

Westlich der ehemaligen Stiftskirche *St. Caecilia* (heute: Museum Schnütgen) wurden in den Jahren 2003 und 2005 archäologische Untersuchungen anlässlich des Baus des neuen Kulturzentrums am Neumarkt vorgenommen. Das Grundstück – unmittelbar westlich der großen römischen Thermenanlage gelegen – war von mittelalterlichen und neuzeitlichen Bodeneingriffen weitgehend verschont geblieben, da es bis zum frühen 19. Jahrhundert Teil der mittelalterlichen Stiftsimmunität St. Cäcilien war.

Nachgewiesen wurden im Verlauf der Grabungen Fundamente und Fußböden spätantik-frühmittelalterlicher Bebauung: Das Haus hatte eine Grundfläche von mindestens zwölf mal 11,20 Meter und mindestens vier rechteckige Räume von bis zu 4,40 mal 6,30 Meter Grundfläche. Die Sockelmauern waren mit Grauwacken in Mörtelbindung gemauert, der Boden mit Stampflehm bedeckt. Ein heftiges Feuer, von dem eine 0,50 Meter starke Lage Brandschutt berichtet, hat das Haus zerstört. Einige höher erhaltene Mauern wurden in einen Neubau an gleicher Stelle integriert. Außerdem wurden neue Mauerzüge aus wiederverwendeten römischen Ziegeln im Lehmverband über den alten Fundamenten errichtet, die alten Baufluchten und Abmessungen des durch Brand zerstörten Gebäudes wieder aufgegriffen. Beide Bauphasen können durch die Funde leider nicht

81. Josef-Haubrich-Hof: Sockelmauer aus wieder verwendeten römischen Ziegeln (5./6. Jh.)

82. Josef-Haubrich-Hof: Keramik aus einer Latrine (7. Jh.)

datiert werden. Die schlichte Fachwerkbauweise über einfachen lehmgebundenen Sockelmauern (aus wiederverwendeten römischen Baumaterialien) erinnert aber an spätantike und frühmittelalterliche Häuser, wie sie aus Süddeutschland und Norditalien bekannt geworden sind.

In der ersten Hälfte des 8. Jahrhunderts wurde der Lehmstampfboden des vermutlich verfallenen Fachwerkhauses durchschlagen und eine 1,80 Meter breite und mehr als vier Meter tiefe Latrine ausgehoben. Der Abort hatte ein für diese Zeit außerordentliches Fassungsvermögen von zwölf bis 14 Kubikmetern. Aus der Latrine wurden aber auch römische Keramikscherben geborgen. Aus dem Befund ergibt sich, dass die älteren Fachwerkhäuser spätestens Mitte des 7. Jahrhunderts aufgegeben wurden.

Am Ende des 9. Jahrhunderts hat man an gleicher Stelle dann eine neue, größere Latrine geschaffen, die mit dem 888 gegründeten adligen Damenstift St. Cäcilien in Zusammenhang zu bringen ist. Die Gründungsurkunde des Stifts besagt, dass St. Cäcilien „an der (alten) Kirche St. Maria in Köln unter Hinzufügung der Patrozinien der hll. Caecilia und Eugenia" angesiedelt wurde, also an eine bereits bestehende Kirche anknüpfte.

Dieser Vorgängerbau ist zweifellos schon in der Merowingerzeit entstanden. Bei früheren Ausgrabungen wurden trapezförmige Kalksteinsarkophage, Grabsteine mit Stangenkreuz und einzelne Gefäßbruchstücke der Zeit um 700 geborgen.

Deutlich älter ist ein bronzenes Perlrandbecken, das in den 1960er Jahren nur rund 150 Meter östlich von St. Cäcilien geborgen wurde (und 1967 vom

83. Sternengasse: Bei Bauarbeiten in den 1960er Jahren entdeckt: bronzenes Perlrandbecken (Durchmesser 24 cm, 6. Jh.)

Römisch-Germanischen Museum angekauft wurde). Das Bronzegefäß soll von der Baustelle des ehemaligen Fernmeldeamtes in der Sternengasse stammen. Trifft diese Fundortangabe zu, dürfte es sich um eine Beigabe aus einem überdurchschnittlich reich ausgestatteten Grab des 6. Jahrhunderts handeln.

Antike Tischsitten im frühen Mittelalter

Das Bronzebecken aus der Sternengasse und ähnliche Funde aus den fränkischen Friedhöfen in Müngersdorf und Junkersdorf stammen aus Gräbern wohlhabender Familien, die der fränkischen Oberschicht angehörten.

Oft enthalten die Gräber ein Service aus Kanne und Griffschale, zumeist aus Bronze gefertigt. Nördlich der Alpen lässt sich der Brauch, Kannen und Griffschalen den Verstorbenen ins Grab zu legen, bis in provinzialrömische Gräber des ersten Jahrhunderts zurückverfolgen. Seit dem 4. Jahrhundert sind glatte Perlrandbecken besonders beliebt. Die aus Bronzeblech getriebenen, wenige hundert Gramm leichten Becken wurden zumeist in gallorömischen Werkstätten angefertigt. Bronzegefäße wurden im frühen Mittelalter – antiken Tisch-

84. Vergilius Romanus: Diener reichen Kanne und Griffschale beim festlichen Mahl (5. Jh., nach David H. Wright).

sitten entsprechend – zum Waschen der Hände benutzt. Essbesteck war zu dieser Zeit noch weitgehend unbekannt. In hochstehenden Kreisen war es bei festlichen Gastmählern selbstverständlich, sich vor und nach dem Essen, aber auch zwischen den Gängen, die Hände zu waschen. Mit der Handwaschung war ein zeremonieller Akt verbunden, der es dem Gastgeber ermöglichte, den Gästen seinen häuslichen Wohlstand vor Augen zu führen.

Der Vergilius Romanus, eine bedeutende Bildquelle des späten 5. Jahrhunderts, zeigt Dido und Aeneas in liegender Haltung bei einem Bankett; sie werden von einem Mundschenk mit Krug und Becher sowie einem Diener mit Kanne und Griffschale bedient.

7.2. St. Kolumba

In der kriegszerstörten Pfarrkirche
St. Kolumba fanden von 1974 bis
1976 archäologische Untersuchungen statt. Die ehemalige Pfarrkirche befindet sich rund 100 Meter
westlich des *cardo maximus* (der Hohe
Straße) über den Ruinen eines römischen Wohnviertels. Über diesen
römischen Siedlungsschichten legten
die Ausgräber Fundamente mehrerer
Vorgängerkirchen frei. Der älteste
kirchlich genutzte Bau geht auf einen
spätrömischen Bau zurück, an den
eine halbrunde Apsis aus unvermörtelten Tuffsteinen angesetzt war. Da
der Grundriss teilweise von jüngeren Kirchenmauern überbaut wurde,
konnte er nicht vollständig ausgegraben werden; der Bau war in Ost-West-
Richtung mindestens drei Meter lang
und besaß eine lichte Breite von vier
Metern. Der Apsisbau liegt ziemlich
genau im Zentrum der hochmittelalterlichen Kirche. Seit langem sieht
man darin einen fränkischen Vorgängerbau von St. Kolumba.

Auch Historiker gehen davon aus,
dass die Kolumbakirche fränkische
Ursprünge hat. Zur Zeit des Bischofs
Kunibert, der enge Verbindungen
zum merowingischen Königshaus
hatte, erfreute sich die Verehrung
der hl. Kolumba – einer Märtyrerin

85. St. Kolumba: Inmitten der hochmittelalterlichen Kirchenfundamente ist der Chor der
merowingischen Kirchengründung aus dem
7. Jahrhundert entdeckt worden.

86. St. Kolumba: Grabstein mit Stangenkreuzdarstellung (7./8. Jh.)

des 3. Jahrhunderts – vor allem im Westen des Frankenreichs großer Beliebtheit. Vermutlich hat Kunibert von einer seiner Reisen Reliquien der Heiligen nach Köln mitgebracht.

Bei der kleinen Kirche befanden sich mehrere Gräber aus der ersten Hälfte des 8. Jahrhunderts. Über die Größe dieses Friedhofes lässt sich wenig Verlässliches sagen; denn beim Bau der Nachfolgekirchen wurde immer wieder tief in den Boden eingegriffen, so dass vieles zerstört worden sein dürfte. Weitere Gräber wurden zweifellos bei jüngeren Baumaßnahmen zerstört.

Von fränkischen Bestattungen zeugen auch zwei Grabsteine mit eingeritzten Stangenkreuzen, von denen einer in der romanischen Kirche vermauert war.

7.3. St. Maria im Kapitol

Der hochmittelalterlichen Überlieferung zufolge ließ sich Plektrudis, die Ehefrau des ostfränkischen Hausmeiers Pippin des Mittleren (679 bis 714), in ihrer Eigenkirche beisetzen, die über den Ruinen des römischen Kapitolstempels errichtet worden war. Dieses Gebäude stand in exponierter Position in der Südostecke der römischen Stadt. In den Kirchenbau, der wohl um das Jahr 689 errichtet wurde, hat man vermutlich Mauern des römischen Tempels einbezogen. Wahrscheinlich sicherten die erhaltenen starken Umfassungsmauern des Tempelbezirks, der etwa 80 mal 70 Meter groß war, den herrschaftlichen Hof der Plektrudis, der somit wie eine Burg befestigt war.

Plektrudis wurde gemäß ihrer Verfügung nach ihrem Tod im Jahr 726 in der Kirche bestattet. Ihr Bestattungsplatz ist heute nicht mehr zu lokalisieren.

Auch der Grundriss des frühmittelalterlichen Kirchenbaus lässt sich archäologisch nicht rekonstruieren.

Eindeutige Hinweise auf den Kirchenbau geben mehrere Bestattungen: Vier trapezförmige Kalksteinsarkophage des späten 7. oder des 8. Jahrhunderts, die aus Lothringen importiert wurden und von wohlhabenden Franken oder Romanen in Auftrag gegeben worden waren, sind erhalten; außerdem drei Grabsteine mit Stangenkreuzen, die wir auch von anderen frühen Kirchen des Rheinlandes kennen. Alle Grabsteine waren in zweiter Verwendung in jüngeren Kirchenmauern verbaut.

87. St. Maria im Kapitol: Grabplatte der Plektrudis (11. Jh.)

88. St. Maria im Kapitol: Frühmittelalterlicher Grabstein mit Stangenkreuz, vermauert im romanischen Kreuzgang

Auch aus dem Umfeld der Kirche sind eine Reihe von Einzelfunden überliefert, die auf die Besiedlung des 5. bis 7. Jahrhunderts im Südosten der *Colonia* zurückgehen: Bei Arbeiten auf dem Grundstück Pipinstraße 4 (heute: Hermann-Joseph-Platz) wurde bereits 1923 ein Knochenkamm aus dem späten 7. Jahrhundert gefunden. Zerbrochene Gefäßkeramik wurde 1956 direkt westlich der Tempelmauern entdeckt; und bei den Ausgrabungen für den Bau der Haltestelle Heumarkt der „Nord-Süd Stadtbahn" wurden unmittelbar nördlich von St. Maria im Kapitol Bruchstücke von merowingerzeitlichen Gefäßen geborgen. Eine mit Rollstempeln verzierte Tonflasche des 7. Jahrhunderts kam an der Ecke Kleine Sandkaule/Pipinstraße zum Vorschein.

VIII. Kirchen und Friedhöfe
extra muros

St. Gereon, St. Severin, St. Kunibert und St. Ursula entstanden über römischen Bestattungsplätzen, etwa 300 bis 1000 Meter vor den Mauern der Stadt. Und aus römischen Grabbauten wurden frühe christliche Begräbniskirchen – Romanen und Franken haben an diesen Plätzen ihre Angehörigen beigesetzt, in der Nähe der Gräber von Heiligen und Märtyrern.

Seit dem frühen Mittelalter ist die systematische Suche nach Märtyrergräbern, nach Reliquien frühchristlicher Heiliger im christlichen Abendland gang und gäbe – und mit Reliquien wurde seither auch ein schwunghafter Handel betrieben.

8.1. St. Severin

Das Gebiet entlang der römischen Fernstraße, die über Bonn nach Trier und Mainz führte, gehörte seit frühester Zeit zu den beliebtesten Bestattungsplätzen der *CCAA*. Das berühmteste Grabmal der südlichen Nekropole ist das des Veteranen Lucius Poblicius, der um die Mitte des I. Jahrhunderts ein mehr als 15 Meter hohes Grab für sich und seine Angehörigen errichten ließ.

Die Severinstraße folgt im Wesentlichen der antiken Straße nach Bonn. Zu beiden Seiten erstreckten sich römische Gräberfelder bis in eine Tiefe von mehr als 100 Metern. Im Umfeld der späteren Severinskirche entstanden im 4. Jahrhundert größere Grabbauten wohlhabender Familien, meist ebenerdig angelegte Grabhäuser oder tief im Boden verbaute Grabkammern. Eine dieser Grabkammern (Bau A), ein 10,60 Meter langer und 8,90 Meter breiter Saal mit halbrunder Apsis im Westen, liegt genau im Mittelschiff der heutigen Kirche.

Diese Grabkammer bildet die „Urzelle" der weiteren baulichen Entwicklung an diesem Platz. Spätestens zu Beginn des 5. Jahrhunderts wurde die Grabkammer durch zwei fast fünf Meter breite Seitenschiffe und eine 3,60

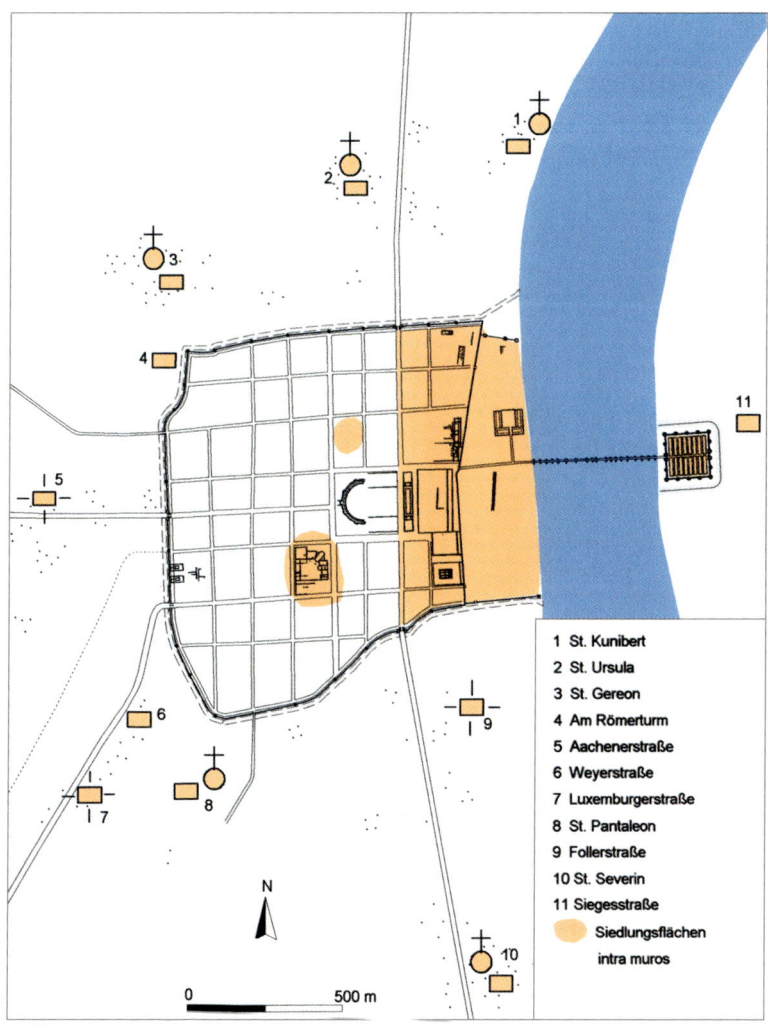

89. Frühe Friedhöfe und Kirchen im Umfeld der Colonia (6./7. Jh.)

Meter breite Vorhalle zu einer Kirche erweitert (Bau B), in der Kölner Christen ihre Verstorbenen beigesetzt haben. In der älteren Forschung wird dieser Bau gerne mit dem Wirken und der Verehrung des heiligen Severin, des dritten bekannten Bischofs von Köln in Zusammenhang gebracht. Innerhalb des Apsidensaales wurden u. a. zwei Knaben beerdigt, die zur neuen fränkischen Oberschicht in Köln zählten. Ihre Angehörigen hatten den Verstorbenen

90. St. Severin: Blick in die Ausgrabungszone unter der romanischen Kirche

einen Platz nahe den Heiligen – *ad sanctos* – zugedacht. Bernd Päffgen, der die Ausgrabungen in und um St. Severin mustergültig ausgewertet hat, vermutete, ihr Vater „mag in der Organisation der Grenzverteidigung am Rhein eine wichtige Position innegehabt haben". Vielleicht, so Päffgen, gehörten er und die beiden Knaben aber auch schon ins Umfeld des rheinfränkischen Königtums, das im letzten Drittel des 5. Jahrhunderts historisch belegt ist (s. S. 60 ff.). „Wie auch immer, Angehörige der neuen fränkischen Führungsschicht bestatten ihre Toten in markanter Stelle im bestehenden Kirchengebäude."

In der zweiten Hälfte des 6. Jahrhunderts wurde der Bau dann erweitert, indem man einen Vorhof mit Umgang auf der Westseite anfügte (Bau C). Ein Türdurchbruch westlich der Apsis ermöglichte einen direkten Zugang zu dem in Fachwerktechnik errichteten Vorhof. Gleichzeitig wurde der Kirchenboden erhöht. In der Mittelachse des Gotteshauses wurde ein 2,80 mal 1,90 Meter großes, mit Schranken umgebenes Podest errichtet – vielleicht war dies der Platz, an dem die sterblichen Überreste des hl. Severin in einem Schrein aufgebahrt waren und verehrt wurden.

Auch in der erweiterten Anlage bestatteten vermögende Familien der *Colonia* ihre Verstorbenen. Die Gräber und deren Beigabenausstattung verraten

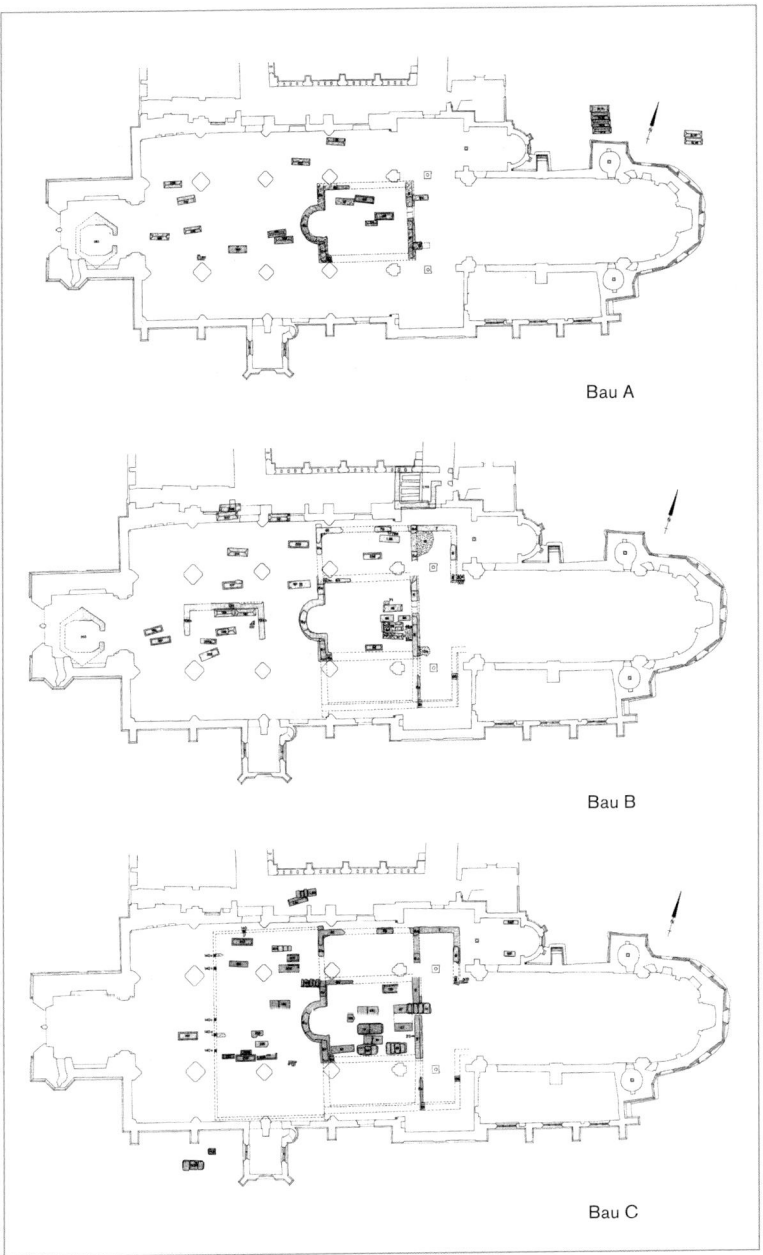

Bau A

Bau B

Bau C

91. St. Severin: die Bauphasen A bis C vom 4. bis 6. Jahrhundert (nach B. Päffgen)

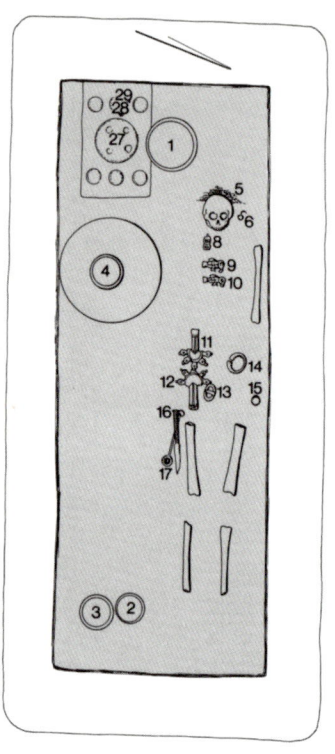

92. St. Severin: Grabstein des Franken Reco oder Rego (Kalkstein, 6./7. Jh.)

93. St. Severin: Grab V,217 (um 500, nach B. Päffgen)

einiges über die in der Stadt lebenden Menschen. Bemerkenswert ist, dass sich während der gesamten Belegungszeit – von der Mitte des 5. bis zum frühen 8. Jahrhundert – Gräber der politischen und wirtschaftlichen Eliten nachweisen lassen. Spiegel dieses Wohlstandes sind vor allem die reichen Grabbeigaben. Dabei sollte man eines nicht außer Acht lassen: Romanen sind seit Beginn des 5. Jahrhunderts in Köln meist ohne Grabbeigaben bestattet worden. Als sozialer Indikator dient in diesen Fällen allenfalls die Qualität des Grabes – etwa der steinerne Sarkophag, ein Grabstein mit Inschrift oder die Lage des Grabes innerhalb des Bestattungsplatzes. Mangels Beigaben lassen sich die Gräber der romanischen Bevölkerung, deren zahlenmäßiger Anteil an der Einwohnerschaft sicher nicht unterschätzt werden darf, auch nur im Ausnahmefall zeitlich einordnen.

Unter den Grabsteinen des 6./7. Jahrhunderts im Bereich St. Severin soll hier nur einer vorgestellt werden, der 1940 im Schutt einer spätantiken Grabkammer gefunden wurde: Die lückenhaft erhaltene, mindestens sechszeilige

94. St. Severin: Silbervergoldete Bügelfibeln aus Grab V,217 (Länge 10,3 cm, um 500)

Inschrift lautet: „Reco ... der Tochter ... sie lebte ... (Jahre und ...) Monate ...". Der Franke *Reco* oder *Rego*, so ist zu vermuten, hat den Grabstein für seine verstorbene Tochter, deren Name nicht erhalten ist, gestiftet. Wo der Grabstein ursprünglich stand, ist nicht bekannt.

Eindrucksvoll sind die Beigaben aus fränkischen Frauen- und Männergräbern des 5. bis 7. Jahrhunderts. In einem Grab – mit der von den Archäologen vergebenen Nummer V,217 – lag eine vornehme Zeitgenossin des rheinfränkischen Königs Sigiberts. Die um 500 verstorbene Frau war in fränkischer Tracht beigesetzt worden, von der sich zwei silbervergoldete Bügelfibeln und ein Paar goldener Vogelfibeln mit roten Almandin- und grünen Glaseinlagen erhalten haben. Eine golddurchwirkte Stirnbinde zeichnet die Frau als Mitglied der Oberschicht aus, denn nur diesem Personenkreis war das Tragen goldenen Kopfschmucks gestattet. In der Merowingerzeit nannte man die golddurchwirkte Stirnbinde *vitta*. Schriftliche Quellen berichten vom enormen Wert dieses kostbaren Zierrats. Auch die Gattin Karls des Großen und seine Töchter trugen derartige goldene Stirnbänder.

Silberne Ohrringe, eine Halskette mit Goldblechanhängern und -perlen, eine silberne Gürtelschnalle, ein silberner Fingerring, ein goldener Armreif, silberne Schuhbeschläge und eine silberne Nadel vervollständigen die wertvolle persönliche Ausstattung der Toten. Standesgemäß waren das Messer mit Goldblechgriff, die Lederscheide mit silbernem Ortband besetzt. Der Sieblöffel war aus Silber gefertigt. Am Kopfende stand ein großer Birkenholzkasten mit Messingbeschlägen, am Fußende waren zwei irdene Knickwandtöpfe und eine Glasschale aufgestellt.

95. St. Severin: Beigabenensemble aus Grab V,217 (um 500)

96. St. Severin: Kostbares Langschwert (Spatha) aus Grab V,205 (Länge 85 cm, frühes 6. Jh.)

Von einem benachbarten Männergrab (V,205), das ebenfalls ins beginnende 6. Jahrhundert datiert werden konnte, waren nur noch Reste erhalten – da bereits antike Grabräuber große Teile des Inventars gestohlen hatten. Die verbliebenen Beigaben genügten jedoch, den Bestatteten als einen einflussreichen Mann der fränkischen Oberschicht zu identifizieren. Diesen Schluss lässt vor allem das zweischneidige Langschwert zu, dessen Lederscheide mit einem kostbaren Beschlag aus Kupfer- und Goldblech mit roten Almandineinlagen bestückt war.

Dem in einer gallischen Werkstatt tätigen Waffenschmied waren zweifellos die besonders kostbaren Goldgriffspathen der frühen Merowingerzeit ein Vorbild. Der Verstorbene besaß neben dem Schwert eine Stechlanze *(ango)*, eine weitere Lanze und einen Schild.

Zu den bemerkenswertesten Gräbern in St. Severin gehört das „Grab der Reichen Frau" (III,73). Dessen Ausstattung ist beispielhaft für die führende

Schicht der fränkischen Gesellschaft im Rheinland: Die um 560/70 verstorbene Frau war in einem Steinplattengrab bestattet worden, in den ein Eichenholzsarg eingelassen war. Den Kopf der Frau schmückte ein Seidenschleier mit golddurchwirkter Stirnbinde, außerdem große goldene Polyeder-Ohrringe, die mit roten Edelsteinen und grünen, vermutlich aus Italien stammenden Glaseinlagen verziert waren. Zur fränkischen Vierfibel-tracht gehörten zwei vergoldete Silber-Bügelfibeln und zwei Almandin-Scheibenfibeln, beide im Rheinland hergestellt. Der farbenprächtige Halsschmuck war mit Perlen aus Bernstein, dem „Gold des Nordens", sowie mit kreuz- und scheibenförmigen Goldanhängern bereichert. An der linken Hand steckte ein goldener Fingerring, der in der Form des Heiligen Grabes von Jerusalem gestaltet war. Der Ring wurde entweder im Mittelmeerraum

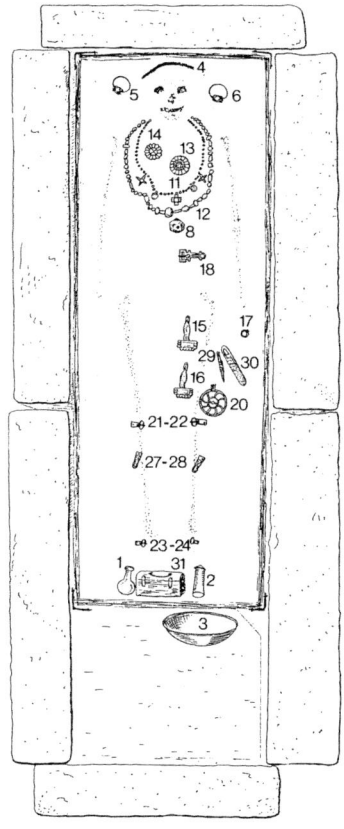

97. St. Severin: Grab III,73 (nach B. Päffgen)

oder – nach einer mediterranen Vorlage – von in einer fränkischen Goldschmiedewerkstatt geschmiedet. Bronzene Zierscheibe, Wirtel, Messer und Schere stammen vom Amulettgehänge der Dame. Die Schuhe waren mit metallenen Schnallen und Beschlägen verziert. In einem Buchenholzkästchen mit Kupferbeschlägen lagen ein kostbares Seidentuch und ein kleiner Lederbeutel. Eine große Bronzeblechschüssel zeugt von vornehmen Tischsitten im Hause der Verstorbenen. Zwei Glasgefäße ergänzen das Gefäßensemble des Grabes.

Der fränkischen Oberschicht sind auch die um 700 bestattete Frau in Grab III,99 und ein Mann in Grab III,100 zuzurechnen. Die Frau war in der Tracht

98. St. Severin: Bei-
gabenensemble aus Grab
III,73 (Länge des Kästchens
15,7 cm, zweite Hälfte
6. Jh.)

99. St. Severin: goldener
Fingerring aus Grab III,73
(Innendurchmesser 1,6 cm,
zweite Hälfte 6. Jh.

ihrer Zeit beerdigt. Die ältere Vierfibeltracht war zu diesem Zeitpunkt schon
mehr als 100 Jahre außer Mode und von der romanisch-mediterran geprägten
Einfibeltracht abgelöst worden. In spätmerowingischer Zeit nutzten manche
Frauen zwei kleine Fibeln als Gewandverschlüsse. Die sternförmige Rosetten-
fibel aus granatbesetztem Gold lag auf der Brust, die Position der goldenen
Gemmenfibel ist nicht bekannt. Das exquisite goldene Diadem mit grünem
Schmuckstein erfüllte höchste Ansprüche. Offenkundig orientierte man sich
an der Tracht des byzantinischen Hofs. Standesgemäß waren auch die Ohr-
ringe, der Fingerring und die Schmuckanhänger der Kette aus Gold gefertigt.

100. St. Severin: Steinplattengrab III,99 (um 700)

101. St. Severin: Kostbares
Beigabenensemble aus
Grab III,99 (um 700, nach
B. Päffgen)

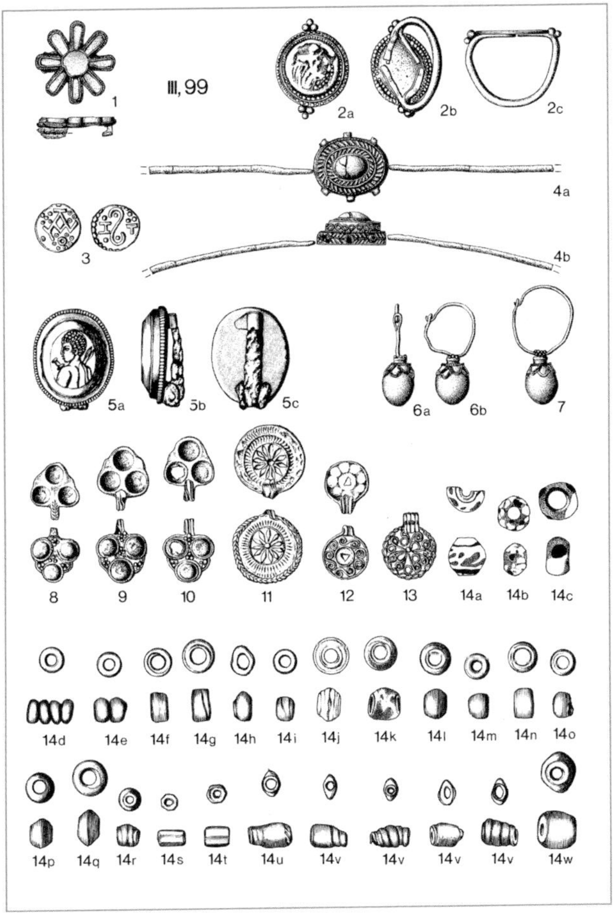

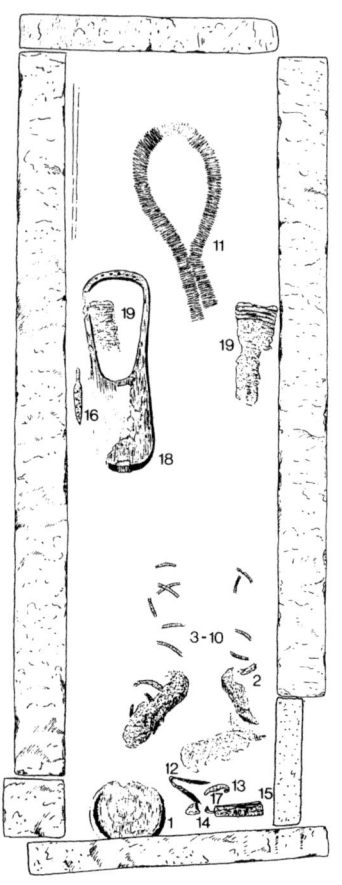

102. St. Severin: Grab III,100 – das „Grab des Sängers" (um 700, nach B. Päffgen)

Ein Mann in einem Steinplattengrab (III,100) lag nur wenige Meter entfernt. Auch er, der von einem schleierartigen Leichentuch verhüllt wurde, war zeitgemäß gekleidet. Er trug ein Unterhemd, darüber ein Obergewand (Leibrock) aus feiner Wolle mit langen Ärmeln; die Ränder waren mit Ziegenleder besetzt und mit Goldfäden durchwirkt. Vergleichbare Sommergewänder trug der karolingische Adel im 8. und 9. Jahrhundert. Die Hände steckten in Fingerhandschuhen aus feinem Wildleder. Der Verstorbene trug außerdem helle Kniestrümpfe aus Leinen, die mit Wadenbinden aus Schafsleder umwickelt waren. Sie sind, wie schriftliche und bildliche Quellen belegen, typisch für die zeitgenössische Männertracht. Die Schuhe des Verstorbenen waren in romanischer Handwerkstradition aus Leder gefertigt. Seinen schmalen Leibgurt verschloss eine schlichte Eisenschnalle. Typisch für die Zeit sind auch silberne Schnallen und überlange Riemenzungen der Wadenbinden mit aufwändiger Flechtbandornamentik, die ihre Vorbilder in der mediterranen Welt finden. Obwohl der Mann sicherlich zur gesellschaftlichen Führungsschicht seiner Zeit gehörte, war er ohne Waffen beigesetzt worden. Stattdessen waren ihm Klappmesser, Schere, Kamm, Feuerstahl und -stein ins Grab gelegt worden.

Besondere Berühmtheit hat der in diesem Grab bestattete Mann erlangt, weil außer einer hölzernen Trinkflasche auch Reste einer etwa 50 Zentimeter langen, aus Eiche und Feldahorn gearbeiteten Leier erhalten waren. Das Grab wird daher als das „Grab des Sängers" bezeichnet. Musikinstrumente aus Holz lassen sich nur sehr selten archäologisch nachweisen.

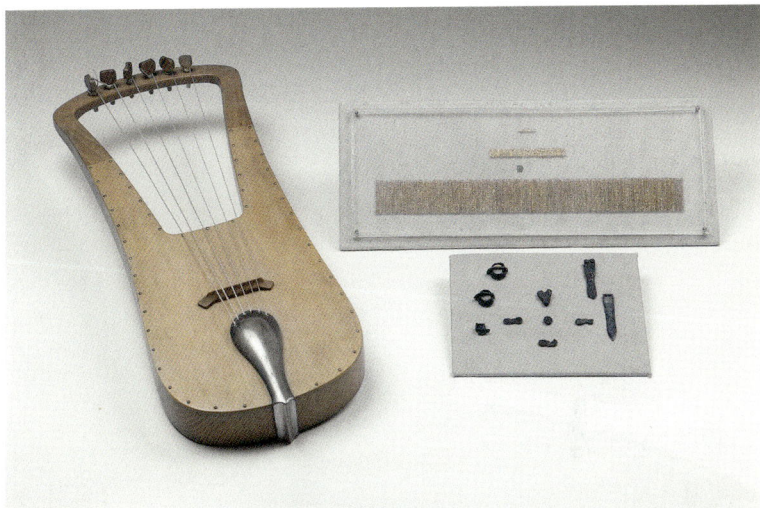

103. St. Severin: Beigabenensemble aus Grab
III,100 mit rekonstruierter
Leier (rekonstruierte Länge
der Leier 53 cm, um 700)

104. Der weltliche Stifter
der karolingischen Kirche
St. Benedikt in Mals
(Südtirol) trägt über Kreuz
geschnürte Wadenbinden
(8. Jh.).

8.2. St. Gereon

Die romanische Kirche St. Gereon steht auf dem Platz der nordwestlichen römischen Nekropole der *CCAA*, die seit dem frühen I. Jahrhundert belegt wurde. St. Gereon war bis zur Säkularisation – in deren Verlauf die französischen Besatzer zu Beginn des 19. Jahrhunderts auch in Köln alle geistlichen Institute auflösten – in der kirchlichen Hierarchie der mittelalterlich-frühneuzeitlichen Reichsstadt das ranghöchste Stift nach dem Dom; und es konnte seine Gründungslegende auf die hl. Helena, die Mutter Kaiser Constantins, zurückführen.

Die Wurzeln der mittelalterlichen Kirche gehen in der Tat auf einen spätantiken Kernbau zurück, dessen Mauern aus Tuffsteinen mit Gusskern (*opus caementitium*) noch meterhoch in den mittelalterlichen Kirchenwänden erhalten sind. Der ovale Zentralbau mit einer Ostapsis und jeweils vier Konchen wird in die zweite Hälfte des 4. Jahrhunderts datiert – er ersetzte einen um das Jahr 340 an dieser Stelle errichteten ebenerdigen Grabbau. Weiter westlich lag eine Vorhalle (mit Apsiden an den Schmalseiten) und ein großes rechteckiges Atrium. Der ovale Neubau war 23,50 Meter lang und fast 19 Meter breit, das Atrium mehr als 45 Meter lang und 30 Meter breit. Für die Fundamente des Atriums waren vorzugsweise Werksteine in zweiter Verwendung genutzt worden.

Schon früh scheint der Bau in eine christliche Kirche umgewandelt worden zu sein, die dank ihrer schönen Gestaltung seit dem 6. Jahrhundert mehrfach in den schriftlichen Quellen erwähnt worden ist. Tatsächlich dürfte es sich um ein architektonisch herausragendes Gebäude des gesamten fränkischen Reichs gehandelt haben. Gregor von Tours schreibt um 590: „Bei der Stadt Köln gibt es eine Basilika, in der – wie man sagt – 50 Männer aus jener heiligen Thebaischen Legion das Martyrium für den Namen Christi erlitten haben. Und weil sie durch bewundernswerte Mosaikkunst golden erstrahlte (*et quia admirabili opere ex musivo deaurata resplendet*), nennen die Einwohner diese Basilika gerne *die goldenen Heiligen* (*sancti aurei*)."

Die Märtyrer der Thebaischen Legion sollen um die Wende vom 3. zum 4. Jahrhundert wegen ihres christlichen Glaubens hingerichtet worden sein. Die Legende wurde im Mittelalter mehrfach geändert und erweitert. Seit dem 7. Jahrhundert gilt der hl. Gereon als Anführer der Thebaer.

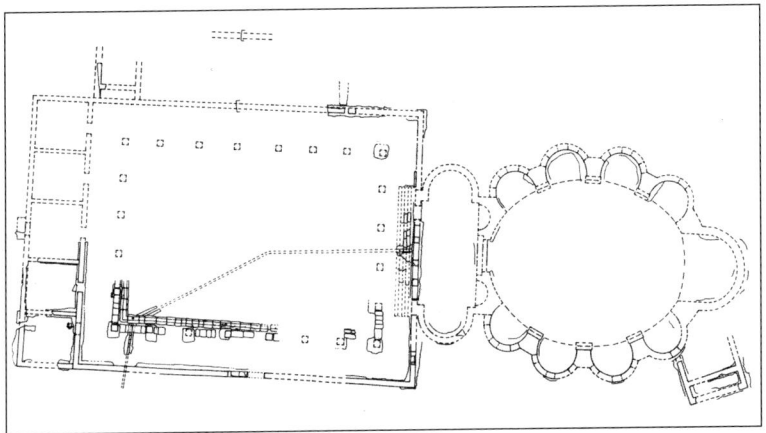

105. St. Gereon: Grundriss des spätantiken Memorialbaus mit Vorhalle und Atrium (4. Jh., nach U. Verstegen)

Die Ausgrabungen in St. Gereon haben ergeben, dass bereits der Zentralbau des späten 4. Jahrhunderts eine kostbare Innenausstattung besaß. Während man für den farbig angelegten Mosaikboden preiswerte einheimische Materialien wählte, schmückte man die Wände mit Mosaiken aus teurem Marmor und farbigen Glassteinen. Außerdem wurden zahlreiche goldene Mosaikwürfel gefunden, die bei Gregor von Tours erwähnt sind. Ganz ähnliche Goldglassteinchen sind seit dem 4. Jahrhundert auch von anderen qualitätsvollen Bauten bekannt, beispielsweise dem Baptisterium am Dom.

Der Innenraum des Ovalbaus war in seiner untersten Zone mit gelben tunesischen Marmorplatten verkleidet. Vom weiteren Wandschmuck zeugen aus dem Mittelmeerraum importierte kostbare Steine – roter Porphyr aus Ägypten, grüner Porphyr aus Griechenland, außerdem roter, weißer, gelber und gefleckter Marmor. Aus Belgien wurde ebenfalls roter Marmor nach Köln geschafft. Fenster in den Konchen und in den Obergaden sorgten für ausreichende Beleuchtung. Die unterschiedlichen Steine und Mosaiken verliehen dem Bau, bei dem an nichts gespart wurde, bei Tageslicht eine großartige Farbigkeit. Die außerordentlich prächtige und qualitätsvolle Architektur und Ausstattung stellt den Urbau von St. Gereon in eine Reihe mit Palastbauten und Mausoleen der römischen Cäsaren.

Über die Funktion des eindrucksvollen Zentralbaus sind zahlreiche Diskussionen geführt worden. Die Lage innerhalb der römischen Nekropole deutet auf einen Zusammenhang mit dem spätantiken Bestattungswesen hin, wobei die Ost-West-Ausrichtung als Hinweis auf christliche Zusammenhänge dienen könnte. Daraus resultierten in den bisherigen Überlegungen zwei Gedankenmodelle: St. Gereon wurde entweder für Totengedenkfeiern (bzw. den Totenkult) genutzt – oder als Mausoleum. Ute Verstegen, die St. Gereon in ihrer Dissertation mustergültig untersucht hat, glaubt vor allem aufgrund der großen Fensteröffnungen eher an eine Funktion im Rahmen von Totengedenkfeiern; sie sah in der repräsentativen Architektur eine Reminiszenz an herrschaftliche Audienz- und Speisesäle der Spätantike. Wer die Auftraggeber für einen solchen Prachtbau waren, lässt sich nicht mehr klären.

In und um St. Gereon machte man sich schon früh auf die Suche nach Reliquien, deren Handel ein einträgliches Geschäft werden sollte. In der *vita Annonis* ist überliefert, dass Erzbischof Anno II. (1056 bis 1075) im Jahre 1069 frühmittelalterliche Gräber unter dem Marmorfußboden des Zentralbaus öffnen ließ: „Er verwandte seine Zeit darauf, die Leiber der Heiligen zu suchen. Angespornt durch diese Hoffnung, trug er den marmornen Fußboden innerhalb der Mauern der Kirche ab und fand den Fürsten der heiligen Schar, nämlich der seligen Mauren, mit Namen Gregor, um ihn herum ruhend die Gefährten, er selbst sorgfältiger bestattet als die übrigen, in einen purpurnen Soldatenmantel eingehüllt, der außen an seinen Säumen von einem auffallenden Goldgewebe begrenzt war." Das am Rand mit Goldbrokat besetzte Gewand ist vermutlich von einem Mitglied der romanischen oder fränkischen Oberschicht des frühen Mittelalters getragen worden.

Zwei Schriftquellen aus dem 12. Jahrhundert berichten von weiteren „Erfolgen" bei der Reliquiensuche. 1121 bat der Kleriker Norbert von Xanten (der später den Prämonstratenser-Orden gründete) den Kölner Erzbischof Friedrich I., die Gebeine eines Mitglieds der Thebaischen Legion bergen zu dürfen, auf die man bei Grabungen im Kirchenschiff gestoßen war. In einem Brief an die Mönche seines ehemaligen Klosters St. Trond (Haspengau/Belgien) beschreibt Abt Rudolf von St. Pantaleon ausführlich den Fund, der in einem Sarkophag entdeckt worden war: „Ein großer Körper, breit in den Schultern, muskulös an Brust und Armen, gekleidet in einen purpurfarbenen Soldatenmantel, der an beiden Seiten weit herabhing bis ungefähr drei Finger unterhalb der Knie, eine nicht unbekannte Art von

Gewand. Darüber trug er ein langes Gewand, dessen Namen wir nicht kennen, aber erkennbar aus Seidengewebe und von schöner Purpurfarbe; zuunterst trug er außerdem ein Seidengewand, im Wesentlichen von weißer Farbe, aber doch auch rötlich. Der Leichnam schien völlig unversehrt zu sein – vom Kinn, welches allein vom Haupt übrig war, bis zu den Füßen, ungestört auch noch die Oberfläche der Kleider und Schuhe. Wie wir nämlich sicher schließen konnten, war in diesem Fall das Schwert des Verfolgers zwischen Kopf und Unterkiefer hindurchgegangen. Der ganze Teil, wo sich die Weichheit des Bauches befand, war etwas eingesunken, jedoch so wenig, dass die Aufeinanderfolge der Kleidungsstücke ungestört erhalten blieb. Durch diese Eindrückung schienen die Brust und die Oberschenkel noch mehr aufzuragen. Auf seiner Brust wurde ein Zeichen des Kreuzes des Herrn entdeckt, aus Goldstickerei angefertigt, wie man beobachten konnte, als Funken von Goldmetall darauf noch ausstrahlten. Die Länge der Goldstickerei betrug einen Fuß, die Breite kaum einen Finger. Vom Knie bis zu den Füßen waren die Schienbeine, wohlgeformt durch Gradheit und Unversehrtheit, mit noch vollständig erhaltenen Stiefeln aus Stoff bekleidet, überall verziert mit runden Blumen nach Art von Pfauenaugen. In diesen Schuhen waren die Füße verbunden wie am ersten Tag und vom Knöchel an emporgerichtet erhalten geblieben, und wie bei der Oberfläche der Kleidung, so war auch vom ganzen Körper nichts zu sehen, was bis dahin beschädigt oder bewegt worden wäre. Unter den Kleidern jedoch war das Fleisch mit den Knochen schon weitgehend zu Staub verfallen, mit Ausnahme von einigen der größeren Knochen. Bei seinem Haupt befand sich ein Rasenstück, vom Kopf bis zum Gürtel auf beiden Seiten zwischen Körper und Sarkophag. Diese Rasenstücke waren noch ganz blutig."

Als die Kölner Bürger davon erfuhren, dass Reliquien, die man dem hl. Gereon zuschrieb, die Stadt in Richtung Xanten verlassen sollten, kam es zu Unruhen. Man verschloss den Sarkophag daher zunächst wieder mit Steinplatten. Wenige Wochen später wollte man den Fund erneut begutachten, doch waren der Leichnam und Teile der Kleidung durch die eingedrungene Luft inzwischen zerfallen. Entnommen wurden Reste der Textilien, die in einen Schrein gelegt wurden. Außerdem wurden damals Beigaben aus dem Grab entnommen, darunter „sein Schwertgehänge aus schwarzem Leder, knapp eine Elle lang, das noch vollständige Teile aufwies". „Auf der linken

Seite, beim Schwertgehänge, wurde ein eiserner Knauf von ovaler Form gefunden, von Rost fast zerfressen, von dem wir glaubten, dass es der Griff seines Schwertes gewesen sein könnte, aber vom Schwert fanden wir kein Stück." Später wurden noch weitere kleine Eisenteile aus dem Gürtelbereich geborgen. Knochen und „Staub des Fleisches" wurden in ein kostbares Tuch gehüllt und in einen zweiten, größeren Schrein gelegt. Nach einer Prozession wurden beide Schreine „in Gehäusen über dem Altar in der Mitte der Kirche" aufgestellt.

In der so genannten Norbert-Vita (aus der Mitte des 12. Jahrhunderts) wird der Grabfund abweichend beschrieben: „Dort wurde ein unversehrter Körper ohne Kopf gefunden, ehrenvoll und mit aller Sorgfalt bestattet. Es war nämlich der kostbare Deckel des Sarkophags auf gleicher Höhe mit dem Erdboden, nicht tief, bedeckt von einem dünnen Marmorfußboden. Der Leichnam war gehüllt in ein grünes Purpurgewand, das aber durch das Alter brüchig geworden war, auf der Brust hatte er über dem Obergewand ein nicht unbedeutendes aus Gold gesticktes Kreuz, Unterkleider und Schuhe trug er wie ein Soldat, von der Oberlippe an war das Haupt abgeschlagen, unter seinem Körper und dem Boden des Sarkophags hatte er Soden von mit Pflanzen verklumpter Erde, die mit seinem Blut getränkt waren."

Das Grab – daran kann kein Zweifel bestehen – enthielt den Leichnam eines vornehmen Mannes, der in seidener Tracht beigesetzt worden ist. Vieles erinnert an die vornehmen Bestattungen unter St. Severin, beispielsweise an das „Grab des Sängers". Die Beigabe eines Langschwertes mit Gurt zeigt, dass es ein Franke war, ein Mitglied der Oberschicht – ein Romane wäre ohne Waffen begraben worden.

Seit 1898 wurden im Umfeld des spätantiken Zentralbaus und in der Vorhalle weitere frühe fränkische Gräber freigelegt. Die ältesten Bestattungen lassen sich – wie das Grab 2 aus der Steinfeldergasse 25 – in die Zeit um 500 datieren. Anhand der Beigaben, die teils eine überdurchschnittliche Qualität aufwiesen, wird deutlich, dass bis etwa 700 in diesem Bereich Bestattungen durchgeführt worden sind.

Auch die romanischen Einwohner der *Colonia* bestatteten bei St. Gereon ihre Toten. Aus den Altgrabungen sind mehrere Grabsteine mit frühchristlichen Inschriften überliefert. Die so genannte Grabinschrift der *Artemia* aus der Zeit um 500 war – als so genannte „Zweitverwendung" – in der

106. St. Gereon: Grabstein des Valentiniano (Kalkstein, 6. Jh.)

Nordwand der Nikolauskapelle vermauert. Sie lautet: „Hier liegt *Artemia*, geliebtes, anmutigstes Kind, ihr Anblick allen eine Freude und durch ihre Worte ein Schatz, vier Jahre, im fünften stehend, brachte sie zu Christus hin, unschuldig ist sie so plötzlich in das Himmelreich eingegangen." Von einer Frau namens *Fugilo*, die im 5. Jahrhundert lebte, erfahren wir: „Hier liegt *Fugilo*, die 40 Jahre lebte, gläubig schied sie hin in Frieden." Aus dem 6. Jahrhundert stammt die Grabinschrift eines *Leo*: „In diesem Grab ruht in Frieden seligen Andenkens *Leo*. Er lebte 52 Jahre. Er schied dahin am 9. Tag vor den Iden des Oktober." Auffällig ist die große Zahl von Kindergrabsteinen. Die Valentiniano-Inschrift wird ins 6. Jahrhundert datiert: „Hier liegt der Knabe namens *Valentiniano*, der drei Jahre und Monate und 16 Tage lebte und im Taufgewand in Frieden hinschied." Der Grabstein des *Leontius*, ein Denkmal des 5. oder frühen 6. Jahrhunderts, lobt den verstorbenen Knaben: „*Leontius* liegt hier, gläubig war er, ein dem Vater sehr lieber, der Mutter sehr gehorsamer Junge, der sieben Jahre und drei Monate und sechs Tage lebte. Unschuldig durch den Tod dahingerafft, selig und glücklichen Sinns schied er in Frieden dahin."

147

8.3. St. Ursula

Die Kirche liegt etwa 100 Meter westlich der römischen Straße nach Neuss (dem heutigen Eigelstein), inmitten eines großen römischen Gräberfeldes, das 500 Meter nördlich der Stadtmauer der CCAA angelegt worden war. Das römische Gräberfeld wurde im Mittelalter *ager Ursulanus* genannt.

Ein Martyrium „heiliger Jungfrauen" wird schon in frühen Überlieferungen erwähnt – seit dem 10. Jahrhundert gilt die hl. Ursula als deren Anführerin. Bis zum 17. Jahrhundert wurde die Kirche im Übrigen „Zu den Heiligen Jungfrauen" genannt. Der Legende nach waren die massakrierten Jungfrauen in und um die Kirche beigesetzt worden.

St. Ursula und die hl. Jungfrauen

Erst im Spätmittelalter erfährt die Legende von St. Ursula und der 11000 heiligen Jungfrauen ihre endgültige Ausprägung – hier sei sie in verkürzter Version wiedergegeben: Die fromme englische Königstochter Ursula soll mit dem heidnischen Königssohn Aetherius verheiratet werden – sie willigt unter der Bedingung ein, dass sie vorher für drei Jahre auf Pilgerfahrt gehen darf. Mit ihren Schiffen und ihren Begleiterinnen wird sie nach Holland und nach Köln verschlagen, wo ihr ein Engel im Traum befiehlt, nach Rom zu ziehen. Auf der Heimreise, so sagt der Engel voraus, werden sie in Köln den Märtyrertod erleiden. Als Ursula und die 11000 Jungfrauen nach Köln zurückkehren, wird die Stadt gerade von den Hunnen belagert. Ursula weist den von ihrer Schönheit angezogenen Hunnenkönig (in der frühen Version heißt er Julius, später Attila oder Etzel) ab, der sie daraufhin mit einem Pfeilschuß tötet und die anderen Jungfrauen umbringen lässt. In einer anderen Version gibt es eine umgekehrte Reihenfolge des Ablebens. Nachdem die Hunnen von einem Engelheer vertrieben worden sind, bestatten die Kölner die Leichen der Jungfrauen vor den Toren ihrer Stadt – und zu Ehren der Märtyrerinnen wird eine Kirche gebaut, St. Ursula.

Diese schöne Legende beruht auf drei ganz unterschiedlichen Überlieferungssträngen: Ihr historischer Kern bezieht sich auf die Hunnen, die im Jahre 451 unter König Attila, genannt „die Geißel

107. Martyrium der hl. Ursula (1480/1520, Kölnisches Stadtmuseum)

Gottes", nach Gallien zogen; von dort aus wollten sie dem Weströmischen Reich ein Ende machen. Doch in der Nähe von Orleans stellen
sich Weströmer unter dem Feldherrn Aetius und mit ihnen verbündete Germanen (hauptsächlich Westgoten und Franken) den Hunnen
in den Weg – auf den Katalaunischen Feldern (S. 42 f.) kommt es zur
so genannten „Völkerschlacht"; nach dreitägigem Ringen ziehen die
Hunnen nach Ungarn ab – ob sie auf ihrem Vormarsch oder auf dem
Rückzug Köln berührt haben, ist mehr als ungewiss.

Daneben gibt es eine in der heutigen Kirche St. Ursula erhaltene –
allerdings sehr umstrittene und nicht genau datierbare – Inschrift, in
der von „heiligen Jungfrauen" die Rede ist, die am Ort der Kirche ihr
Martyrium erlitten hätten. Zentrale Aussage der Inschrift ist, ein Mann
namens Clemantius, „von senatorischer Herkunft", habe die Basilika
„von Grund auf erneuert". Wann genau dieser Kirchenbau errichtet
wurde, konnte bisher nicht ermittelt werden. Sicher ist indessen,

dass die Kirche, genauer gesagt: ein (Männer-)Kloster, bis ins 10. Jahrhundert „zu den heiligen Jungfrauen" genannt wurde.

Im 10. Jahrhundert wurde sodann in der Nähe der Kirche ein vermutlich aus dem 5. oder 6. Jahrhundert stammender Grabstein gefunden, dessen Inschrift lautet: „Hier liegt ein unschuldiges Mädchen namens Ursula, das acht Jahre, zwei Monate und vier Tage lebte." Offensichtlich hat der Fund dieses Grabsteins (der heute im Römisch-Germanischen Museum ausgestellt ist) dazu beigetragen, der Anführerin der legendären Jungfrauen den Namen Ursula zu geben – damals ist die Legende zum ersten Mal niedergeschrieben worden; d. h., erst im 10. Jahrhundert werden die drei Überlieferungsstränge zusammengeführt, hier werden erstmals die Hunnen erwähnt, die Köln belagert und dabei Ursula und ihre Gefährtinnen umgebracht hätten, allerdings ist nur von elf Jungfrauen die Rede.

Um 1106 erlebte diese Legende eine ungeheure Renaissance, als man bei den Arbeiten an einer neuen Stadtmauer ein römisches Gräberfeld in der Nähe der nun St. Ursula genannten Kirche entdeckte – die vermeintliche Ruhestätte der hl. Jungfrauen. Ein wahres Reliquienfieber setzte ein, immer neue Knochen wurden gefunden, und so stieg die Zahl der Jungfrauen schließlich auf 11 000. Da aber auch Gebeine von Männern und Kindern gefunden wurden, wurde die Legende kurzerhand ein zweites Mal umgestaltet und umgedeutet: Auf Bitten des Abtes der Deutzer Benediktinerabtei bestätigte die Seherin Elisabeth von Schönau im Jahre 1156, dass auch Männer, darunter Bischöfe und Kleriker, und Kinder sich den elftausend Jungfrauen angeschlossen hätten, um mit ihnen das Martyrium vor den Toren Kölns zu erleiden. In ihren Visionen wurden der Seherin auch immer neue Namen der Jungfrauen mitgeteilt.

Seit dieser Zeit beteiligten sich die Deutzer Mönche intensiv am Reliquienkult – sie „deuteten" ebenfalls die gefundenen Überreste. Ganze Wagenladungen von Gebeinen gingen aus der Kölner Vorstadt über den Rhein; dort wurden sie mit Namensschildchen (lat. *tituli*) versehen, die Namen wiedergeben, die von der Seherin übernommen wurden (oder die sich die Mönche selbst ausdachten), und so kamen allmählich Tausende von Namen zustande, deren Trägerinnen zum Gefolge der hl. Ursula gehört haben sollen.

Aber auch die Kölner selbst waren eifrig tätig: Im Gräberfeld wurden ja auch Grabsteine gefunden, auf denen man Namen identifizieren konnte, oft Namen von römischen Legionären. So fand man auch ein Grab eines gewissen Aetherius – auch der wurde in die Legende eingearbeitet und flugs zum Verlobten der Ursula befördert.

Das Martyrium der heiligen Jungfrauen gehört zu den Kölner Legenden, die schon im Spätmittelalter zahlreiche Künstler inspirierte – so enthält eine Darstellung der Legende, die ein unbekannter Maler, genannt der „Meister der kleinen Passion", um das Jahre 1411 schuf, die erste annähernd getreue Kölner Stadtansicht.

In der Kirche fanden zwischen 1942/43 und 1999 mehrere archäologische Ausgrabungskampagnen statt. Da in und um St. Ursula seit dem Hochmittelalter unzählige Reliquiensammler tätig waren, sind die historischen Schichten in ihrer Stratigrafie (Schichtenfolge) im Kircheninneren weitgehend zerstört. Dies ist auch der Grund dafür, dass sich die frühe Baugeschichte der Kirche nur in Ansätzen rekonstruieren lässt. Vermutlich war der Urbau ein knapp 30 Meter langer und zehn Meter breiter einschiffiger Saalbau (Bau 1), der im Osten eine Apsis aufwies und mit Stampflehmboden ausgestattet war. Dieser Bau wurde im 5./6. Jahrhundert durch eine dreischiffige Anlage (Bau 2) ersetzt, in die in der zweiten Hälfte des 6. Jahrhunderts ein neuer Estrich eingezogen und ein schlüssellochförmiger Ambo (Bau 2 b) eingebaut wurde. Von solch einem erhöhten Ambo aus hat der Priester den Gläubigen seine Predigten vorgetragen. Erst durch den Einbau des Ambos lässt sich die Kirche zweifelsfrei als solche identifizieren.

Aus der Zeit der zweiten und dritten Bauphase stammen mehrere Gräber, darunter das der *Ursula* und das des *Aetherius*. Die Ursula-Inschrift wurde offenbar schon im 10. Jahrhundert entdeckt und später in der Kirche verbaut. 1893 wurde der 15,50 mal 49,50 mal 11,50 Zentimeter große Kalkstein wieder entdeckt. Die rot ausgemalte Inschrift besagt, dass im Grab eine unschuldige Jungfrau namens *Ursula* liegt – „sie lebte acht Jahre, zwei Monate, vier Tage".

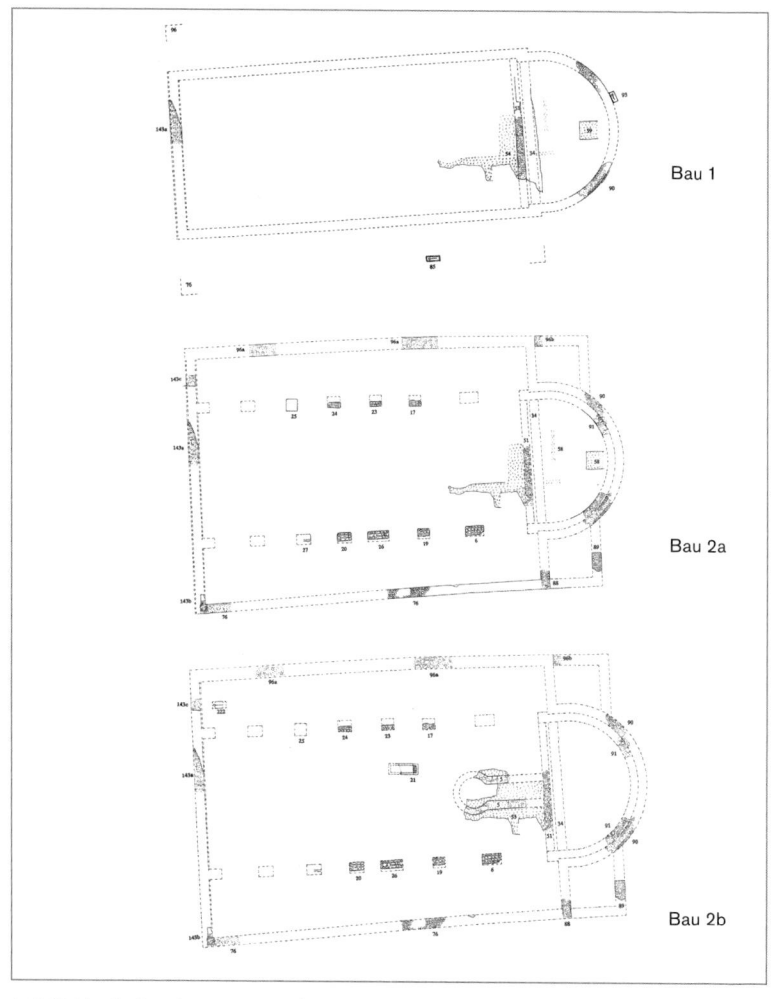

108. St. Ursula: Bauphasen 1 bis 2b (4. bis 6. Jh., nach G. Nürnberger)

Der Grabstein des *Aetherius* wurde bereits 1156 bei der Reliquiensuche auf dem *ager Ursulanus* gefunden. Der Stein ist heute verschollen, seine Inschrift ist aber in einer Schriftquelle des 12. Jahrhunderts überliefert. Über einem Christogramm aus Alpha und Omega stand: „Hier liegt auf Erden *Aetherius*, der 25 Jahre lebte. Gläubig schied er hin in Frieden".

Bei diesen frühen Grabinschriften von St. Ursula dürfte es sich nur – um diesen Vergleich einmal zu bemühen – um „die Spitze des Eisbergs" handeln; das

109. St. Ursula: Grabinschrift der Ursula, die nur acht Jahre alt wurde (Kalkstein, 5./6. Jh.)

meiste, was bei der mittelalterlichen Reliquiensuche geborgen wurde, ging wohl verloren. Auf weitere Gräber aus der frühen fränkischen Zeit weisen einige so genannte „Turmschädel" hin, die bei den Schädelreliquien in der „Goldenen Kammer" (bzw. in den vergitterten Nischen des Chores) von St. Ursula aufbewahrt werden. Diese deformierten Schädel lassen sich auch ohne Beigaben datieren – Turmschädel sind einem Schönheitsideal geschuldet, das die Hunnen im 5. Jahrhundert in Europa bekannt gemacht hatten: Mit Hilfe fester Bandagen wurden die Schädel von Säuglingen und kleinen Mädchen künstlich zusammengepresst und so in eine längliche Form gebracht. Vornehme germanische Frauen frönten diesem Schönheitsideal noch in der zweiten Hälfte des 5. und im frühen 6. Jahrhundert. Erst danach kam der Brauch „wieder aus der Mode".

Um 639/40 wurde die hl. Viventia, eine Tochter Pippins des Älteren, in der Kirche bestattet. Die Grabzusammenhänge sind nicht überliefert. Ihre Gebeine liegen in einem romanischen Sarkophag auf einem Sockel und vier Säulen. Eine Inschrift erklärt die ungewöhnliche Beisetzung oberhalb des Kirchenbodens. Bevor sie im Sarkophag bestattet wurde, soll die im Kindesalter Verstorbene zweimal in St. Ursula beerdigt und auf wundersame Weise wieder aus der Erde geschleudert worden sein – da sie nicht zu den „heiligen Jungfrauen" gehörte. Nach der Clemantius-Inschrift durften nur diese in der Kirche begraben werden.

Auf dem Grundstück Ursulakloster 21–23, das unmittelbar südlich der Kirche liegt, wurde 1988 eine kleine Ausgrabungsfläche untersucht. Neben römischen Gräbern kamen frühmittelalterliche Siedlungsfunde zutage. Die Ausgräber dokumentierten Pfostenstellungen, Abfallgruben und mindestens sechs kleine Grubenhäuser von maximal 2,70 mal 2,40 Metern Grundfläche. Die Hütten waren noch rund einen Meter tief, nach West-Ost oder Nord-Süd ausgerichtet. Neben Keramikscherben, Tierknochen, einigen klei-

110. Ursulakloster 21–23:
Grubenhäuser südlich
St. Ursula im Grabungsbefund (8./9. Jh.)

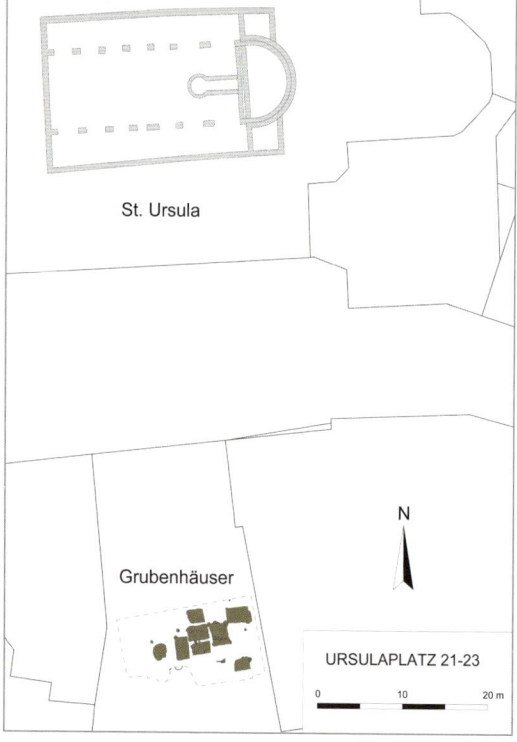

111. Ursulakloster 21–23:
Lage der Untersuchungsfläche südlich von
St. Ursula

nen Eisen- und Bronzegeräten wurden in einem Grubenhaus ein Webgewicht und in einem zweiten Reste von Glasfluss gefunden. Offenbar handelt es sich um einen Teil einer Handwerkersiedlung, die spätestens im 8. Jahrhundert auf dem Boden des Klosters gegründet wurde.

112. St. Kunibert: Grabsteine mit Stangenkreuzdarstellung (spätes 7./8. Jh.)

8.4. St. Kunibert

Zwischen 1978 und 1993 fanden im Rahmen des Wiederaufbaus des Westbaus archäologische Ausgrabungen in der romanischen Kirche St. Kunibert statt.

Der früheste Vorgängerbau am Platz war eine dem hl. Clemens geweihte Kapelle. Sie ist inmitten eines römischen Friedhofs errichtet worden. Der Kölner Bischof Kunibert ließ die Kapelle im 7. Jahrhundert erweitern, wie die *vita Cuniberti* berichtet. Kunibert, gestorben um das Jahr 663, wurde in der Kirche bestattet, die dann seinen Namen erhielt. Eine Güterumschreibung der Kölner Kirche aus dem Jahr 866 (auf die später näher eingegangen werden wird) nennt erstmalig ein *monasterium* (Kloster) St. Kunibert.

Die fränkischen Bauphasen der Clemenskapelle konnten von den Archäologen bislang nicht bestimmt werden. Die frühmittelalterlichen Grundrisse sind in der romanischen Kirche aufgegangen; im Westturm der Kirche sind Grabsteine und Architekturteile des 7. bis 11. Jahrhunderts verbaut. Die Grabsteine stammen von einem frühmittelalterlichen Friedhof an diesem Platz. Ein Grabstein des späten 7. Jahrhunderts zeigt ein plastisch herausgearbeitetes Kreuz; der Stein war in zweiter Verwendung in den Boden des Kirchenmittelschiffes eingelassen.

155

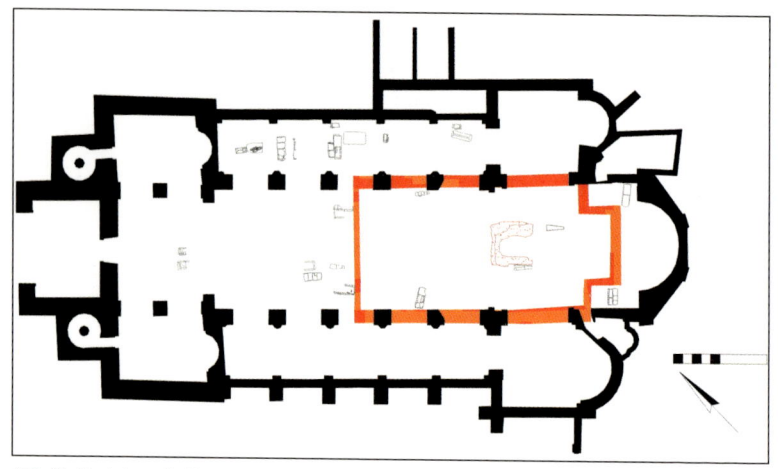

113. St. Pantaleon: Spätmerowingischer Kirchengrundriss um 700 (rot, nach S. Ristow)

8.5. St. Pantaleon

Im letzten Drittel des 6. Jahrhunderts wurde der Pantaleonshügel nach rund 150-jähriger Unterbrechung wieder besiedelt. Über den Ruinen einer römischen *villa suburbana* – einer Vorstadtvilla des 1. bis 5. Jahrhunderts in Sichtweite der römischen Stadtmauer – ist damals eine fränkische Hofstelle entstanden; wo genau, konnte noch nicht festgestellt werden, sie dürfte aber in nächster Nähe zur späteren Kirche zu suchen sein.

Bekannt sind aber Gräber eines Bestattungsplatzes, der in die Ruinen der römischen Villa eingebettet war. Die Qualität der Grabbeigaben – darunter vor allem ein silberner Fingerring – deutet an, dass es sich um eine fränkische Familie von eher durchschnittlichem Wohlstand gehandelt hat. In den folgenden Jahrzehnten gelang es dieser Sippe aber offenbar, ihre wirtschaftliche und gesellschaftliche Stellung auszubauen. In der zweiten Hälfte des 7. Jahrhunderts errichtete sie nämlich über dem Friedhof einen ersten Kirchenbau, eine Eigenkirche von beachtlicher Größe, die ungewöhnlicherweise nicht streng in West-Ost-Richtung, sondern in Nordwest-Südost-Richtung angelegt war. Der auf den ersten Blick recht einfache Saalbau mit eingezogenem Rechteckchor ist der älteste Kirchenbau am Platz – und der Urbau der romanischen Kirche.

Im Umfeld und im Innenraum dieser Kirche wurden die Toten begraben, ihre Sarkophage wurden aus Lothringen importiert. Auch die Grabausstat-

156

114. St. Pantaleon: Silberner Fingerring aus Grab (6./7. Jh.)

115. St. Pantaleon: Goldene Scheibenfibeln mit Almandinen (Durchmesser 2 cm, um 700)

tung einer Frau, die in den Jahren kurz nach 700 verstorben ist, zeugt vom Vermögen der *familia*, die wohl der städtischen Oberschicht angehörte. Der Kalksteinsarkophag der Frau befand sich im mittleren Kirchenschiff, nahe dem Rechteckchor. Sie trug ein kostbares Gewand, das von zwei goldenen Scheibenfibeln mit jeweils vier kreuzförmig angeordneten Almandinzellen zusammengehalten wurde.

IX. Dörfliche Siedlungen der Franken im Kölner Raum

Das Stadtgebiet der *Colonia* war von zahlreichen Einzelhöfen, Weilern und kleinen Dörfern umgeben. Manche Siedlungen reichten bis unmittelbar an die römische Stadtmauer heran. Bei der Wahl des Siedlungsplatzes im ländlichen Raum gaben immer gleiche Kriterien den Ausschlag: Neben ausreichend großen landwirtschaftlich nutzbaren Flächen war die Anbindung an die antiken Straßen von wesentlicher Bedeutung. Strategisch wichtige Plätze an Straßenkreuzungen oder Flussübergängen wurden bevorzugt besiedelt. In den vom Rheinhochwasser bedrohten Landschaften nördlich der Kölner Innenstadt besaßen leichte Geländeerhebungen eine natürliche Anziehungskraft.

Die dazugehörigen Friedhöfe waren im Regelfall weniger als 400 Meter von der Niederlassung entfernt. Von fränkischen Reihengräberfeldern des 5. bis 7. Jahrhunderts sind im heutigen Stadtgebiet nur die Fundplätze von Müngersdorf und Junkersdorf großflächig untersucht. Von allen anderen ländlichen Friedhöfen sind meist nur wenige Bestattungen oder gar nur Einzelfunde bekannt. Ellen Riemer hat die vielen verstreuten Berichte über diese Grabungen jüngst zusammengetragen. Das Beispiel der Ortsflur Worringen zeigt, dass sich auch anhand von kleineren Aufschlüssen und Einzelfunden Erkenntnisse zur Besiedlung eines Dorfes gewinnen lassen.

Mit der Christianisierung der Franken veränderten sich allmählich – vor allem im Verlauf des 7. Jahrhunderts – die Art der Grablegung und die Bestattungsriten. Nach und nach verzichtete man darauf, die Verstorbenen mit Beigaben für das Leben im Jenseits auszustatten. Die alten Reihengräberfelder wurden aufgegeben und die Friedhöfe zu den dörflichen Kirchen verlegt. Dort wurden die Toten ohne Beigaben bestattet – was allerdings die Datierung der Bestattungen erheblich erschwert.

Bis heute stehen den vielen Hundert fränkischen Friedhöfen im Rheinland, die ganz oder in Teilen ausgegraben wurden, wenige bekannte ländliche Siedlungsplätze gegenüber. Die seltenen Nachweise sind einerseits auf eine fragile Holz- und Fachwerkbauweise zurückzuführen, die sich nur bei

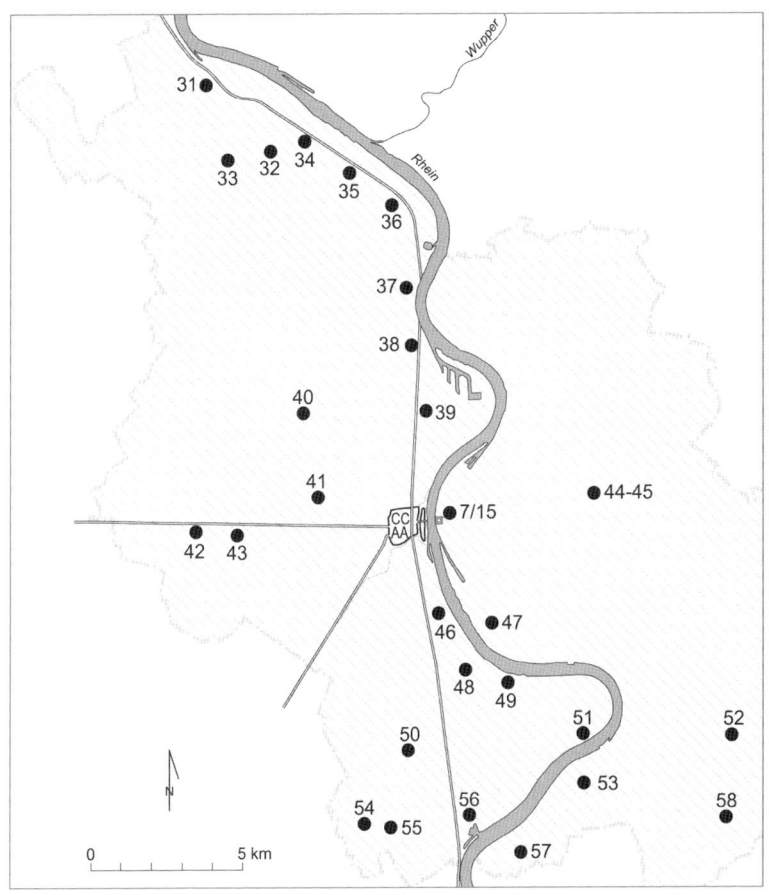

116. Die Lage merowingerzeitlicher Fundplätze im Umland von Köln nach E. Riemer
(31 Worringen, 32 Fühlingen, 33 Blumenberg, 34 Langel, 35 Rheinkassel, 36 Merkenich,
37 Niehl, Industriegelände, 38 Niehl, 39 Riehl, 40 Ossendorf, 41 Ehrenfeld, 42 Junkersdorf,
43 Müngersdorf, 44 Merheim, 45 Merheim, St. Gereon, 46 Bayenthal, 47 Poll, 48 Rodenkirchen,
49 Rodenkirchen, St. Maternus, 50 Rondorf, 51 Weiß, 52 Grengel, 53 Zündorf, 54 Meschenich,
55 Meschenich-Hoberfeld, 56 Godorf, 57 Langel, 58 Lind)

genauem Hinsehen zu erkennen gibt; andererseits liegen viele frühmittelalterliche Hofanlagen im Kern bestehender Dörfer und sind so in der späteren
Dorfanlage aufgegangen. Lange Zeit war die fränkische Siedlung bei Gladbach, Kreis Neuwied, der wichtigste Fundplatz dieser Art im Rheinland. In
jüngster Zeit kam nahe Bonn eine ausgedehnte fränkische Siedlung zutage,
deren Wurzeln in das 5. Jahrhundert zurückreichen.

Ortsnamen

Oft geben die Ortsnamen wichtige Hinweise auf das Alter eines Dorfes. Denn im frühen Mittelalter setzte sich der Ortsname häufig aus dem Personennamen des Gründers und dem Anhang (Suffix) -heim zusammen; so etwa in Kleinbüllesheim bei Euskirchen. Viele dieser Gründungen reichen zurück bis in das 5./6. Jahrhundert. Sie liegen in aller Regel an besonders siedlungsgünstigen Plätzen, nahe antiker Fernstraßen, auf fruchtbaren Böden mit ausreichender Wasserversorgung. Indiz für ein hohes Alter sind auch die auf -ich endenden Ortsnamen wie Zülpich (Tolbiacum), was auf die römische Endung *-iacum* zurückgeht. Diese Ortsnamen zeugen nicht nur von einem hohen Alter, sondern auch vom Fortleben romanischer Kultur im fränkischen Rheinland.

In Süddeutschland weisen die frühesten alemannischen und bajuwarischen Ortsnamen ebenfalls meist den Personennamen aus. Dieser wurde dort durch den Anhang -ingen (z. B. Schwenningen) ergänzt. In Bayern wurde daraus später das suffix -ing (z. B. Schwabing).

Im Laufe der späten Merowingerzeit tauchen dann auch Ortsnamen mit den Endungen -hofen und -hausen auf. Ortsnamen, die auf Rodungsvorgänge hinweisen (-ried, -roth usw.) sind in aller Regel karolingisch oder noch jünger zu datieren.

9.1. Bäuerliches Leben im Umfeld der *Colonia*

Grundlage und wichtigster Wirtschaftszweig des mittelalterlichen Lebens war die Landwirtschaft. Das ist bereits angesprochen worden, als es um die Bevölkerungsstruktur im frühmittelalterlichen Köln ging (s. S. 114 ff.). Die große Mehrheit der Menschen lebte im Mittelalter auf dem Land und war in der Landwirtschaft tätig. Die bäuerliche Bevölkerung, freie und unfreie Bauern, Hörige und Leibeigene, Knechte und Mägde, Tagelöhner und Saisonarbeiter, war der wichtigste Güterproduzent, sie lieferte Nahrungsmittel für Stadt und Land – und darüber hinaus Rohmaterialien für das Handwerk.

Bäuerliches Leben bedeutete in erster Linie Arbeit, schwere körperliche Arbeit, die zwangsläufig dem Rhythmus der Jahreszeiten angepasst war. Das mittelhochdeutsche Wort *arebeit* bedeutet soviel wie „Mühe, Plage". Im späten Mittelalter hat ein Autor das Leben der Bauern so beschrieben (und das galt erst recht für die Bauern des Frühmittelalters): „Landleute heißen die, die das Land von Dorf zu Dorf und Hof zu Hof bebauen. Sie führen ein hartes Leben. Jeder von ihnen lebt demütig vor sich hin, mit seiner Familie und seinem Vieh. Ihre Wohnungen sind aus Lehm und Holz errichtet und mit Stroh gedeckt. Hausbrot, Haferbrei, gekochtes Gemüse sind ihre Speisen, Wasser und geronnene Milch ihre Getränke, ein linnener Kittel, ein paar Stiefel ihre Kleidung. Die Leute stecken alle Zeit in Arbeit. Sie müssen das Feld beackern, säen, ernten und die Frucht in die Scheuern bringen, Holz fällen, Häuser bauen, Gräben ausheben." Und diese Arbeit wurde nicht nur — wenn vorhanden — auf den eigenen Feldern verrichtet, sondern auch als Fronarbeit auf den Ländereien des Grundherrn, auch auf denen Kölner Klöster und Stifte. Denn auch in der Umgebung der *Colonia* waren zahlreiche große und ertragreiche Grundherrschaften im Laufe des Frühmittelalters den geistlichen Instituten der Stadt übereignet worden, zum Lobe des allmächtigen Gottes.

Naturkatastrophen, Missernten, Hungersnöte — auch sie gehörten zum bäuerlichen Alltag und haben das Bewusstsein der bäuerlichen Bevölkerung entscheidend geprägt. Jedes Jahr konnte Missernten und Hunger bringen, das wussten die Bauern. Zum Pontifikat Heriberts (999 bis 1021) wird überliefert, der Erzbischof habe wiederholt Maßnahmen gegen Hungersnöte im Kölner Raum angeordnet, viele Landleute aus der Umgebung hätten sich in die Stadt geflüchtet. In der Amtszeit des Erzbischofs Pilgrim (1021 bis 1036) soll es eine besonders schlimme Dürre gegeben haben — der Erzbischof ordnete zunächst strenges Fasten an, dann führte er im Jahre 1034 persönlich eine Bittprozession an, die den Leib des hl. Severin an das Grab seines Amtsvorgängers Heribert in Deutz führte. Bei der Rückkehr der Gläubigen aus Deutz soll starker Regen eingesetzt haben.

Auch wenn es aus dem Zeitraum, der im vorliegenden Buch behandelt wird, keinerlei Beschreibungen des bäuerlichen Lebens im Kölner Umland gibt, so lässt sich doch aus Schriftquellen anderer Regionen und auch späterer Jahrhunderte einigermaßen rekonstruieren, wie der ländliche Alltag hierzulande aussah. Auch die Menschen, die in den Siedlungen um Köln herum lebten, galten als sehr religiös; wie alle mittelalterlichen Menschen hatten sie Angst vor dem Zorn Gottes, den Höllenstrafen, dem Fegefeuer. Um so größer war ihr Streben nach Vergebung ihrer Sünden, nach dem göttlichen Heil. Doch bei alledem wurde ihnen immer wieder Aberglauben vorgeworfen. Noch lange nach Einführung des Christentums wurden nämlich auf dem Land alte, heidnische Bräuche praktiziert, auch im Hinblick auf das Wetter. „Um gut Wetter bitten" – das versuchte man mit Flurumgängen, mit der Anrufung von Dämonen, der Beschwörung von Geistern und anderer überirdischer Kräfte, mit Zauberformeln und dem Einsatz von selbsternannten „Wettermachern". „Hierzulande glauben alle, dass man Hagel und Donner machen könne", bemerkte ein Chronist im 9. Jahrhundert.

Weil die Bauern auch ohne jede medizinische Versorgung lebten, gab es zahllose Zaubersprüche und Rezepte gegen Krankheiten. Gegen den „bösen Blick" musste man die Kinder mit Amuletten schützen, zwölf Maiwürmer, in Honig eingelegt, halfen gegen Fieber, in Öl gepresste Schnecken, die im Frühtau gesammelt werden mussten, heilten Wunden und Stiche, die Leber des in Mainächten gefangenen Maulwurfs galt als Arznei gegen Genitalleiden, um nur einige zu nennen. Der Maibaum, das heidnische Phallus-Symbol, sollte alles Böse und Lebensfeindliche verscheuchen.

Die Vertreter der Kirche reagierten auf die im Volk fest verankerten Vorstellungen, in dem sie – wo es möglich war – die heidnischen durch christliche Symbole ersetzten; beim erwähnten Flurumgang wurde halt der christliche Schutzheilige mitgeführt. Im Übrigen hielten sich heidnische Vorstellungen und Bräuche in allen gesellschaftlichen Bereichen weit über das Mittelalter hinaus.

Der bäuerliche Alltag war, wie eingangs gesagt, durch Arbeit geprägt. Ein wenig „Freizeit" hatte der mittelalterliche Bauer eigentlich nur im Winter. Ansonsten sollten die Sonntage ein wenig Abwechslung bringen, an denen Arbeitsverbot herrschte. Dieses Verbot musste freilich ob der Menge der anfallenden Arbeiten immer wieder umgangen werden. An einem arbeitsfreien Sonntag ging man geschlossen in die Kirche; da aber die meisten kleinen Siedlungen des Kölner Umlandes im Frühmittelalter noch keine eigenen Kirchen hatten, musste man weite Wege über Stock und Stein in Kauf nehmen, um im nächsten größeren Dorf – in Worringen etwa könnte schon in fränkischer Zeit ein kleines Gotteshaus gestanden haben – der Messe beiwohnen zu können.

Am Nachmittag trafen sich die Dörfler am Anger oder unter der Linde, um gemeinsame Dinge zu besprechen. Kinder und Jugendliche spielten, die kleineren mit Murmeln, wozu Nüsse oder kleinen Steine verwendet wurden, andere fingen Schmetterlinge und banden sie an Fäden, andere ließen Gegenstände den Dorfbach hinuntertreiben. Die älteren Jungen führten Wettrennen oder Ringkämpfe durch, warfen mit Steinen und schossen mit Armbrüsten auf Zielscheiben.

Auf dem Land beging man natürlich auch die hohen christlichen Feiertage und nicht zuletzt den Tag des Dorfheiligen, besonders populär aber war das Fest Mariä Himmelfahrt am 15. August; es war nämlich das letzte große Fest des Sommers. Doch auch alte heidnische Feste wurden weiter gefeiert, der Maianfang, die Sommersonnenwende, das Erntedankfest, die Wintersonnenwende und – seit wann, ist ungewiss – die Fastnacht, letztere, um den Winter endgültig zu vertreiben.

9.2. Müngersdorf

Das fränkische Reihengräberfeld von Müngersdorf liegt unmittelbar westlich des heutigen „RheinEnergie-Stadions". Unter Leitung von Fritz Fremersdorf wurde 1926 der römische Friedhof von Müngersdorf ausgegraben. Der Gutshof – eine so genannte *villa rustica* – lag südlich der alten Fernstraße (heute: Aachener Straße), die von Köln nach Boulogne-sur-Mer führte. Die Auswertung der Funde ergab, dass der Gutshof bis zum Beginn des 5. Jahrhunderts bewohnt wurde. Bei den letzten Besitzern scheint es sich allerdings um Germanen – also um föderierte Franken – gehandelt zu haben, wie reiche Waffen- und römische Luxusgegenstände aus den Gräbern zeigen.

Nur 70 Meter nördlich der Umfassungsmauern des Gutshofs stießen die Ausgräber 1927 völlig unerwartet auf einen fränkischen Friedhof, der 1927 und 1929 systematisch freigelegt wurde. Die Grenzen des Gräberfelds, das 149 Bestattungen und ein Pferdegrab zählte, konnten wohl an allen Seiten bestimmt werden. Anhand der Grabbeigaben lässt sich der Bestattungszeitraum auf rund 200 Jahre, das heißt auf etwa acht Generationen, verteilen. Es dürften also maximal 25 bis 30 Personen je Generation in der zugehörigen Siedlung gelebt haben, die wahrscheinlich aus ein oder zwei Höfen bestand.

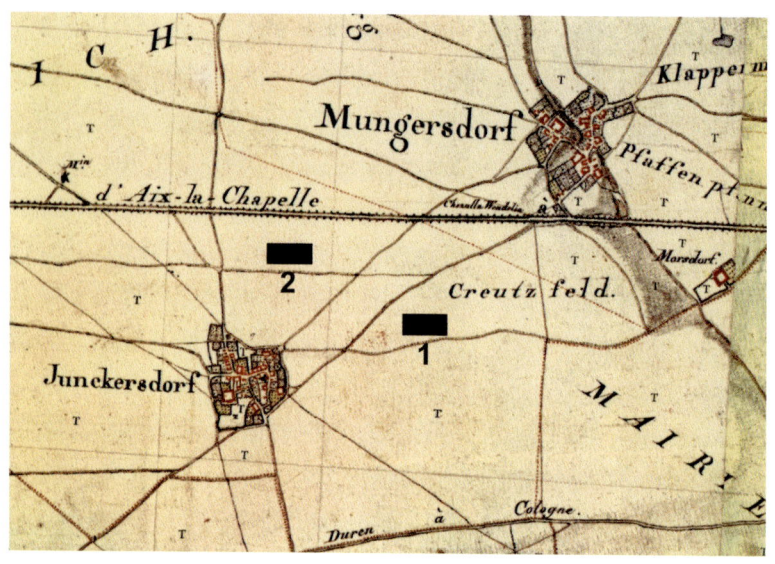

117. Die Lage der fränkischen Friedhöfe von Müngersdorf (1) und Junkersdorf (2). Grundlage: Kartenaufnahme der Rheinlande nach Tranchot/v. Müffling, 1807/08 (Blatt 71, Lövenich)

118. Müngersdorf: Plan des fränkischen Reihengräberfeldes (nach F. Fremersdorf, 1955)

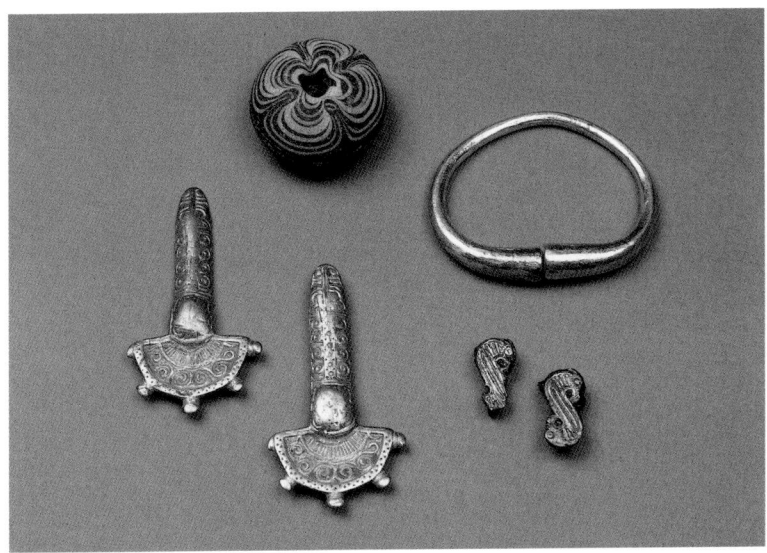

119. Müngersdorf: Frauengrab mit Bügelfibeln (Länge 7 cm), S-Fibel, Armring und Schmuckwirtel (Mitte 5. Jh.)

Wo diese Höfe lagen, ist nicht bekannt. Innerhalb der römischen Ruinen des Gutshofes konnten zwar keine fränkischen Sieldungsspuren nachgewiesen werden, doch ist zu vermuten, dass sich die Hofstellen im unmittelbaren Weichbild des römischen Gutshofes befanden.

Beigesetzt hat man die Toten meist in Holzsärgen und einfachen Erdgräbern; einige wenige waren mit Steinpackungen oder Steinplatten gesichert. Beim Bau steinumfasster Gräber griffen die Angehörigen auf Bausteine aus der nahen *villa rustica* zurück. Die Belegung des Friedhofes setzt um die Mitte des 5. Jahrhunderts ein. Erst die jüngeren Gräber sind konsequent in der West-Ost Achse ausgerichtet und folgen damit den allgemeinen Bestattungssitten der Zeit. Der Friedhof ist glücklicherweise von zeitgenössischen Grabräubern recht selten heimgesucht worden: Nur rund 30 Prozent der Gräber sind im frühen Mittelalter vollständig oder in Teilen ausgeraubt worden.

Anhand geschlechtsspezifischer Grabbeigaben lassen sich jeweils 49 Frauen- und Männergräber sowie 16 Kinderbestattungen zu identifizieren. In 35 Fällen ließ sich keine verlässliche Aussage treffen.

Männergräber waren mit zweischneidigen Langschwertern, einschneidigen Hiebschwertern, Beilen, Lanzen- und Pfeilspitzen ausgestattet. Ein Mann war

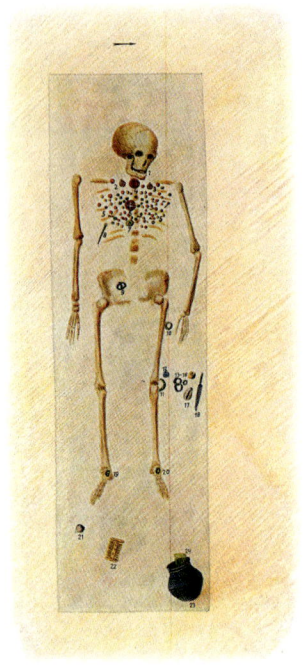

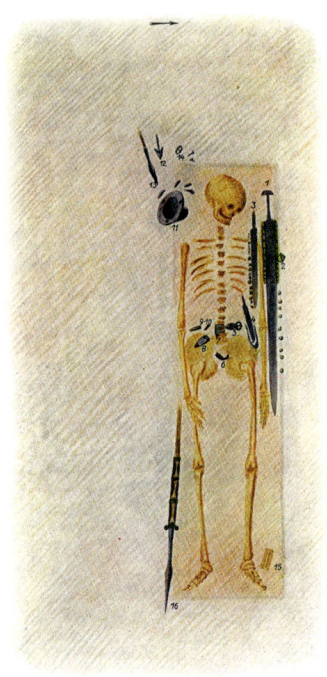

120. Müngersdorf: Kolorierte Zeichnung eines Frauengrabes (zweite Hälfte 6. Jh., nach F. Fremersdorf, 1955)

121. Müngersdorf: Kolorierte Grabzeichnung eines Männergrabes (6./7. Jh., nach F. Fremersdorf, 1955)

122. Müngersdorf: Im Schädel eines um 620/30 beigesetzten Mannes zeichnet sich ein langer Schwerthieb ab.

123. Müngersdorf: Goldscheibenfibel aus Frauengrab (Durchmesser 4,3 cm, erste Hälfte 7. Jh.)

durch metallenes Pferdegeschirr als Berittener ausgewiesen. Neben Spatha- und Saxgurten lassen sich Geräte wie Schlageisen (Feuerstahl), Scheren, Pinzetten sowie Speise- und Trankbeigaben in Ton- und Glasgefäßen nachweisen. Dass es im frühen Mittelalter durchaus auch rau zugehen konnte, zeigt der Schädel eines um 620/30 verstorbenen Mannes. Schräg über die Stirn zeichnet sich ein langer Schwerthieb ab, der die Schädeldecke ursprünglich sicher durchdrungen hat. Gestorben ist der Mann an der Verletzung nicht, wie die Verheilung deutlich anzeigt. Der Mann dürfte noch viele Jahre gelebt haben.

In den Frauengräbern zeichnen sich die älteren Grablegen durch die typisch fränkische Vierfibeltracht des 5./6. Jahrhunderts aus. Zur Frauentracht des 7. Jahrhunderts gehörte die einzeln getragene Scheibenfibel. Gürtelschnallen, Ohr- und Halsschmuck, umfangreiche Amulettgehänge, metallene Beschläge von Holzkästchen sowie Gefäßbeigaben in Ton und Glas lassen sich vielfach belegen.

Die Qualität der Beigaben ist von gehobener Art. Die Frauen waren mit silbernen und vergoldeten Fibeln beigesetzt, die Männer mit Langschwertern und anderen Waffen. Nur ein Männergrab enthielt Pferdegeschirr, drei Bestattungen Bronzeblechbecken. Es fehlen Sonderanfertigungen oder außergewöhnliche Fernimporte – insgesamt hinterlässt das Fundmaterial den Eindruck, dass in der zum Friedhof gehörenden Hofanlage ein oder zwei Familien lebten, die aus der Landwirtschaft ein hinlänglich gutes Einkommen erzielten. Die Lage des Fundplatzes auf der lößbedeckten Mittelterrasse mit ihren fruchtbaren Böden unterstützt diese Annahme.

9.3. Junkersdorf

Der fränkische Friedhof von Junkersdorf liegt nur einen Kilometer westlich des Müngersdorfer Fundplatzes. Das Reihengräberfeld wurde bereits 1939 entdeckt und 1940, 1943 und 1950/51 in mehreren Grabungskampagnen vollständig freigelegt. Insgesamt 541 Gräber vermitteln einen Eindruck vom Lebensstandard der dort lebenden fränkischen Familien. Leider hatten Grabräuber einen Großteil der Bestattungen ausgeplündert; nur 21 Bestattungen (das sind vier Prozent) waren noch ungestört, 470 stark beraubt. Anhand der Grabbeigaben, der Grabformen und -größen sowie der Skelettreste lassen sich noch 100 Männer-, 107 Frauen- und 35 Kindergräber

bestimmen. Meist lagen die Toten in Holzsärgen, selten in ausgehöhlten Baumstämmen (so genannten Totenbäumen) oder in Steinplattengräbern.

Die starke Beraubung macht es fast unmöglich, etwas über die Sozialstruktur der Siedlung zu sagen. Sicher ist, dass die Belegung des Friedhofs um 500 und damit deutlich später als in Müngersdorf einsetzt. Seit dem frühen 8. Jahrhundert wurden keine Gräber mehr angelegt. Damals wurden die Reihengräberfelder aufgegeben.

Die Anzahl der Gräber deutet an, dass es sich um eine weilerartige Siedlung mit drei bis vier Höfen gehandelt hat. In Junkersdorf gibt es keine Hin-

126. Junkersdorf: Frauengrab mit Ton- und Glasgefäß sowie Perlen (zweite Hälfte 6. Jh.)

127. Junkersdorf: Schildbuckel, Lanze (Länge 26,5 cm) und Schere aus Männergrab (frühes 7. Jh.)

128. Junkersdorf: Keramikgefäß und Breitsax aus Männergrab (7. Jh.)

weise darauf, dass die Familien in außergewöhnlichem Wohlstand lebten, denn signifikante Beigaben, etwa goldenes Tracht- oder Schmuckzubehör, fehlen, sieht man von einer einzigen Goldblechscheibenfibel ab. Die starke Beraubung des Friedhofs macht aber zuverlässige Aussagen unmöglich.

9.4. Worringen

Die Ortsflur Worringen war dank ihrer fruchtbaren Lehmböden in unmittelbarer Nähe des Rheins seit der Jungsteinzeit besiedelt. Auch die römischen Pioniere erkannten die siedlungsgünstige Lage auf einem relativ hochwassersicheren Plateau, das unmittelbar an der Fernstraße in Richtung Norden (Alte Neusser Landstraße) und in Sichtweite zum ehemals schiffbaren Pletschbach lag. Schon im frühen I. Jahrhundert wurde die römische Siedlung gegründet, aus der sich eine Art Straßendorf (*vicus*) mit Friedhöfen entlang der Fernstraße Köln – Neuss und der St.-Tönnis-Straße entwickelte.

Die römischen Grabbeigaben zeigen, dass die Siedlung mindestens bis in das frühe 5. Jahrhundert hinein bestanden hat. Sechs Kilometer nordwestlich von Worringen liegt Haus Bürgel, das aus den Schriftquellen bekannte römische Kastell *Burungum*. Haus Bürgel steht erst seit dem verheerenden Hochwasser des Jahres 1374 rechts des Rheins, infolgedessen es zu einer Verlagerung des Rheinlaufs kam. Die römischen Wurzeln dieses festen mittelalterlichen Hofes spiegeln sich bis auf den heutigen Tag in mehrere Meter hoch erhaltenen Kastellmauern wider.

Der frühmittelalterliche Kern von Worringen liegt im heutigen Ortszentrum auf der hochwassersicheren Geländekuppe um die ehemalige Pfarrkirche Alt St. Pankratius und den Fronhof. In den Schriftquellen wird *Wurnc* erstmals in einer Urkunde des Kölner Erzbischofs Hermann I. (889 bis 924) vom II. August 922 erwähnt. Die Ursprünge des Fronhofs reichen aber bis in die Merowingerzeit zurück, wie Reste fränkischer Knickwandtöpfe belegen. Auch die Wurzeln von Alt St. Pankratius reichen weit zurück. Die erste Kirche wurde anscheinend über den Ruinen eines römischen Großbaus – vielleicht eines Tempels – errichtet, denn beim Bau einer Schule stieß man schon 1869 auf mächtige römische Mauern aus *opus caementitium* und monu-

129. Worringen: Lage der frühmittelalterlichen Fundstellen. Grundlage: Kartenaufnahme der Rheinlande nach Tranchot/v. Müffling, 1807/08 (Blatt 61, Hackenbroich)

mentale Säulenfragmente. Das Patrozinium des hl. Pankratius, der um 300 in Rom den Märtyrertod erlitten haben soll, ist seit dem 7. Jahrhundert recht beliebt gewesen.

250 Meter westlich des Fronhofs liegt der fränkische Friedhof auf einem kleinen vor Hochwasser geschützten Geländeschild, der über die alte St.-Tönnis-Straße mit dem Ortskern verbunden war. Die ältesten Funde aus dem Friedhof lassen sich in das späte 5. Jahrhundert datieren; der bislang jüngste Fund ist eine zwischen 595 und 612 in *Avernum* (Clermont-Ferrand, Frankreich) geprägte Goldmünze (*Triens*) des Frankenkönigs Theudebert II. Noch jünger dürften einige beigabenlose Steinplattengräber sein.

Der Friedhof hatte nach derzeitigem Wissen eine Ausdehnung von mindestens 35 mal 40 Metern, im Laufe der Belegungszeit dürften maximal 120 Be-

stattungen angelegt worden sein. Bemerkenswert ist der wirtschaftliche Wohlstand der dort lebenden Personen, der sich in den Grabbeigaben widerspiegelt: Ein neun bis elf Jahre altes Mädchen war in einer aufwändigen Tracht mit zwei silbernen und mit Granat besetzen Kleinfibeln, Gürtelgehänge, Kamm und Gefäßbeigaben bestattet worden. Die Goldmünze – ein Einzelfund – war wohl ursprünglich ein Grabobulus (ein so genannter „Charonspfennig") und stammt aus einem reichen Grab der ersten Hälfte des 7. Jahrhunderts.

Das Kindergrab und die Goldmünze zeugen von einem hohen sozialen Status der Verstorbenen, der sich von dem der gewöhnlichen bäuerlichen Bevölkerung abgehoben hat. Auf welche Art und Weise die Siedler zu diesem Wohlstand gelangten, lässt sich nur erahnen, vielleicht wurde neben Landwirtschaft auch Fischfang im Rhein betrieben. Angesichts der strategischen Lage des Hofes am Knotenpunkt zweier Altstraßen (Alte Neusser Landstraße/St. Tönnisstraße), am Übergang (Furt oder Brücke) der Fernstraße Köln-Neuss über den Pletschbach und der Nähe zum Rhein könnte es sich aber auch um eine fränkische Zollstelle mit entsprechenden Einnahmen gehandelt haben.

In Sichtweite des Fronhofs gab es weitere fränkische Siedlungsplätze, von denen historisch und archäologisch allerdings wenig bekannt ist. 500

130. Worringen: Beigabenensemble aus Mädchengrab (frühes 6. Jh.)

131. Worringen: Almandinscheibenfibeln aus einem Mädchengrab (Durchmesser 1,9 cm, frühes 6. Jh.)

Meter westlich des alten Ortszentrums wurde an der alten von Worringen nach Horrem führenden Landstraße – heute der Hackenbroicher Weg – ein fränkischer Knickwandtopf mit Rollrädchendekor aus der ersten Hälfte des 7. Jahrhunderts geborgen. Die vollständig erhaltene Keramik stammt sicherlich aus einem Grab, das zu einer Hofstelle im nächsten Umfeld gehörte, deren Name nicht überliefert ist.

In der Altrheinschlinge des Worringer Bruchs lag ein weiterer namentlich unbekannter Siedlungsplatz des frühen Mittelalters. Innerhalb der Ruinen einer römischen *villa rustica* wurden einige Keramikscherben der Merowinger- und Karolingerzeit geborgen, die zeigen, dass Menschen wohl auch im Frühmittelalter dort gelebt haben.

Die Zahl der Gehöfte auf der Worringer Gemarkung nahm im Laufe der Zeit zu. Bekannt ist eine weitere Wüstung (in späterer Zeit aufgegebene Siedlung) ca. 1,5 Kilometer westlich von St. Pankratius sowie eine Fundstelle karolingischer und ottonischer Keramikscherben südlich des Worringer Bruchs. Im Laufe der Hoch- und Spätmittelalters wurden die Höfe aufgegeben.

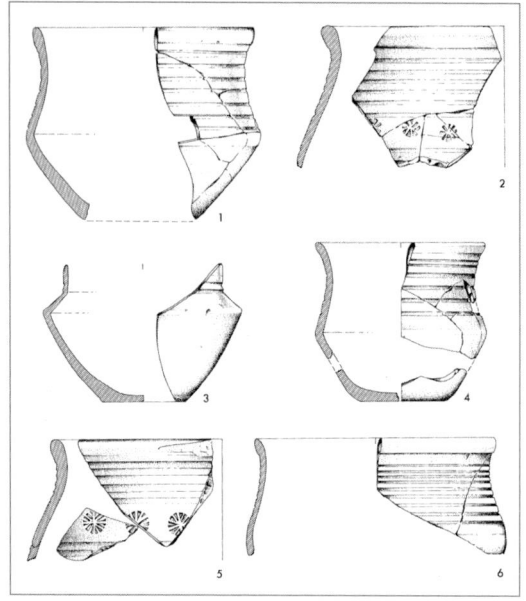

9.5. Die Ausnahme: Fränkische Siedlungsreste in Porz

Die fränkische Siedlung in Porz, die 1973 von Jugendlichen zufällig entdeckt wurde, stellt den einzigen nennenswerten ländlichen Siedlungsbefund der Frankenzeit im Kölner Stadtgebiet dar. Die Fundstelle liegt am Westrand der Wahner Heide, nordöstlich von Porz-Grengel und unmittelbar an der Autobahnzufahrt zum Flughafen Köln/Bonn. Obwohl das Gelände durch Kiesabbau und andere Erdeingriffe stark in Mitleidenschaft gezogen war, hatten sich auf einer kleinen Fläche Siedlungsreste erhalten; es dürfte sich wohl um eine Hofstelle oder einen Weiler gehandelt haben.

Freigelegt wurden die Reste von vier Grubenhäusern sowie einer Feuerstelle. Bei den in West-Ost-Richtung angelegten Grubenhäusern handelte es sich um kleine rechteckige Bauten, deren Grundfläche bis zu 3,80 mal 3,25 Meter umfasste. Die Häuser wurden wohl, wie andernorts, wirtschaftlich genutzt, etwa als Werkstatt- oder Vorratshäuser. Ihr Fußboden lag mindestens 0,50 Meter tief in der Erde, teilweise waren die Böden mit Stampflehm bedeckt. Alle Grubenhäuser scheinen jeweils drei Pfosten an den Schmalseiten besessen zu haben. Darauf ruhte eine Giebelkonstruktion, wobei die beiden

133. Rekonstruktion eines frühmittelalterlichen Grubenhauses mit Webstuhl (nach Stork, 1995)

mittleren Pfosten den Firstbalken trugen. Die Wände waren wohl mit Rutengeflecht und Lehm verschlossen, die Dächer mit Stroh abgedeckt. Zwischen den Grubenhäusern lag eine Feuerstelle aus gebranntem Lehm von knapp einem Meter Durchmesser.

Aus dem reichhaltigen Fundmaterial ergeben sich Rückschlüsse auf den Nutzungszeitraum der Hütten. Frühe fränkische Knickwandbecher, handgemachte Tonkümpfe und in spätantiker Tradition stehende Drehscheibenkeramik beweisen, dass die Siedlung um die Mitte des 5. Jahrhunderts gegründet worden ist; die jüngsten Funde gehören in das 7. Jahrhundert. Zum Fundinventar gehören zerbrochene Trinkgläser, Tierknochen (als Speisereste) und wenige Eisengegenstände wie Messer und Nägel. Ein tönernes Webgewicht zeigt, dass hier auch Textilien hergestellt wurden. Die Weideflächen der Wahner Heide waren vermutlich für Tierhaltung besser geeignet als für Ackerbau.

X. Eine neue Königsdynastie: die Karolinger

Nutznießer der grausamen Bruderkämpfe innerhalb der merowingischen Herrscherfamilie war der fränkische Adel, insbesondere der des östlichen Reichsteils. Chlothar II., der nochmals die Herrschaft im fränkischen Gesamtreich erringen konnte, musste schon 614, ein Jahr nach der Beseitigung Brunichilds, ein Edikt erlassen, das den Wünschen und Forderungen des Adels weitgehend entsprach. Das „alte Recht" wurde wiederhergestellt, neue Steuern und Zölle abgeschafft. Und als Grafen und Herzöge, so versprach der König, sollten fortan nur Adelige ernannt werden, die aus den entsprechenden Regionen und Gauen stammten. Vor allem aber sollten in jedem Reichsteil ein eigener „Hausmeier" *(maior domus)* verbleiben. Dieses Amt, ursprünglich eine Art „Haushofmeister" in den merowingischen Residenzen, hatte sich umfangreiche administrative Kompetenzen angeeignet, die Hausmeier standen seit Beginn des 7. Jahrhunderts an der Spitze des Dienstadels, der königlichen Gefolgschaft, der Hofgerichte und des Heeres.

Mit Zugeständnissen dieser Art gelang es Chlothar und seinem Sohn Dagobert I., dem der Vater Austrasien als Herrschaftsgebiet zugewiesen hatte, die Macht der Zentralgewalt fürs Erste zu behaupten. Vor allem im austrasischen Reichsteil hatte sich nämlich eine selbstbewusste Adelsschicht herausgebildet, die Anteil an der Macht einforderte und eine gewisse „austrasische Identität" entwickelt hatte. Metz wurde in dieser Zeit, im ersten Drittel des 7. Jahrhunderts, das Zentrum des östlichen Frankenreichs. Der Bischof von Metz, Arnulf, gehörte zu denen, die – so die Fredegar-Chronik – Chlothar aufgefordert hatten, die Herrschaft in Austrasien zu übernehmen. Arnulf gilt als Ahnherr der Karolinger.

Die Karolinger

Genau genommen hat die Familie der Karolinger, die annähernd 250 Jahre die Könige des Frankenreichs stellte, zwei Stammväter: Arnulf, den Bischof von Metz, einen austrasischen Adeligen, der sich, so die

Überlieferung, erst nach dem Eintritt seiner Frau in ein Kloster 612 zum Priester weihen ließ – und Pippin den Älteren, der im Jahre 625 formell zum austrasischen Hausmeier ernannt wurde. Über beider Herkunft ist nichts überliefert, beide waren – wie übrigens auch der Kölner Bischof Kunibert – Berater von König Dagobert, dem Sohn Chlothars II., den dieser 623 als Unterkönig in Austrasien eingesetzt hatte.

Arnulfs Sohn Ansegisel und Pippins Tochter Begga begründeten mit ihrer Heirat in den 630er Jahren jene Dynastie, die erst später – möglicherweise mit Karl Martell, wahrscheinlicher aber mit Karl dem Großen als Namensgeber – Karolinger genannt wurde. Erstmals taucht der Begriff im 10. Jahrhundert beim Chronisten Widukind von Corvey auf, der den letzen karolingischen König des ostfränkischen Reichs, Ludwig *das Kind*, als *ultimus Karolorum* bezeichnete.

Der Sohn von Anegisel und Begga, Pippin der Mittlere (um 640 geboren), dem es gelungen war, die arnulfingischen und pippinidischen Besitzungen im maas- und moselländischen Raum zu behaupten, profitierte bei seinem Aufstieg an die Spitze des Frankenreichs auch von der enormen religiösen Bedeutung, die einige Mitglieder seiner Sippe erworben hatten. Arnulf wurde nach seiner Überführung in die Apostelkirche von Metz bereits als Heiliger verehrt, auch Begga, die um 691 das Kloster Andenne an der Maas gegründet hatte, stand im Ruf der Heiligkeit; vor allem aber ihre Schwester Gertrud, die Äbtissin von Nivelles, trug dazu bei, der Familie Pippins eine Art von Legitimation zu verschaffen, die die Merowinger in den Augen vieler Zeitgenossen verspielt hatten.

Es war dann Pippins Sohn Karl Martell, der um 720 zum unumstrittenen Herrscher des Frankenreichs aufsteigen sollte. Doch selbst Karl, der 732 den Vormarsch der Araber (die das westgotische Spanien erobert hatten) bei Tours und Poitiers stoppte, wagte es nicht, nach der fränkischen Königskrone zu greifen. Erst sein Sohn Pippin ließ sich 751 in Soissons zum König erheben, nachdem der letzte Merowinger Childerich III. abgesetzt und in ein Kloster gesteckt worden war.

Mit Karl dem Großen, Pippins Sohn, der im Jahre 800 das west-römische Kaisertum wiederbelebte, haben die Karolinger den Zenit ihrer Macht erreicht. Karl gebot als *imperator Romanorum* über weite Teile Europas. Sein Reich wurde indessen schon etwa 30 Jahre nach seinem Tod dauerhaft geteilt. Die Dynastie der Karolinger herrsch-te aber weiter im östlichen Teil des Frankenreichs, das später das „deutsche Reich" genannt werden sollte, noch mehr als 100 Jahre, im westlichen Teil, dem heutigen Frankreich, bis ins Jahr 987.

10.1. Der Niedergang der Merowinger

„Die Nachkommen Chlodwigs hatten das Erbtheil seines kriegerischen und grimmigen Geistes verloren, und Unglück oder Mangel an Verdienst hat dem letzten König des merowingischen Geschlechts den Beinamen *der Faule* ver-schafft. Sie bestiegen den Thron ohne Macht und sanken ohne Namen ins Grab. Ein ländlicher Palast in der Nähe von Compiègne war ihnen zur Resi-denz oder zum Gefängnis angewiesen, aber jedes Jahr im Monate März oder Mai wurden sie in einem von Ochsen gezogenen Karren nach der Versamm-lung der Franken gefahren, um den fremden Gesandten Audienz zu ertheilen und die Handlungen des Major Domus zu genehmigen."

Mit diesen Sätzen hat der englische Historiker Edward Gibbon (1737 bis 1794) in seinem Monumentalwerk „Geschichte des Verfalls und Untergangs des Römischen Reichs" die letzten Merowinger charakterisiert. Der amerika-nische Mediävist Patrick J. Geary hat diesem Urteil schon vor einigen Jahren heftig widersprochen. Geary weist darauf hin, dass das negative Bild, das die Geschichtsschreibung von den Merowingern – bis heute – zeichnet, nicht zu-letzt auf die „antimerowingische Propaganda" der Karolinger und ihrer An-hänger zurückzuführen sei; schon in einer Fortsetzung der Fredegar-Chronik, die der Halbbruder Karl Martells in Auftrag gegeben hatte, wurde der Mero-winger Childerich II. als „haltlos und jähzornig" gescholten, so dass das Volk der Franken „sich gegen ihn auflehnte, ihn verspottete und verachtete".

Was aber auch Geary nicht bestreiten kann: Unter den Nachfolgern Chlo-thars II. und Dagoberts I. trat ein tatsächlicher Machtverfall der fränkischen

134. Karl Martell
(Kupferstich, 17. Jh., Paris,
Nationalbibliothek)

Zentralgewalt ein – der aber auch dadurch gefördert wurde, dass immer wieder längere Perioden der Minderjährigkeit der Könige überstanden werden mussten. Als Dagobert 639 starb, waren seine beiden Söhne, die ihm seine zweite Frau Nanthild geboren hatte, noch Kinder von weniger als sechs Jahren; der eine, Sigibert III., starb jung und hinterließ einen minderjährigen Sohn, der zweite, Chlodwig II., starb 657, seine Söhne waren ebenfalls viel zu jung, um die Herrschaft anzutreten. So gelang es der Merowingerfamilie über Jahrzehnte hinweg nicht, wie Geary dezidiert feststellt, „auch nur annähernd eine funktionierende Zentralverwaltung des Reiches sicherzustellen".

In Neustrien, Burgund und Austrasien versuchten seither adelige Familienverbände, die Kontrolle über die Steuereinnahmen zu erringen, und daher war es das Ziel der Clans, die Hausmeier in den Teilreichen zu stellen. Zugleich aber nutzen die führenden Familien der fränkischen Randländer die Machtkämpfe im Kernland aus, um etwa in Aquitanien, in Bayern oder Thüringen faktisch unabhängige Herrschaftsbereiche zu schaffen.

Schließlich gelang es dem austrasischen Adeligen Pippin, genannt der Mittlere, einem Angehörigen der Familie der Karolinger, die Hausmeierämter aller Teilreiche in seiner Hand zu vereinigen. Pippin hatte den neustrischen König Theuderich III. und dessen Hausmeier Berchar bei Tertry an der Somme entscheidend geschlagen. Er nannte sich bereits „Fürst der Franken" *(princeps Francorum)*.

Mit dem Aufstieg Pippins verlagerte sich das Schwergewicht des Frankenreiches wieder nach Osten – wo er bei seinen Aufenthalten in Köln Quartier nahm, ist nicht überliefert, vielleicht im Umfeld der heutigen Kirche St. Maria im Kapitol, in der seine Gemahlin Plektrudis ihre letzte Ruhestätte finden sollte, oder in der *aula regia*, der Residenz der Merowinger.

10.2. Schauplatz Köln: Plektrudis und Karl Martell kämpfen um die Macht

Nach Pippins Tod im Jahre 714 stand Köln im Zentrum heftiger Kämpfe, die innerhalb der Familie um seine Nachfolge entbrannten. Die beiden Söhne Pippins und der Plektrudis, Drogo und Grimoald, waren zu diesem Zeitpunkt bereits tot – und so erhob sein unehelicher Sohn Karl (aus einer Verbindung mit einer Nebenfrau) den Anspruch auf das Erbe des Vaters.

Plektrudis, die „edle und sehr kluge Ehefrau" Pippins, eine „höchst weise Frau", so die Quellen, entstammte einer vornehmen austrasischen Familie, die im Moselraum, in der Eifel und am Niederrhein über beträchtlichen Besitz verfügte. Sie und ihre Familie sollen eine der Hauptstützen der Herrschaft Pippins gewesen sein. Pippin hatte Plektrudis, wie bereits erwähnt, etwa um das Jahr 670 geheiratet. Dass sie schon zu Lebzeiten ihres Mannes politischen Einfluss ausgeübt hat, wird heute allgemein angenommen – das zeigte sich auch in der handfesten Politik, die sie nach Pippins Tod betrieb.

Als Vormund ihrer Enkel Arnulf und Theudoald, den noch Pippin als Hausmeier in Neustrien eingesetzt hatte, war sie im Jahre 714 praktisch Regentin des Frankenreichs. „Plektrudis lenkte nun alles mit dem König und ihren Enkeln in heimlicher Regentschaft", liest man im *liber historiae Francorum*. Sie habe allerdings einen unvergleichlichen Hass gegen ihren Stiefsohn Karl gehegt – dessen Ansprüche auf das Erbe sie kategorisch zurückwies. Die „Nachstellungen" der Stiefmutter gingen so weit, dass sie Karl – wahrscheinlich sogar in Köln – kurzerhand in Haft nehmen ließ.

Köln war damals das „heimliche" Zentrum des Reichs – aber nur für kurze Zeit. Die Neustrier nämlich wollten sich mit dieser Konstellation, „der unangebrachten Zügelführung einer Frau" (so der Historiker Rudolf Schieffer), nicht abfinden. Schon ein Jahr später musste Theudoald nach einer Niederlage bei Compiègne fluchtartig die „Francia", wie das fränkische Kernland um Paris genannt wurde, verlassen.

Die neustrischen Großen brachten daraufhin den schwachen König Dagobert dazu, einen der Ihren, Raganfrid, zum Hausmeier zu ernennen, und der stieß sofort in die Ardennen und gegen die Maas vor. Im Zusammenspiel mit den verbündeten Friesen und deren Herzog Radbod wurde im Frühjahr 716 sogar Köln bedroht. Friesische Schiffe sollen damals den Rhein beherrscht haben. Plektrudis sah sich nicht nur gezwungen, Raganfrid als Hausmeier anzuerkennen, sie musste auch den fränkischen Staatsschatz an Dagoberts Nachfolger, den neuen König Chilperich II., ausliefern.

Die Schwäche Plektruds hatte offensichtlich Karl, der später den Beinamen *Martell* (Hammer) erhielt, genutzt, um aus seiner Kölner Haft zu fliehen. Mit Unterstützung einer wachsenden Anhängerschar, die vor allem aus dem Trierer Raum kam, führte er sozusagen einen Zweifrontenkrieg — damals herrschte im Frankenreich eine „sehr große Verwirrung" *(maxima conturbatio in gente Francorum)*, berichten die Metzer Annalen. Karl trat zunächst — wenig erfolgreich — den Friesen entgegen, dann aber gelang es ihm, die Neustrier in zwei Schlachten bei Amblève und Vincy zu besiegen. In Vincy, wo es zu einer *crudelissima pugna* (einer äußerst grausamen Schlacht) gekommen sein soll, schlug er den neustrischen König Chilperich II. samt dessen Hausmeier Raganfrid aus dem Felde, nachdem vorherige Verhandlungen (vielleicht über eine Teilung der Macht) gescheitert waren. Karl, der in Austrasien ja als „Rebell" galt, hatte damit die Position des östlichen Teilreichs im fränkischen Gesamtreich wieder entscheidend gefestigt.

Erst danach eröffnete er die „zweite Front" — er wandte er sich im Sommer 717 gegen die ungeliebte Stiefmutter, die weiterhin in Köln residierte und noch immer über eine große Gefolgschaft verfügte. Karl soll einen Aufstand in der Stadt angezettelt haben, der Plektrudis endgültig zur Aufgabe zwang. „Mit der Matrone Plektrud setzte er sich auseinander, holte sich listig die Schätze seines Vaters zurück und setzte sich als König den Chlothar ein", berichtet der Verfasser des *liber historiae Francorum*. Plektrud erkannte mit der Übergabe des pippinschen Schatzes die Herrschaft ihres Stiefsohns an — und mit der Einsetzung „seines" merowingischen Königs Chlothar IV. (eines

Sohnes jenes Theuderich III., den sein Vater Pippin bei Tertry geschlagen hatte) stellte Karl, wiederum von Köln aus, seinen umfassenden Herrschaftsanspruch deutlich heraus.

Karls Machtposition im austrasischen Reichsteil war fortan unumstritten. Drei Jahre später gelang es ihm, seine neustrischen Widersacher endgültig auszuschalten – anschließend ließ er sich von Chilperich II., den er in seine Hände gebracht hatte, auch offiziell zum Hausmeier Neustriens ernennen.

Von Plektrudis hören wir aus den erzählenden Quellen jener Zeit nichts mehr. Sie soll zwischen 723 und 726 gestorben sein, nachdem sie sich wahrscheinlich in ein von ihr gegründetes Kloster zurückgezogen hatte – das spätere Damenstift St. Maria im Kapitol geht wohl, entgegen der dortigen Überlieferung, nicht auf Plektrudis zurück.

10.3. Köln und die Sachsenkriege Karls des Großen

Karl Martell hatte seine letzten Regierungsjahre ohne merowingischen „Schattenkönig" amtiert; nach dem Tode Theuderichs IV. hatte er darauf verzichtet, einen neuen König einzusetzen. Seine Söhne Karlmann und Pippin der Jüngere, die das Reich seit Karls Tod im Jahre 741 gemeinsam regierten, sahen sich – angesichts innerfränkischer Unruhen und von Aufständen der Alemannen, Aquitanier und Bayern – indessen schon zwei Jahre später gezwungen, wieder einen merowingischen König einzusetzen, Childerich III., der beide als Hausmeier bestätigen musste.

Nachdem Karlmann sich als Mönch ins Kloster Monte Cassino zurückgezogen hatte, war Pippin faktisch alleiniger *princeps*. Pippin sah sich indessen durch Ansprüche eines Halbbruders und der Söhne Karlmanns in seiner Stellung bedroht – in dieser Situation richtete er 749 oder 750 eine Anfrage an Papst Zacharias „wegen der Könige im Frankenreich, die damals keine Macht hatten, ob das gut oder schlecht sei". Der von den Langobarden bedrohte Papst beantwortete, wie erhofft, die Frage mit einem deutlichen „das sei nicht gut". Daraufhin ließ sich Pippin „auf Geheiß" des Papstes in Soissons zum König der Franken erheben und von einem Bischof salben (in einer Quelle heißt es, Bonifatius, der „Apostel der Deutschen", habe ihn mit dem heiligen Öl gesalbt). Childerich wurde abgesetzt und in einem Kloster in Haft gehalten.

Von Pippin, dem ersten fränkischen König aus der Familie der Karolinger, ist nicht bekannt, ob und wann er in Köln weilte. Die Stadt spielte aber im Verlauf der Sachsenkriege und -mission des 8. Jahrhunderts eine wichtige Rolle – von hier aus sollte die Bekehrung von Friesen und Sachsen vorangetrieben werden; und so ist es nur folgerichtig, dass in den schriftlichen Quellen der frühen Karolingerzeit Mitteilungen über Amtszeiten und Wirken Kölner Bischöfe wieder zunehmen.

Schon zu Zeiten Pippins des Mittleren hatten – in der Nachfolge irischer Mönche – angelsächsische Missionare damit begonnen, die Friesen zum Christentum zu bekehren, anfangs ohne großen Erfolg. Damals gingen Christianisierung und Unterwerfung zumeist Hand in Hand. Die fränkischen Herrscher, vor allem Karl Martell, versuchten, die Friesen unter ihre Herrschaft zu bringen, während gleichzeitig Missionare aus England – an erster Stelle sei da Willibrord genannt, ein angelsächsischer Mönch aus Northumbria – versuchten, den Friesen die christliche Botschaft nahe zu bringen. Willibrord hatte ein neues Konzept der Mission entwickelt, indem er sich vom Papst mit der Missionierung bestimmter Gebiete beauftragen ließ; durch die Bindung an Rom war seine Mission – im Gegensatz zur irischen – eine „römische". Er hatte da, wo die fränkische Expansion erfolgreich war, seine größten Erfolge als Missionar. Willibrord war bei seinem Tode im Jahre 739 sozusagen „Erzbischof der Friesen".

Aus der Zahl angelsächsischer Missionare, die seit Beginn des 8. Jahrhunderts in den Randgebieten des fränkischen Reiches wirkten, ragt Winfried heraus. Geboren um 675 in Wessex, trat er seit 716 als Gehilfe Willibrords in Friesland auf. Bei einem Besuch in Rom wurde Winfried 719 vom Papst die Vollmacht erteilt, „allen im Irrtum des Unglaubens befangenen Völkern Germaniens" das Evangelium zu predigen. Nach altem christlichen Brauch gab ihm der Papst zudem den Namen des Tagesheiligen, des hl. Bonifatius, den der Angelsachse fortan ausschließlich führte, um seine Rombindung zu dokumentieren.

Seine Missionstätigkeit führte ihn zu den Hessen, Thüringern und Friesen, neben zahlreichen Klöstern, darunter Fulda, Tauberbischofsheim, Kitzingen und Ochsenfurt, gründete er die Bistümer Büraburg (bei Fritzlar), Würzburg, Erfurt und Eichstätt. Legendär ist sein Auftritt in Geismar, wo er vor den Augen Tausender Heiden die als Kultstätte hochangesehene Donar-Eiche fällte.

135. Bonifatius, der „Apostel der Deutschen": Taufe von Germanen und Märtyrertod (Buchmalerei, um 975. Universitätsbibliothek Göttingen)

In diesem Zusammenhang ist äußerst wichtig, dass Papst Zacharias im Jahre 745 beschloss, Köln zum Metropolitansitz zu erheben und Bonifatius zum ersten Erzbischof zu ernennen. Der Plan, die missionierten Gebiete in einer neuen Kirchenprovinz zusammenzufassen und Bonifatius an die Spitze des Reichsepiskopats treten zu lassen, stammte offensichtlich von Winfrid selbst.

Doch dieser großangelegte Plan scheiterte am Widerstand der fränkischen Großen, offensichtlich auch an dem der fränkischen Bischöfe – sie wollten ihre Eigenständigkeit gegenüber dem Papst gewahrt sehen. So amtierte bereits 748 mit Agilof wieder ein „einheimischer" Bischof in Köln. Sein Nachfolger Hildeger nahm dann 753 an einem Feldzug König Pippins gegen die Sachsen teil, in dessen Verlauf er bei Iburg erschlagen wurde.

Immerhin konnte Bonifatius eine Neuorientierung der Reichskirche durchsetzen, die nun stärker als bisher an Rom orientiert war. Er wurde 746 zum Erzbischof von Mainz ernannt. Als Greis wandte sich Bonifatius nochmals der Missionsarbeit zu – in Friesland wurde er im Sommer 754 mit 52 Begleitern von heidnischen Friesen erschlagen.

Was Bonifatius, der „Apostel der Deutschen", begann, vollendete Karl der Große – allerdings mit Feuer und Schwert: Er unterwarf endgültig die Friesen, und er führte unablässig Krieg gegen die Sachsen, einen lockeren Stammesverband, der in der norddeutschen Tiefebene siedelte und – wie ein Zeitgenosse notierte – „zu den viehischen Völkern ohne Religion und ohne

136. Das Reich Karls des Großen (um 800)

König" gehörte. Die Sachsen waren kein zentral organisierter Stammesverband, sondern zerfielen in regionale Teilstämme und Kultverbände.

Die „Sachsenkriege" Karls begannen 772 als Strafexpedition – und sie endeten erst 32 Jahre später, im Jahre 804. Die Unterwerfung und Christianisierung der äußerst widerständigen Sachsen wurde mit größter Härte durchgeführt. Blutiger „Höhepunkt" der Feldzüge war das Strafgericht von Verden an der Aller, wo an einem Tag des Jahres 782 mehr als 4000 Sachsen hingerichtet worden sein sollen. Karl betrachtete die zum Tode verurteilten Gefangenen als Hochverräter und Abtrünnige, da sie zu den Stammesgenossen gehörten, die sich bereits unterworfen und dem heidnischen Götzendienst abgeschworen hatten, dann aber seinen Zug über die Pyrenäen zu einem neuerlichen Aufstand ausgenutzt hatten.

Die im Gefolge der Feldzüge eingeleitete Mission litt natürlich unter diesen Rückschlägen. Erst im Jahre 804, nach einem letzten Kriegszug, galt das Sachsenland als unterworfen und befriedet. Danach wurden die eroberten Gebiete im Rahmen des Ausbaus der Metropolitanverfassung geordnet: Zwei der neuen Bistümer, Verden und Paderborn (und die später errichteten Bistümer Halberstadt und Hildesheim) wurden dem Erzbistum Mainz zugeordnet, das nun von der Schweiz (Chur) bis an den Nordseestrand reichte.

Gleichzeitig – und das ist für die Kölner Stadtgeschichte äußerst bedeutsam – wurde Köln zum Sitz eines Erzbischofs erhoben. Der Kölner Kirchenprovinz wies man die neuen Bistümer Bremen (das allerdings 864 dem Erzbistum Hamburg unterstellt wurde), Münster, Minden und Osnabrück sowie die Diözesen Lüttich und Utrecht als Suffraganbistümer zu.

Karl der Große, das sei angemerkt, hat Köln im Verlauf seiner Kriegszüge gegen die Sachsen mindestens dreimal aufgesucht – 782 und 789 setzte er mit seinem Heer bei Köln über den Rhein, erst 804 fand wahrscheinlich ein regelrechter Besuch statt.

Nach dem Ende der Sachsenkriege schrieb damals einer der höchst gebildeten Männer der karolingischen Epoche, Hrabanus Maurus, von 847 bis 856 Erzbischof von Mainz: „Die katholische Religion ist nun über den ganzen Erdkreis verbreitet."

Nicht ganz: In weniger als 50 Jahren hatten Missionare und fränkische Krieger die Grenze des Christentums zwar vom Rhein an die Elbe vorgeschoben, doch sollte es noch mehrere Jahrhunderte dauern, bis sich die christliche Religion auch in Nord- und Ostmitteleuropa durchsetzen konnte.

XI. Karl der Große und Erzbischof Hildebold

Als Köln Sitz eines Erzbischofs wurde, amtierte – seit etwa 787 – ein gewisser Hildebold als Bischof in der Stadt. Hildebold sollte einige Jahre später bereits zum Erzkaplan (*summus sacri palatii capellanus* = Vorsteher der Hofkapelle) des fränkischen Reichs berufen werden. In dieser Funktion, als Leiter der Hofkapelle, einer Institution, die zugleich die Aufgaben der königlichen Kanzlei wahrnahm, war Hildebold der erste Geistliche am Hof des Königs – und Kanzler des Reichs.

II.I. Hildebold – Priester, Kanzler, Dombauherr

In der 1499 erschienenen Koelhoffschen Chronik wird die Legende wiedergegeben, wie König Karl den einfachen Priester Hildebold zum Bischof von Köln erhoben haben soll: Nach dem Tod des Bischofs Ricolf hätten sich die Kölner nicht auf einen Nachfolger einigen können. Als man dem König, der in Aachen weilte, meldete, dass in Köln große Zwietracht herrschte, soll sich Karl entschlossen haben, den Streit persönlich zu schlichten – er ritt mit kleinem Gefolge los. Vor den Toren Kölns hörte er in einer Kapelle (man vermutet: im Krieler Dömchen) eine Messe und opferte einen Gulden. Hildebold, der Priester der Kapelle, hielt den König für einen Jäger. Er gab ihm den Gulden mit folgenden Worten zurück: „Herr, nehmt den Gulden, man opfert hier nicht mit Geld!" Da er Jäger sei, möge er ihm doch lieber die Haut des ersten erlegten Rehs schenken – als Bezug für seine Gebetbücher. Ob soviel Bescheidenheit beeindruckt, ritt der König in Köln ein. Nachdem er die streitenden Parteien angehört hatte, soll Karl erklärt haben, er werde ihnen einen neuen Bischof geben – und er ließ den Hildebold holen.

Auch wenn sich die Erhebung Hildebolds auf den Stuhl des Maternus anders abgespielt haben sollte – eines ist sicher: Hildebold verdankte sein Amt dem Frankenkönig, dem er ein Leben lang als Freund und Berater verbun-

den war. Hildebold führte den Ehrentitel *archiepiscopus* (Erzbischof) schon seit 791, als er an die Spitze der Hofgeistlichkeit berufen wurde. Nachdem die neue Kirchenprovinz gegründet worden war, war Köln nicht mehr ein Bistum an der nordöstlichen Peripherie des Reiches, seine neuen Grenzen im eroberten sächsischen Gebiet lagen nun südlich der Lippe, östlich bei Soest und Meschede. Schon im Testament Karls des Großen (aus dem Jahre 811) wurde das Bistum Köln als „eleganteste Braut Christi nach Rom" bezeichnet.

Hildebolds Name wird zudem immer wieder genannt, wenn die so genannte „karolingische Renaissance" angesprochen wird – Karl der Große selbst hatte die Reformbestrebungen eingeleitet; in allen Bereichen von Kunst und Wissenschaft wollte man im Frankenreich durch neue Normen zu Ordnung und Einheitlichkeit gelangen sowie die religiöse, sittliche und geistige Bildung von Klerus und Volk heben. Zu den Leistungen und Erfolgen der karolingischen Renaissance gehören vor allem die Reform der Schrift (mit der Einführung der karolingischen „Minuskel") sowie die der Liturgie, dazu zählte auch die Neubelebung der Buchkunst, für die etwa ein Bücheraustausch zwischen Rom und Aachen angeregt wurde.

Männern wie Hildebold und dem angelsächsischen Gelehrten Alkuin, der am Hofe Karls des Großen wirkte, ist es darüber hinaus zu verdanken, dass nicht nur die Schriften der Kirchenväter, sondern auch literarische Werke der Antike der Nachwelt überliefert sind. In der berühmten Akademie Karls des Großen nahm Hildebold den zweiten Platz ein; die Teilnehmer trugen bei einem zeremoniellen Spiel biblische und antike Namen. Hildebold wurde nach dem Hohepriester des Alten Bundes Aaron genannt und saß neben König David (Karl).

Mit Hildebold – über dessen Herkunft nichts bekannt ist, der indessen adeliger Herkunft sein musste – beginnt die Liste jener Männer, die der Erzdiözese Köln vorstanden; nach fränkischer Tradition behielt sich der König zunächst des Recht der Bischofserhebung vor, aus dem letzten Drittel des 9. Jahrhunderts stammen dann die ersten Berichte über Bischofswahlen, das heißt, „gewählt" wurde der Erzbischof von den Bischöfen der Suffraganbistümer (den Suffraganen), den *honestiores ex clerico* (dem hohen Klerus) und den *nobiliores ex populo* (hochrangigen Laien aus dem „Volk"); bei der Wahl konnte der König zugegen sein, wenn nicht, musste seine Zustimmung eingeholt werden.

Hildebold scheint schon zu Beginn seines Pontifikats größere bauliche Umbauten an der bestehenden Bischofskirche in Auftrag gegeben zu haben, unter anderem wurde der Westchor erweitert und der Chor erhielt nach Anlage eines Querhauses eine halbrunde Apsis. Um 795 wurde der Petrusaltar, der Hochaltar der Domkirche, mit Geschenken des Königs prächtig ausgestattet.

Mittlerweile ist man sich jedoch ziemlich sicher, dass unter Hildebold tatsächlich damit begonnen wurde, den großartigen karolingischen Dom zu errichten, der noch im 13. Jahrhundert als „Mutter und Meisterin aller Kirchen Deutschlands" gepriesen wurde. Es ist also richtig, was der Chronist Heinrich van Beeck in seinem – trotz bereits etablierter Kölner Druckereien – als Handschrift erschienenen Werk „Agrippina" überliefert hat: „Hildeboldus war es, der Sant Peter, den Doem zu Coeln, yrst fundierte und machen ließ."

Hildebold starb am 3. September 818. Er wurde in St. Gereon beigesetzt – vielleicht, weil in dieser Zeit intensiv an der neuen Bischofskirche gebaut wurde. Viereinhalb Jahre vorher war Karl der Große gestorben: Hildebold hatte dem sterbenden Kaiser in Aachen die Sakramente gespendet.

Erzbistum und Kurfürstentum Köln

Inwieweit die Kölner Erzbischöfe schon in karolingischer Zeit Funktionen als Vertreter des Königs ausübten und somit in gewisser Weise „Stadtherren" waren, ist mehr als unsicher. Im 9. Jahrhundert werden zwei namentlich bekannte Grafen des Kölngaues erwähnt, Emundus, der im Dom bestattet wurde, und Werinar. Beide amtierten vor 850, möglicherweise waren sie auch mit der Herrschaftsausübung in Köln betraut – im Jahre 898 wird Köln allerdings letztmalig als Teil des Kölngaues genannt.

Der erste Erzbischof, dessen Stadtherrschaft quellenmäßg fassbar ist, war Bruno I. (953 bis 965), der Bruder Kaiser Ottos I., der sein Bischofsamt mit der lothringischen Herzogswürde vereinigte. Seine Nachfolger, die in Köln zunächst unangefochten herrschten, konnten indessen als Herzöge nur ein schmales Territorium links des Rheins behaupten; einen weiteren Gebietszuwachs verzeichnete der Erzstuhl am Ende des 12. Jahrhunderts, als – nach dem Sturz Heinrichs des Löwen – Erzbischof Philipp von Heinsberg im Jahre 1180 mit der Herzogswürde in Westfalen und Engern belehnt wurde. Die kölnische Territorialmacht in Westfalen baute vor allem Erzbischof Engelbert von Berg (1216 bis 1225) aus. Die weltlichen Territorien der deutschen Erzbischöfe, die in einer Doppelfunktion auch Reichsfürsten waren, bezeichnet man als „Erzstift" – im Gegensatz zum Erzbistum, wo die Erzbischöfe die geistliche Oberhoheit ausübten.

Der Kölner Erzbischof gehörte überdies seit Mitte des 13. Jahrhunderts endgültig zum Kreis jener sieben Fürsten des Reiches, die das Recht hatten, den deutschen König zu wählen (zu küren, daher der später gebräuchliche Titel „Kurfürst"). Damals gehörte der Erzbischof zu den mächtigsten Territorialherren im Nordwesten des Reiches. Einen schweren Rückschlag im Kampf um die Vorherrschaft am Niederrhein erlitt indessen Erzbischof Siegfried von Westerburg (1274 bis 1297) in der Schlacht bei Worringen. Ein Resultat seiner Niederlage war der faktische Verlust der Herrschaft über die Stadt Köln, die sich allmählich die Stellung einer freien Reichsstadt erkämpfen sollte.

Im 14. Jahrhundert konnte schließlich der linksrheinische Gebietsstreifen des Erzstifts zwischen Kempen und Godesberg durch den Erwerb der Herrschaften Hülchrath, Linn und Uerdingen geschlossen werden. Dieses Gebiet, das die Stadt Köln umschloss, sollte später als Kurfürstentum Köln, Kurstaat oder kurz Kurköln bezeichnet werden. Bevorzugte Residenzen der Erzbischöfe/Kurfürsten waren Godesberg, Brühl und Bonn. Das Domkapitel behielt indessen seinen Sitz in Köln, ebenso die hohen geistlichen und weltlichen Gerichte des Erzstiftes. Den Anspruch auf die Stadtherrschaft über Köln haben die Erzbischöfe niemals aufgegeben.

Mit dem französischen Einmarsch ins Rheinland im Jahre 1794 deutete sich das Ende von Kurstaat und Erzbistum an – 1801, im Frieden von Lunéville, fielen die linksrheinischen Teile an die französische Republik, mit der Säkularisation der rechtsrheinischen Besitztümer endete 1802/03 die lange Geschichte von Kurköln.

II.2. Der Alte Dom

Die Datierung des Alten – oder karolingischen – Doms war in der Forschung lange Zeit heftig umstritten. Bis vor wenigen Jahren sprach sich die Mehrzahl der Historiker, Archäologen, Bau- und Kunsthistoriker für einen Baubeginn um 860/70 aus. Folgt man der oben erwähnten Chronik des Heinrich von Beeck (15. Jahrhundert) hat jedoch Erzbischof Hildebold den Grundstein zum Alten Dom gelegt. Überliefert ist, dass die Kathedrale 870 geweiht wurde. Eine Passage der Fuldaer Annalen berichtet von einem Unwetter am 15. September 857, bei dem zahlreiche Gläubige in der Kirche Schutz suchten. Als ein Blitz in das Gebäude einschlug, sollen drei Menschen zu Tode gekommen sein. Die Kirche oder große Teile von ihr müssen also bereits kurz nach der Mitte des 9. Jahrhunderts so weit ausgebaut worden sein. Der Kölner Archäologe Thomas Höltken sieht den Baubeginn des Alten Doms in Hildebolds Amtszeit auch durch Keramikfunde aus den Baugruben bestätigt.

Die Architektur des Alten Doms lässt sich einerseits durch die archäologischen Grabungsergebnisse aus mehr als 50 Jahren, andererseits auch über Schriftquellen und mittelalterliche Bilddarstellungen rekonstruieren. Die bedeutendste mittelalterliche Bildquelle ist in diesem Zusammenhang zweifellos das Widmungsbild des Hillinuscodex aus dem frühen 11. Jahrhundert.

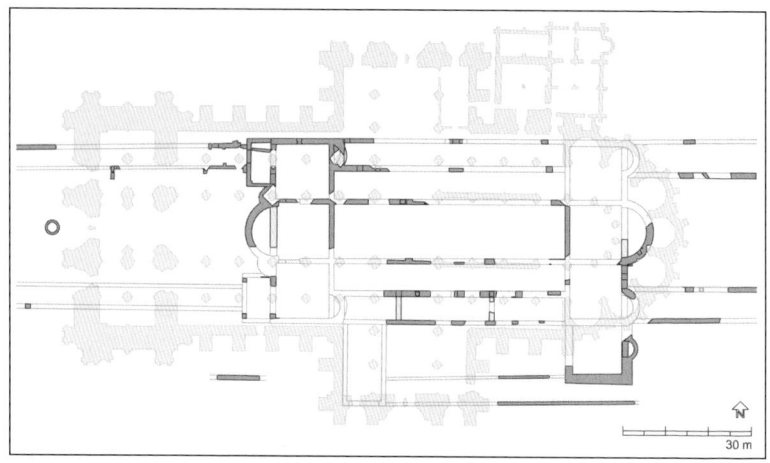

138. Grundriss/Rekonstruktion: der karolingische Dom

139. Die Ausgrabungen im Kölner Dom (1950er Jahre)

140. Ansicht des Alten Domes auf dem Widmungsblatt im Hillinuscodex (erstes Drittel 11. Jh.)

Hillinuscodex

Die Kölner Dombibliothek führt unter diesem Titel eine 422 Seiten starke mittelalterliche Bildhandschrift (Dom Hs. 12). Sie enthält die vier Evangelien des Neuen Testaments. In der Vorrede des Evangeliars wird der Kölner Domherr Hillinus als Auftraggeber benannt. Zwei Brüder – Burchard und Konrad – haben das Werk sehr wahrscheinlich auf der Bodenseeinsel Reichenau, dessen Kloster als Malschule hohes Ansehen genoss, geschaffen, obwohl die Vorrede es als Kölner Werk ausgibt. Angefertigt wurde der Hillinuscodex im ersten Drittel des 11. Jahrhunderts, vermutlich zur Zeit des Kölner Erzbischofs Pilgrim (1021 bis 1036), der enge freundschaftliche Beziehungen zum Abt des Klosters Reichenau pflegte. Nur ein Blatt dürfte tatsächlich in Köln entstanden sein: Es zeigt den Stifter Hillinus, der das von ihm gestiftete Werk dem hl. Petrus, dem Patron

Der rund 95 Meter lange karolingische Kernbau des Alten Doms war eine
dreischiffige, doppelchörige Basilika mit zwei Querarmen. Die Breite der
Querhäuser betrug etwa 41 Meter. Bis zu 7 Meter tiefe und 2,20 Meter
starke Fundamente zeugen von der gewaltigen Kirchenarchitektur. Fundamente und Mauern bestanden überwiegend aus Tuffsteinen, außerdem aus
Kalk- und Trachytsteinen sowie Grauwacken, oft in zweiter Verwendung.
Die Querarm-Ostseiten waren mit Nebenapsiden versehen. Unter der halb-
runden Ost- und Westapsis lagen ringförmige Krypten. Rundtürme flan-
kierten die Westapsis der Kirche; an der Ostapsis standen vermutlich hölzerne Türme.

Später wurden an das Westquerhaus zwei Vorhallen und ein anschließendes
Atrium angesetzt. An der Südseite der Kirche wird eine weitere Vorhalle mit
Eingangssituation vermutet. Auch an der Ostseite entstand ein Atrium. Zu
den jüngeren Umbauten gehört die Erweiterung des Langhauses zu einer fünf-
schiffigen Basilika. Die Erweiterung des Kernbaus um zwei Seitenschiffe und
andere bauliche Maßnahmen sollen laut Ruotger auf Erzbischof Bruno (953
bis 965) zurückgehen. Die Kirche des 10. Jahrhunderts hatte nachweislich
einen Boden aus roten und grünen Porphyrplatten, wie ihn auch der Hillinuscodex zeigt. Die Wände waren innen bemalt, das Dach mit Blei verkleidet.

II.3. Die erzbschöfliche Pfalz

Nach Ansicht von Historikern und Archäologen wurde die *aula regia*, das frühere römische Prätorium, bis zum späten 8. Jahrhundert von den fränkischen
Königen und ihren Statthaltern als Amtsitz genutzt. Archäologisch fehlen
für diese Annahme – wie bereits geschildert – ausreichende Beweise. Bei den
Ausgrabungen der 1950/60er Jahre wurden lediglich einige Latrinen und
Gruben mit karolingisch-ottonischer Keramik freigelegt, die auf Besiedlung
hinweisen.

Pfalzen

Der Begriff Pfalz leitet sich vom lateinischen Wort *palatium* ab. Es bezeichnet sowohl den herrschaftlichen Palast als auch den gesamten Palastbezirk. Der König verbrachte im frühen Mittelalter eine nicht unerhebliche Zeit seines Lebens im Sattel – um seine Herrschaftsansprüche in den Regionen des Reiches durchzusetzen und zu bekräftigen; man spricht in diesem Zusammenhang auch von „Reisekönigtum". Begleitet wurde er von seinem Hofstaat, d. h. seinen persönlichen Dienern, der Leibwache und wichtigen Verwaltungsbeamten. Dieser Tross, der in karolingisch-ottonischer Zeit mehrere Hundert Menschen umfassen konnte, reiste durch alle Teile des Reiches, von Pfalz zu Pfalz. In den repräsentativen Anlagen waren auskömmliche Unterkünfte für den Herrscher und sein enges Umfeld gegeben. Die Pfalzanlagen wurden von einem dichten Netz königlicher Wirtschaftshöfe mit Lebensmitteln und anderen Dingen des täglichen Bedarfs versorgt.

Seit langem wird der Amtssitz des Kölner Erzbischofs aufgrund einer Textpassage in der *vita Annonis* südlich des Alten Domes vermutet. Topographie und Geschichte dieses Platzes sind in der Tat unmittelbar mit der Baugeschichte des Alten Domes verknüpft. Der Alte Dom und die archäologischen Befunde, die dem Pfalzkomplex zugeordnet werden, lagen innerhalb der römischen Straßenfluchten und Grenzen der *insulae* in der Nordostecke der Stadt.

Südlich des Alten Domes fanden mehrfach Ausgrabungen statt: 1941 beim Bau des Dombunkers, so genannte Schnitterkundungen in den Jahren 1948/49, großflächige Untersuchungen für den Bau der Domtiefgarage (1969/70) und zuletzt 2010 für den neuen Standort des Petrusbrunnens.

Bei den Ausgrabungen des Römisch-Germanischen Museums im Winter 2010 wurde unmittelbar südlich des Domes eine nur ca. 70 Quadratmeter große Fläche untersucht. In der Südhälfte der Baugrube zeigte sich ein mächtiger, in Nord-Süd-Richtung verlaufender Mauerstumpf. Die knapp einen Meter starke Mauer war noch zwei Meter hoch, drei Meter lang, sie bestand aus wiederverwendeten Steinen und zeigte pfeilerartige Verstärkungen. Dank ihrer spezifischen Bauweise und Materialwahl war es möglich,

Mauern aus den Grabungen der 1940er bis 1960er Jahre in den Neubefund einzugliedern.

Führt man die Alt- und Neufunde zusammen, ist es möglich, südlich des Alten Domes eine große Hofanlage zu rekonstruieren, die seit der Karolingerzeit das Areal zwischen Altem Dom im Norden, der römischen Straße auf der Westseite (Parallelstraße zum *cardo maximus*), der römischen Hafenstraße im Süden und der antiken rheinseitigen Stadtmauer im Osten umfasste. Nördlich des Alten Doms verlief die römische Stadtmauer. Als man das Grundstück bebaut hat, waren die Grenzen der römischen Baublöcke *(insulae)* offenbar noch intakt und wurden auch respektiert.

Der sich in Nord-Süd-Richtung erstreckende 83 Meter lange und – in West-Ost-Richtung – bis zu 52 Meter breite Gebäudekomplex besaß vermutlich vier Flügel um einen offenen Innenhof. Die Breite der Gebäudeflügel lässt sich anhand von Indizien auf jeweils zwölf Meter rekonstruieren. Daraus ergäbe sich ein bis zu 55 Meter langer (Nord-Süd) und 25 Meter breiter (West-Ost) Innenhof. Vergleichbare Dimensionen besitzen auch andere karolingische Pfalzen. Mauerbefunde zeugen von späteren Um- und Neubaumaßnahmen am Gebäude. Bei den jüngsten Ausgrabungen wurden Wandputzfragmente mit Resten roter Bemalung freigelegt, die von der Gestaltung der Innenräume berichten.

Im Osten des Grundstücks lag eine große, offene Hoffläche mit Latrinen und Brunnen. Dieser Wirtschaftshof, der im Norden vom Alten Dom, im Westen vom karolingischen Großbau, im Süden von der Umfassungsmauer und im Osten von der römischen Stadtmauer begrenzt wurde, war mit einem festen Kiesbelag bedeckt. Möglicherweise standen dort weitere Wirtschaftsgebäude.

Der Alte Dom und der Großbau nahmen zusammen den Raum einer römischen Doppel-Insula mit etwa 20000 Quadratmeter ein. Hiervon entfallen 3600 Quadratmeter auf den Alten Dom sowie 600 Quadratmetern auf den schmalen Raum zwischen nördlicher römischer Stadtmauer und der Nordfassade des Alten Domes. Die zwischen Ostchor und rheinseitiger römischer Stadtmauer liegende Fläche, deren Nutzung nicht bekannt ist, misst 3800 Quadratmeter.

Im 11. Jahrhundert wurde dort das Stift St. Maria *ad gradus* erbaut, des weiteren Verbindungsgänge zum Alten Dom. Das mit Kiesschotter befestigte Hofareal (Wirtschaftshof) umfasste 8000 Quadratmeter, der vierflüglige Palast 4000 Quadratmeter, von denen – wenn unsere Rekonstruktion zutrifft – 1250

141. Unmittelbar südlich des Domlanghauses stießen Archäologen auf Fundamente der erzbischöflichen Pfalz aus dem 9. Jahrhundert.

142. Domhof: Fundamente der erzbischöflichen Pfalz während der Ausgrabungen 1948/49

Quadratmeter auf einen offenen Innenhof entfallen. Im Norden des großen, geschotterten Wirtschaftshofes stand, angebaut an das südliche Querschiff des Alten Domes, die im 11. Jahrhundert erstmals erwähnte erzbischöfliche Kapelle St. Johannis. Ein Vorgängerbau an diesem Platz ist nicht auszuschließen, ja wahrscheinlich. Neben der Kapelle tagte das erzbischöfliche Hochgericht.

Im Süden des Grundstücks lag nahe der Hofmauer ein Brunnen. Auf dem Hofgelände sind außerdem zwei Latrinen nachgewiesen. Verwaltungs- und Wirt-

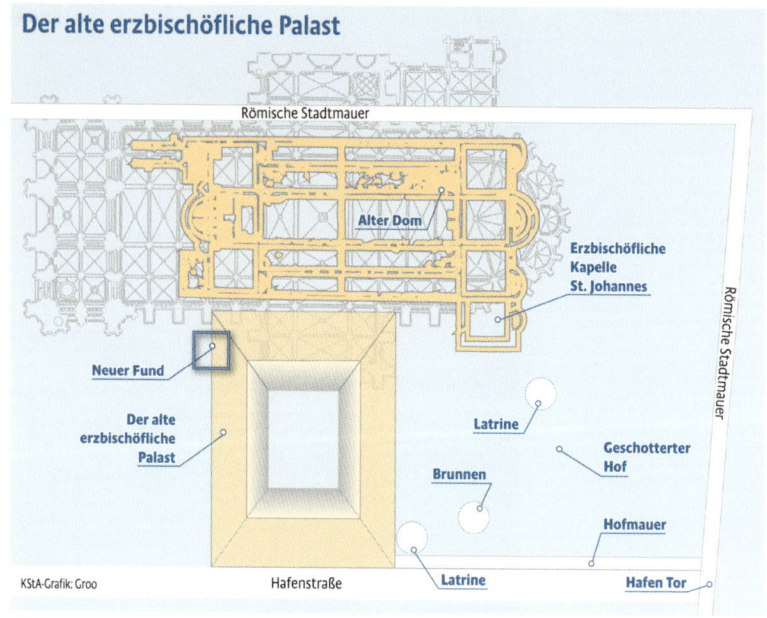

Der alte erzbischöfliche Palast

Römische Stadtmauer

Alter Dom

Erzbischöfliche
Kapelle
St. Johannes

Römische Stadtmauer

Neuer Fund

Der alte
erzbischöfliche
Palast

Latrine

Brunnen

Geschotterter
Hof

Hofmauer

KStA-Grafik: Groo

Hafenstraße

Latrine

Hafen Tor

143. Alter Dom und erzbischöfliche Pfalz: Rekonstruktion der frühmittelalterlichen Topographie im 9./10. Jahrhundert (Grafik: Natalia Groo)

schaftsgebäude der Pfalz dürften nahe der römischen Stadtmauer im Osten des Grundstücks gestanden haben. Die Entstehungszeit des Gebäudekomplexes ist aufgrund der Bautechnik und der Kleinfunde nur allgemein in die Karolingerzeit einzuordnen. Ein Zusammenhang mit dem Bau des Alten Domes drängt sich auf.

Mitte des 12. Jahrhunderts wurde entlang der Südflanke des Domhofs der neue erzbischöfliche Palast unter Reinald von Dassel errichtet. Der großartige Neubau wird 1164 erstmals in Schriftquellen genannt. Erst 1238 übertrug der Kölner Erzbischof Heinrich I. von Müllenark dann den alten Palast – mit Ausnahme der Johanniskapelle – dem Domkapitel zur Nutzung. Zu diesem Zeitpunkt müssen also noch Teile der alten Pfalz erhalten gewesen sein. Nachdem die alte Pfalz abgerissen worden war, wurde an ihrem Platz der Domhof als offene Platzfläche angelegt. Auf der Ostseite wurden über der römischen Stadtmauer feste Häuser für die erzbischöflichen Ministerialen sowie das Wohnhaus des Erzbischofs (die so genannte „Kemenate des Landgrafen") errichtet. Zwischen dem Palast Rainald van Dassels und dem erzbischöflichen Wohnhaus öffnete sich die Drachenpforte zur Gasse „Unter Gottesgnaden" und dem alten Hafenviertel.

II.4. Dombibliothek und Domschule

Zentrum der schon erwähnten karolingischen Bildungsreform, der so genannten „karolingischen Renaissance" war der fränkische Hof; in einem Rundschreiben hatte König Karl im Jahre 789 die Einrichtung von Schulen in Klöstern und an Bischofskirchen gefordert – und schon daher ist es naheliegend, dass Hildebold, der Leiter der Hofkapelle, auch in „seiner" Stadt Köln Bildungseinrichtungen ins Leben rief, nämlich Domschule und Dombibliothek.

Einige Handschriften der Dombibliothek stammen schon aus dem 6. und 7. Jahrhundert, zwölf tragen indessen Vermerke wie: *Liber sub pio patre Hildebaldo scriptus* (ein zur Zeit des heiligen Vaters Hildebald geschriebenes Buch) – man kann also davon ausgehen, dass Hildebold persönlich den Auftrag zur Anfertigung dieser Codices gegeben hat, Handschriften, die in besonderer Weise das Weltbild und das wissenschaftliche und theologische Wissen des frühen 9. Jahrhunderts widerspiegeln. Als berühmteste Handschrift der Dombibliothek, so wie sie zur Zeit Hildebolds ausgestattet war, gilt die Handschrift Nr. 83 II (abgekürzt: Dom Hs. 83 II), ein Kompendium von Zeitrechnung, Naturlehre und Himmelskunde, eines der umfangreichsten astronomisch-komputistischen (= zeitrechnerischen) Sammelwerke des Frühmittelalters. Darin ist auch eine Auswahl von Texten des Beda Venerabilis, eines angelsächsischen Benediktinermönches (673/74 bis 735), wiedergegeben, dessen übrigen Werke die Hildebold-Bibliothek ebenfalls besaß (Dom Hs. 103) – beide Handschriften wurden in einem Kölner Skriptorium angefertigt.

Die Dombibliothek nannte in der ersten Hälfte des 9. Jahrhunderts 175 Bände ihr eigen; sie sind im ältesten Katalog der Bibliothek aufgeführt, der im Jahre 833 angefertigt wurde (von diesen 175 Werken sind heute noch etwa 35 erhalten). Neben den schon erwähnten Handschriften 83 II und 103, die belegen, dass man sich in Köln frühzeitig auch mit naturwissenschaftlichen Fragen auseinandersetzte, standen für die Grammatikausbildung etwa die Lehrbücher des Donatus (4. Jahrhundert) zur Verfügung; zudem hatte man einen Band für Orthographie, Rhetorik und Dialektik angeschafft sowie ein Glossar.

Den weitaus größten Bestand der Bibliothek stellten indessen Ausgaben der Heiligen Schrift, vollständige Bibeln, Handschriften mit einzelnen Büchern des Alten Testamentes, acht Bände mit den Evangelien, schließlich die Apostelgeschichte, die Apostelbriefe und Werke der Kirchenväter, erwähnt seien die

Kommentare des Hieronymus zu den Büchern der kleinen Propheten (Dom Hs. 92), kleinere Werke des Augustinus (Dom Hs. 76) und Briefe Gregors des Großen (Dom Hs. 92). Die meisten dieser Handschriften sind wahrscheinlich in Köln kopiert worden, Hildebold hat allerdings den Auftrag zum Kopieren einer ganzen Reihe von Werken auch außerhalb Kölns vergeben. Ein dreibändiger Psalmenkommentar des Augustinus (Dom Hss. 63, 65, 67) ist im Nonnenkloster Chelles, in dem eine Schwester Karls des Großen als Äbtissin fungierte, abgeschrieben worden.

144. Kanontafel in einer Bibel aus Tours (um 860, Erzbischöfliche Diözesan- Und Dombibliothek Köln)

145. Kompendium der Zeitrechnung, Naturlehre und Himmelskunde (Köln, um 800, Erzbischöfliche Diözesan- und Dombibliothek Köln)

In kirchenrechtlichen Fragen konnte auf verschiedene Sammelschriften zurückgegriffen werden, etwa auf Dom Hs. 213, die *Collectio canonum Sanblasiana*, oder Dom Hs. 212, in der u. a. *canones* (Rechtsvorschriften) früher griechischer und lateinischer Konzilien sowie Dokumente zur Reform der merowingischen Kirche publiziert sind, etwa die Beschlüsse des Konzils von Orléans (549).

Im eingangs erwähnten Katalog aus dem Jahr 833 ist auch ein Ausleihverzeichnis enthalten, als Benutzer sind der Erzbischof und seine Verwandten genannt, dann ein Bischof Balderich, Abt Hilduin von St. Denis (der Hildebold als Erzkaplan folgte) und weitere, nicht identifizierbare Personen.

Im Allgemeinen begnügten sich die mittelalterlichen Leser mit der Lektüre von ein bis zwei Büchern pro Jahr, die indessen mehrmals gelesen wurden. In der *consuetudo* (Regel) des Benediktinerordens war festgelegt worden, dass ein Bruder, der ein ausgeliehenes Buch nicht innerhalb eines Jahres gelesen hatte, das Sündenkapitel um Vergebung bitten musste. Und der hl. Benedikt hatte verfügt: „Sonntags sollten alle lesen. Wenn ein Mönch jedoch faul ist oder zerstreut, dann sollte ihm eine andere Arbeit zugewiesen werden."

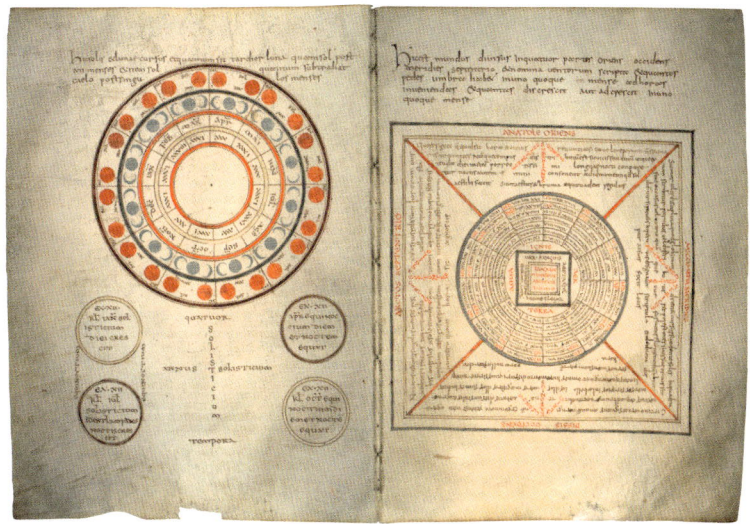

Auch die Nachfolger Hildebolds haben die Dombibliothek mit weiteren wertvollen Handschriften ausgestattet – so Erzbischof Gunthar (850
bis 863/70), der einen (Pseudo-)Ambrosius-Kommentar zum Römerbrief
(Dom Hs. 39) stiftete. Gunthars Nachfolger Willibert (870 bis 889) steuer-
te die Briefe der Päpste an die Frankenherrscher und die Bonifatiusbriefe bei,
aus dem Besitz des Erzbischofs Everger (985 bis 999) stammen die Kommentare des Hieronymus zu den kleinen Propheten. Zu den bedeutenden Werken
der Bibliothek aus späterer Zeit zählt Dom Hs. 59, die Erzbischof Friedrich
(1100 bis 1131) als Auftraggeber bezeichnet; das Besondere an dieser Handschrift, genannt das Friedrich-Lektionar, ist das gemalte Titelbild – es zeigt
den Erzbischof thronend in seiner Residenzstadt, umgeben von Kisten mit
Büchern, er sitzt also gleichsam in seiner Bibliothek.

Zu Gunthars Zeiten amtierte der erste namentlich bekannte Vorsteher der
Domschule, Meginhart von Fulda. Er war von seinem Lehrer Rudolf in Fulda,
einem Zentrum geistigen Lebens im 9. Jahrhundert, ausgebildet worden, ehe er
von Gunthar an die Kölner Schule berufen wurde; an Texten, die damals im
Unterricht der Domschule ausgiebig benutzt werden konnten, sind erwähnens-
wert Ciceros *Ad familiares*, Quintilians *Institutiones* und die Schrift des Boethius
De consolatione philosophiae, eine im Mittelalter weit verbreitete Lektüre. Meginhart
kehrte nach seiner Kölner Tätigkeit wieder nach Fulda zurück.

Erzbischof Bruno I. soll die Kölner Domschule zu neuer Blüte gebracht haben. Er war selber an einer Domschule ausgebildet worden – als Vierjährigen hatte ihn sein Bruder, der spätere Kaiser Otto I., der Schule in Utrecht anvertraut, Bischof Balderich war dort sein Lehrer. In der Amtszeit Brunos als Erzbischof (953 bis 965) sollen eine Reihe von Zöglingen die Kölner Domschule besucht haben, die später zu den bedeutendsten Bischöfen ihrer Zeit gehörten, so Eberacher von Lüttich, Theoderich von Metz, Wikfried von Verdun, Gerhard von Toul. Die Namen der Lehrer, die unter Bruno in Köln wirkten, sind allerdings nicht bekannt.

Erst Anfang des 11. Jahrhunderts, in den Amtszeiten der Erzbischöfe Heribert (999 bis 1021) und Pilgrim (1021 bis 1036), wird dann wieder ein Lehrer an der Domschule namentlich überliefert, Meister Ragimbold. Er wird in einem Gedicht, das der spätere Bischof von Brescia, der Lütticher Magister Adelmann, verfasste, geradezu hymnisch gepriesen: „Ragimbold der Kölner, ein geistesmächtiger Mann, der barbarische Ohren an die Rede der Lateiner gewöhnt, bekannt von den Burgen Roms bis zum Ozean; lange weilte er als Gast in unserem Lüttich, das der großen freien Künste Pflegestätte war." Mehr als 20 Jahre stand Ragimbold der Kölner Domschule vor, er war in erster Linie Mathematiker, ausgebildet in der berühmten Schule von Chartres.

Die Nachrichten über das weitere Schicksal der Dombibliothek sind dünn gesät – ein zweites Bücher- und Ausleihverzeichnis (aus der ersten Hälfte des 11. Jahrhunderts) nennt immerhin einige Benutzer, darunter Helias Scottus, den Abt von St. Martin und St. Pantaleon (1004 bis 1042), einen Bischof Adelboldus und Evezo, den Schulmeister von St. Kunibert. Die Äbtissin *de sanctis virginibus* (des Stiftes St. Ursula) entlieh ein Werk von Terentius, ansonsten sind hauptsächlich Bücher genannt, bei denen es sich wahrscheinlich um Neuanschaffungen handelte, so Texte von Vergil, Lukan und Horaz, die im Schulunterricht benutzt wurden.

Wo die Bibliothek im Mittelalter untergebracht war, lässt sich mit Bestimmtheit nicht sagen. Erst in einer Urkunde aus dem Jahre 1261 ist überliefert, dass sich die Dombibliothek „im alten Turm" an der Nordseite des neuen Doms (in der Trankgasse) befand, man vermutet, in einem bescheidenem Raum, in dem die Bücher in Schränken oder Kästen *(armarium)* aufbewahrt wurden.

XII. Funde aus der Karolinger- und Ottonenzeit in der Rheinstadt

Die Funde und Befunde des 8. bis 10. Jahrhunderts konzentrieren sich auf das etwa 40 Hektar große Areal zwischen Hohe Straße und Rheinufer; westlich der Hohe Straße nimmt die Zahl der Funde deutlich ab. Die Fundverteilung macht deutlich, welchen Wert der Rhein als eine der bedeutendsten Verkehrswege für den Menschen des Frühmittelalters hatte.

12.1. Ausgrabungen im Bereich von Philharmonie/Museum Ludwig

Bereits 1978/79 kamen bei den Ausgrabungen in der Bischofsgartenstraße – auf dem Grundstück der Philharmonie und des Museums Ludwig – zahlreiche frühmittelalterliche Gruben zutage. Der Ostteil des Grundstücks liegt über der alten Rheininsel, der Westteil über der alten Nebenrinne des Rheins. Die Ausgrabungen fanden damals unter erschwerten Bedingungen statt: Zum einen behinderte das hohe Grundwasser die Geländearbeiten, zum anderen – damals gab es noch kein modernes Denkmalschutzgesetz – war die Zeit für die Grabungsarbeiten viel zu knapp bemessen. Darunter litt vor allem die Dokumentation der mittelalterlichen Befunde; immerhin gelang es den Archäologen, einige karolingische Gruben zu dokumentieren und deren Fundmaterial zu bergen. Frühmittelalterliche Hausgrundrisse wurden damals nicht nachgewiesen, doch ist dies zweifellos auf die schwierigen Grabungsbedingungen zurückzuführen. Damals ahnte man noch nicht, dass mit diesen Gruben Teile der karolingerzeitlichen Stadt über der mit Erde und Abfall gefüllten Flussrinne freigelegt wurden.

12.2. Karolingerzeitliche Händler und Handwerker am Heumarkt

Auf dem Heumarktgelände änderte sich die Siedlungsstruktur am Ende der Merowingerzeit. Im Bereich der 6000 Quadratmeter großen Grabungsfläche wurden mindestens acht rechteckige Grundstücke abgesteckt, die bis

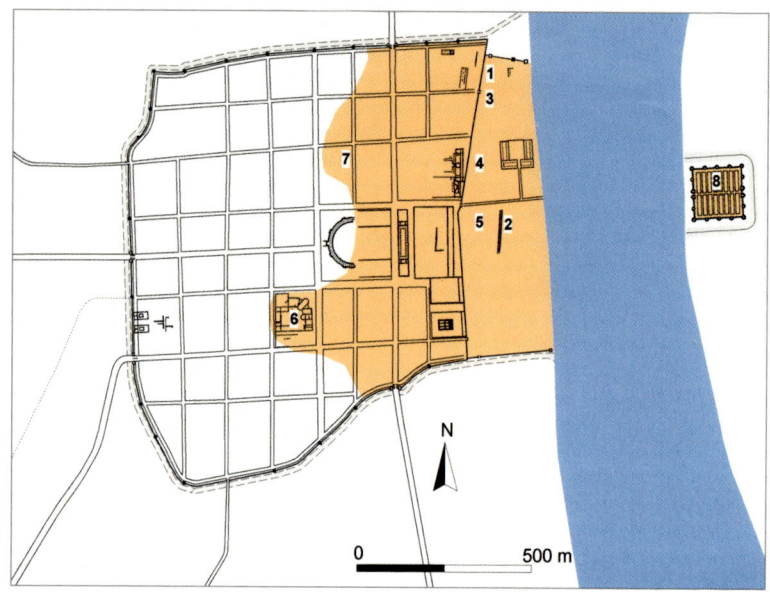

146. Siedlungsfläche und Fundorte innerhalb der antiken Stadtmauern, 8. bis 10. Jahrhundert (1 Bischofsgartenstraße, 2 Heumarkt, 3 Kurt-Hackenberg-Platz, 4 Alter Markt, 5 Martinstraße, 6 Josef-Haubrich-Hof, 7 Kolumba)

zur Gründung des ersten Marktes – um die Mitte des 10. Jahrhunderts – Bestand hatten. Die frühmittelalterlichen Parzellen lagen nördlich und südlich einer in West-Ost-Richtung verlaufenden Straße, deren Wurzeln in die Frühzeit der fränkischen Besiedlung zurückreichen. Die in Richtung Hafenlände führende Straße wurde in karolingischer Zeit auf 4,40 Meter verbreitert und mit einer Schüttung aus grobem Kalkstein-, Sandstein-, Trachyt-, Tuff- und Ziegelbruch neu befestigt. Parallel zu den Straßenrändern verliefen Flechtwerkzäune, von denen hölzerne Staken (Durchmesser: 10 Zentimeter) in Abständen von weniger als 20 cm erhalten waren. Abwassergräben gab es zu dieser Zeit noch nicht; Oberflächen- und Schmutzwasser versickerten im Pflaster.

Die Menschen, die dort lebten, waren überwiegend spezialisierte Handwerker und Händler. Sie suchten die Nähe zum Rheinhafen, wo sich vermutlich – wie zum Beispiel in Mainz – dicht gedrängte Anlegeplätze mit Lager- und Ladenlokalen entlang einer Uferstraße reihten, an denen Waren für den Schiffstransport geladen und entladen werden konnten.

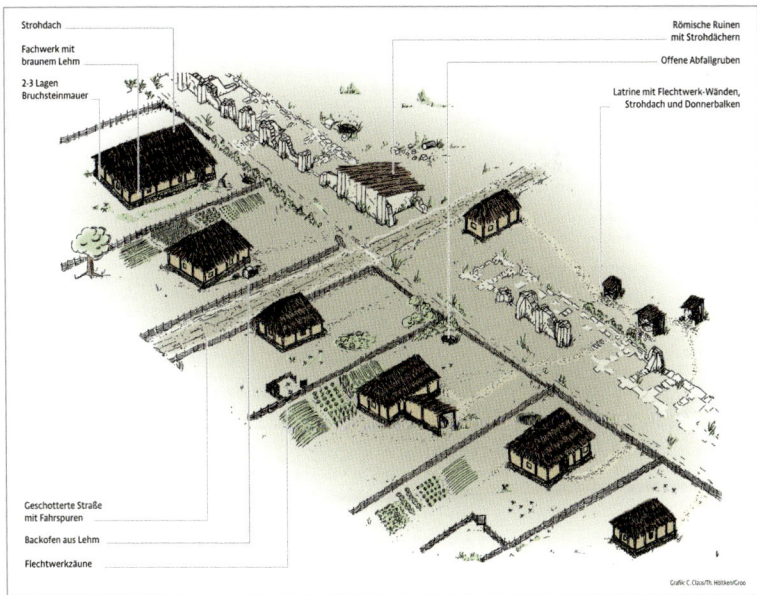

147. Köln, Bischofsgartenstraße: Ausgrabungen in der Baugrube von Museum Ludwig und Philharmonie 1978/79

148. Heumarkt: Rekonstruktion der karolingischen Siedlung (Grafik: Natalia Groo)

149. Heumarkt: Sockelmauern und Unterlegsteine
eines Hauses (9./10. Jh.)

Als Wohn-, Werkstatt- und vielleicht auch Stallhäuser dienten in Köln
meist in West-Ost-Richtung gebaute, ebenerdige Häuser. Nachgewiesen
wurden Reste von mindestens 35 Grundrissen von Häusern, die jedoch nicht
alle gleichzeitig existiert haben. Die für maximal zwei Generationen nutzbaren Fachwerkbauten sind Zeugnisse der etwa 250 Jahre währenden Besiedlung (spätes 7. bis Mitte 10. Jahrhundert). Immer wieder mussten Häuser
repariert oder vollständig neu errichtet werden. Im Laufe der Zeit lassen sich
unterschiedliche Bautechniken beobachten. Die Häuser des 9. und 10. Jahrhunderts waren meist als reine Pfostenbauten oder als Ständerbauten konstruiert. Bei den Ständerbauten bestehen die Sockelmauern – in Lehm- oder
Mörtelbindung – aus wiederverwendeten römischen Architekturteilen (unter
anderem Säulenfragmente) oder Tuffhandquadern, ohne Mörtel aufeinan-
dergesetzt. Teilweise wurden noch aufrecht stehende römische Mauerzüge in
die fränkischen Bauten einbezogen. Auf den so konstruierten Sockelmauern
standen Wände aus Fachwerk.

Reine Steinarchitektur gab es bis zur Jahrtausendwende im privaten Hausbau nicht. Steinarchitektur beschränkte sich in dieser Zeit auf Kirchen-,

150. Heumarkt: die mit römischen Dachziegeln gepflasterte Herdstelle eines Hauses (erste Hälfte 10. Jh.)

151. Heumarkt: Säuglings- grab in einem Haus aus der ersten Hälfte des 10. Jahrhunderts

Kloster- und Feudalarchitektur. Vollständige Grundrisse waren nicht er- halten; nachweisen lassen sich Gebäudelängen von bis zu 13 Meter und etwa 8 Metern Breite. Die Häuser waren im Inneren durch Wände mit Pfos- tensetzungen in Räume aufgeteilt; auf den Böden lag Stampflehm. Einige

Häuser besaßen offene Herdstellen, die mit römischen Dachziegeln verkleidet waren.

Im Umfeld der Häuser lagen zahlreiche Latrinen, in denen die Bewohner Fäkalien und Hausabfälle entsorgt haben. Die Latrinengruben waren maximal 1,80 Meter breit, teils senkrecht in den Boden gegraben und bis zu 4,70 Meter tief. Das durchschnittliche Fassungsvermögen betrug sechs bis acht Kubikmeter. Man geht davon aus, dass solche Latrinen maximal zehn Jahre lang genutzt werden konnten. Hinweise auf eine Reinigung der Latrinen gibt es nicht. War eine Grube voll, wurde sie mit Erde und Bauschutt versiegelt und einen neuer Schacht gegraben.

Dies zeigt auch der archäologische Befund: Auf der Sohle der Latrinen aus der Heumarktgrabung lagen im Regelfall organisch durchsetzte Schichten, oft mit zentimeterdicken Kirschkernlagen, die auf Saft- oder Musherstellung zur Vitaminversorgung hindeuten. Die botanischen Reste zeigen, dass auf den Hofgrundstücken Gartenbau betrieben wurde. Möhren, Mohn, Dill, Koriander und Bohnenkraut wurden angebaut. In häuslichen Obstgärten wuchsen Birnen, Süßkirschen, Erdbeeren, Schlehen, Brombeeren und Himbeeren. Fruchthirse aus Latrinen könnte auf Hühnerfutter zurückzuführen sein.

Nördlich der West-Ost-Straße und westlich der römischen Ruinen lag ein Areal, das offenbar nicht überbaut war und auf dem mindestens zwölf Latrinen der ersten Hälfte des 10. Jahrhunderts lagen. Allem Anschein nach bot die römische Mauer Sichtschutz vor neugierigen Blicken, so dass es den Anliegern möglich war, dort diskret Abfälle und Fäkalien zu entsorgen.

Aus dem karolingischen Siedlungsgelände stammen zahlreiche Keramik- und vereinzelte Glasfunde sowie interessante Metallfunde, die vom Leben der Menschen berichten. Den größten Anteil am Fundbestand bildet — wie immer — die Gefäßkeramik, die überwiegend in den regionalen Töpfereizentren hergestellt wurde.

Badorf, Pingsdorf, Walberberg: Töpfereien im Vorgebirge

Seit dem frühen Mittelalter wurden die ertragreichen Ton- und Sandvorkommen des Vorgebirges (Ville), eines 60 Kilometer langen Höhenrückens zwischen Rhein und Erft, von örtlichen Töpfereien genutzt. In den Ortschaften Badorf, Pingsdorf und Walberberg, heute Ortsteile der Stadt Brühl, entwickelten sich mittelalterliche Zentren der Keramikproduktion, deren Produkte in große Teile Deutschlands und Europas verkauft wurden. Andere Produktionsstätten griffen die im Vorgebirge entwickelten Verfahren im Laufe der Zeit auf und fertigten eigene Gefäßserien nach rheinischen Vorbildern.

Der Kölner Markt dürfte als Umschlagplatz der Keramik eine wesentliche Rolle gespielt haben. Von Köln aus wurden die Gefäße

152. Heumarkt: Amphore Pingsdorfer Machart (Höhe 40,7 cm, Mitte 10. Jh.)

in großen Serien per Schiff vor allem bis zur Nordseeküste transportiert. Da die Töpferöfen gewaltige Mengen Brennholz verschlangen, entstanden im Laufe des Mittelalters große Rodungsflächen.

Von allen Keramikzentren sind eine große Zahl von Brennöfen und Abfallgruben mit Fehlbränden sowie Töpfereiabfällen bekannt. Das Formrepertoire der Töpfereien umfasste Tisch-, Koch- und Vorratsgefäße sowie Baukeramik. Die Unterschiede der Keramikwaren sind oft nur von Spezialisten zu erkennen und unterscheiden sich nur in der Art ihrer Keramikmagerungen. Für das 8. bis mittlere 9. Jahrhundert sind Gefäßverzierungen mit Rollstempel typisch. Im letzten Viertel des 9. Jahrhunderts tauchen dann Gefäße mit roter Bemalung in großen Serien auf. Typisch für die rheinische Keramikproduktion sind auch große Vorratsgefäße, so genannte Reliefbandamphoren und Pingsdorfer Amphoren. Meist haben sie bis zu drei Randhenkel und eine kurze Ausgusstülle.

Bis in das 12. Jahrhundert hinein sind rot bemalte Gefäße aus zahllosen Fundkomplexen bekannt. Am Ende ihrer Entwicklung sind die Gefäße fast steinzeugartig hart gebrannt und von dunklerer Farbe, so dass sich die rote Bemalung kaum noch erkennen lässt. In den Jahren um 1200 wird die Pingsdorfer Ware von den „Faststeinzeug-Gefäßen" vom Markt verdrängt. Die Töpfereien in Siegburg nehmen in der Folge eine marktbeherrschende Stellung ein.

In größerer Menge wurden einfache Bronze- und Zinnfibeln, teilweise mit Emaileinlagen und in ganz unterschiedlichen Formen gefunden, die in großen Serien als Massenprodukte aus Blei, Zinn und Bronze auf Vorrat gegossen und von Händlern verkauft wurden. Außerdem lassen sich Riemenzungen von Schwertgurten nachweisen, wie sie beispielsweise auf dem berühmten Stuttgarter Psalter aus dem 9. Jahrhundert dargestellt sind. Auch gespielt wurde in der frühmittelalterlichen Siedlung, und zwar nicht nur von Kindern. Spielsteine aus Knochen, Stein und Glas gehören zu beliebten Brettspielen wie Trictrac.

Neben Landwirtschaft und Fischfang spielten Handel und Gewerbe auch in der Karolingerzeit eine entscheidende Rolle im Leben der Menschen. Mindestens zwei Öfen zeugen von handwerklicher Produktion. Ein großer rechteckiger Ofen mit 2 x 1,70 Meter großem Brennraum und Arbeitsgrube war in den Boden eingegraben. Obwohl keine Produktionsreste gefunden wurden, dürfte es sich am ehesten um einen Glasofen handeln. Bereits seit der Merowingerzeit

153. Kampf Davids gegen Goliath: Beide tragen karolingerzeitliche Waffen — Schwert, Flügellanzenspitze und Schildbuckel (Stuttgarter Psalter, um 820/30, nach E. Wamers, 2005)

154. Heumarkt: Riemenbeschläge von Schwertgurten (Bronze, zum Teil vergoldet, Länge bis 3,3 cm, 8. Jh.)

155. Heumarkt: Aus Bruchsteinen gemauerter Ofen eines Handwerkerhauses (erste Hälfte 10. Jh.)

156. Heumarkt: durchbohrter Probierstein aus schwarzem Kieselschiefer (Länge 7,3 cm)

wurden Eisen und Buntmetalle verarbeitet. Schlacken und Gusstiegelfragmente sind Zeugnisse handwerklicher Produktion.

Ein Händler hat wohl einen Probierstein aus schwarzem Kieselschiefer verloren, der am oberen Ende durchbohrt ist. Der Probierstein wurde zur Prüfung des Feingehaltes von Gold mittels Abstrich benutzt. Als archäologische Funde treten Probiersteine seit der Merowingerzeit häufiger auf. Probiersteine waren spätestens seit der Antike ein wichtiges Hilfsmittel von Fein- und Goldschmieden, Händlern oder auch Münzmeistern. Mehrere bronzene Schreibgriffel *(stilus)* zeigen, dass zumindest Händler des Lesens und Schreibens mächtig gewesen sein müssen.

211

157. Kurt-Hackenberg-Platz: Sockelmauern aus Steinen in Zweitverwendung (Ecksituation eines Hauses, 9./10. Jh.)

158. Kurt-Hackenberg-Platz: Stampflehmboden eines frühmittelalterlichen Hauses während der Freilegung, am rechten Bildrand verläuft ein mit Bruchsteinen geschotterter Weg (9./10. Jh.).

Die Heumarktbefunde lieferten für Köln erstmals konkrete Vorstellungen vom Aussehen der Häuser vom 8. bis 10. Jahrhundert. Blättert man in früheren, oft sehr knapp gehaltenen Grabungsberichten, die vor allem während der Altstadtsanierung in den 1930er Jahren niedergeschrieben wurden, so begegnen einem an vielen Stellen Hinweise auf römische Werksteine, Stampflehmböden, die zusammen mit Vorgebirgskeramik beobachtet wurden. Und auch frühmittelalterliche Gruben und Latrinen sind vielfach angeschnitten worden. Detaillierte Informationen zum archäologischen Befund lassen diese Berichte nur im Ausnahmefall zu. In der Summe zeigen sie aber, dass die gesamte östliche Innenstadt inklusive der vom Hochwasser bedrohten Rheinniederung bebaut war.

12.3. Ausgrabungen beim Bau der „Nord-Süd Stadtbahn"

Bei den jüngsten Ausgrabungen auf dem Kurt-Hackenberg-Platz, unmittelbar südlich der Baugrube Museum Ludwig, wurden die Heumarktbefunde erneut eindrucksvoll bestätigt. Zwischen 2004 und 2009 kamen auf

fast 3000 Quadratmetern Hausgrundrisse und Latrinen des späten 8. bis 10. Jahrhunderts zutage, aus denen sich die erzbischöfliche Immunität und die mittelalterliche Hafenstadt entwickelt haben. Das Gelände über der alten Hafenrinne war zuvor für rund 500 Jahre nicht bebaut gewesen, vermutlich infolge der schwierigen Baugrundverhältnisse. Die Intensität der um 800 einsetzenden Geländeerschließung lässt eigentlich nur den Schluss zu, dass der gesamte Bereich zwischen Rhein und Hohe Straße ansonsten bereits vollständig parzelliert und überbaut war. Auf der Suche nach geeignetem Bauland musste man auf bis dahin nicht genutzte Brachen ausweichen, so auf die alte, seit Jahrhunderten verfüllte Rheinrinne.

Das Quartier wurde durch ein rechtwinkliges Netz bis zu sechs Meter breiter, bruchsteingeschotterter Straßen erschlossen. Die Häuser glichen denen am Heumarkt zum Verwechseln: Über Sockelmauern aus wiederverwendeten römischen Werksteinen und Tuffsteinquadern ruhten Fachwerkwände. Fußböden waren mit Stampflehm bedeckt. Die Hausgrundrisse waren auch hier nicht vollständig erhalten; Längen von bis zu 12,50 Meter und Breiten von bis zu sechs Metern wurden dokumentiert. Wie am Heumarkt war in einem Haus ein Kleinkind beigesetzt worden.

Neben den Häusern lagen zahlreiche Latrinen und Gruben, die große Mengen organischer Relikte enthielten, darunter wiederum auffallend viele Kirschkerne. Dank der Feuchtböden hatten sich in einigen Latrinen hölzerne Einbauten

159. Kurt-Hackenberg-Platz: In den vom Rheinwasser getränkten Erdschichten hatte sich eine Fasslatrine des 9. Jahrhunderts vorzüglich erhalten.

konserviert. In eine Latrine war ein Eichenholzfass eingelassen, das dendrochronologisch in die Jahre um 805 datiert; eine andere war mit Eichenhölzern ausgekleidet, die um 825 geschlagen und verbaut wurden.

Auch das Quartier am Kurt-Hackenberg-Platz war handwerklich ausgerichtet. Fragmente von Ofenwandungen, Buntmetallschlacken und zahlreichen tönernen Gusstiegelbruchstücken belegen Metallverarbeitung. Von der karolingischen Glasproduktion berichten über 100 Fragmente von Glashäfen. Die kleine Zahl von Produktionsrückständen dürfte – wie am Heumarkt – auf das Recycling von Glasabfällen zurückzuführen sein. Die Glasverarbeitung scheint eine wesentliche Rolle gespielt zu haben, da sich die Befunde vom Kurt-Hackenberg-Platz zumindest bis in die Straße Am Domhof, südlich des Verwaltungsgebäudes des Römisch-Germanischen Museums, verteilen.

Die frühmittelalterliche Siedlungsfläche hat eine Vielzahl von Kleinfunden erbracht, die noch nicht vollständig gesichtet sind. Unter den rund

160. Kurt-Hackenberg-Platz: Gusstiegel zeugen von spezialisierten Handwerkern in der Nähe des Rheinufers (9./10. Jh.)

161. Kurt-Hackenberg-Platz: ein aus Knochen geschnitzter einreihiger Kamm (9./10. Jh.)

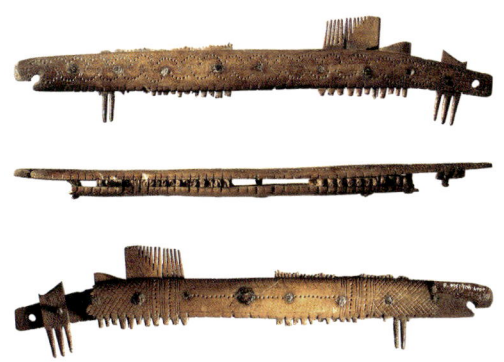

60000 Kleinfunden des 8. bis 10. Jahrhunderts nimmt die Vorgebirgskeramik eine dominierende Stellung ein. Interessant sind eine größere Anzahl Scherben von so genannten Taitinger Kannen, die von der Nordseeküste und Skandinavien bis zum Mittelrheingebiet verbreitet sind. Es ist der erste größere Nachweis dieses außerordentlich beliebten Tafelgeschirrs für Köln.

Die frühmittelalterliche *Colonia* lag im Schutz der römischen Stadtmauer. Im frühen Mittelalter beschränkte sich der Ausbau der Verteidigungsanlagen auf die Uferzone am Rhein. Auf Höhe der spätrömischen Schenkelmauern, mit denen man das alte Ufergelände im Norden und Süden gesichert hatte, wurden in karolingischer Zeit neue Gräben ausgehoben. Eine Quelle aus der Zeit vor 948 erwähnt die *fossa civitatis*. Bei Ausgrabungen in der Trankgasse wurde 2007 ein in West-Ost-Richtung, zum Rhein ausgerichteter mindestens 3,50 Meter breiter und 2,50 Meter tiefer Graben auf über 40 Meter Länge nachgewiesen. Zur Stadtinnenseite sind Wälle mit Palisaden zu ergänzen. Vielleicht handelt es sich um den vor 988 urkundlich überlieferten *murus Rheni*.

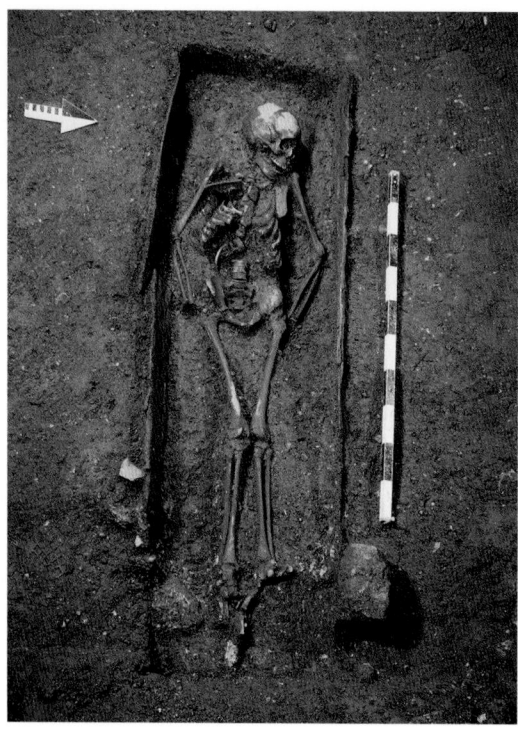

162. Alter Markt: karolingerzeitliche Bestattung. Dank der Feuchtböden waren die Bretter des Holzsarges vorzüglich erhalten (um 900).

Auch südlich des Kurt-Hackenberg-Platzes lässt sich eine karolingische wie ottonische Besiedlung über der alten Rheinrinne nachweisen, zumindest bis auf Höhe der Martinstraße, das heißt auf einer Länge von mindestens 650 Metern. Im Süden des Alter Markt entstand über den Füllschichten des alten Hafens in den letzten Jahren des 9. Jahrhunderts ein Friedhof auf mindestens 800 Quadratmetern Fläche. In vier Gräbern hatten sich in den von Grundwasser gesättigten Erdschichten Eichenholzsärge erhalten, deren Analyse die Fälldaten der Hölzer zwischen 890 und 910 ergab.

Anschließend wurde der Friedhof aufgegeben und darüber eine Kiesschotterschicht planiert: Den Alter Markt nannten die Bewohner damals ganz einfach *forum*. Zwei Generationen später wurde dieser Markt in südliche Richtung um den späteren Heumarkt erweitert, der 992 als *mercatus Colonie* bezeichnet wird. Und der Alter Markt wurde im Lauf der Zeit immer wieder mit Erde erhöht, die Infrastruktur somit ständig verbessert. Der älteste Brunnen auf dem Alter Markt ist dendrochronologisch um das Jahr 1005 datiert worden.

216

163. Alter Markt: der älteste Brunnen am Alter Markt (um 1000)

Anlässlich des Baus der Kölner „Nord-Süd Stadtbahn" fanden auch in der Martinstraße – auf dem Grundstück des ehemaligen Kaufhauses Kutz – Untersuchungen statt. Da das Grundstück bis zum Zweiten Weltkrieg tief unterkellert war und man unterirdische Zisternen zusätzlich in den Boden eingelassen hatte, waren die mittelalterlichen Schichten schlecht erhalten. Unter den jüngeren Erdeinbauten stießen die Archäologen in rund acht Metern Tiefe auf einen rechteckigen Brunnenkasten von rund zwei mal 1,50 Meter aus Eichenholz. Die Holzeinbauten ließen sich noch rund zwei Meter tiefer nachweisen, ohne dass die Brunnensohle erreicht werden konnte. Die Untersuchung der Hölzer ergab ein Fälldatum um 860.

XIII. Köln in der späten Karolingerzeit

Nur wenige Jahre nach dem Tod Karls wurde das Frankenreich erneut von Bruderkämpfen erschüttert. Hildebold hatte in seinen letzten Jahren das Programm der Berater Ludwigs des Frommen, des Nachfolgers des großen Kaisers, mitgetragen, das auf eine von Erbfällen unabhängige Einheit des Frankenreiches abzielte. Ludwig hatte 817 in der *ordinatio imperii* zwar eine abgestufte Teilung der Herrschaft unter seine drei Söhne Lothar I., Pippin und Ludwig verfügt, allerdings unter seiner Oberhoheit. Ludwigs Erstgeborener Lothar wurde nun zum Mitkaiser ernannt.

13.1. Die Nachfolger Karls des Großen

Bis zu seinem Tod im Jahre 818 blieb Hildebold Vorsteher der Hofgeistlichkeit.

Seinem Nachfolger in Köln, Hadebald (der möglicherweise ein Verwandter Hildebolds war), wurde dieses Amt nicht übertragen. Über Hadebalds Wirken in Stadt und Diözese ist nicht viel bekannt, er versuchte indessen, sich aus den Streitigkeiten und Kämpfen innerhalb des karolingischen Hauses herauszuhalten, die seit etwa 830 das Frankenreich erschütterten.

Die Söhne Ludwigs hatten sich gegen den Vater erhoben, nachdem dieser die *ordinatio imperii* zugunsten seines Sohnes aus zweiter Ehe, Karl (später *der Kahle* genannt), ändern wollte. Ludwig, von den Großen des Reichs verlassen, wurde in Haft genommen. Nach seinem Tod im Jahre 840 beanspruchte dann Lothar unter Berufung auf seine kaiserliche Würde die Oberhoheit über die Teilreiche seiner Brüder Ludwig und Karl – der war an die Stelle des 838 gestorbenen Pippin getreten. Trotz früherer Gegensätze verbündeten sich nun Ludwig, genannt *der Deutsche*, und Karl gegen den Bruder – es gelang ihnen, ihre Heere zu vereinigen und Lothar in der Schlacht bei Auxerre zu besiegen. Die Schlacht soll ein schlimmes Gemetzel gewesen sein, noch Jahr-

zehnte später führte der Chronist
Regino von Prüm den Niedergang
des karolingischen Reiches darauf
zurück, dass in dieser Schlacht zahllose fränkische Große ums Leben
gekommen seien.

Karl *der Kahle* und Ludwig *der
Deutsche* besiegelten ihr Bündnis
durch die berühmten Straßburger
Eide – die Könige versprachen sich
vor ihren Heeren gegenseitige Treue
und Hilfe gegen Lothar, Karl leis-
tete seinen Schwur gegenüber den
ostfränkischen Gefolgsleuten seines
Bruders in „deutscher Sprache" *(Ka-
rolus in theodisca lingua)*, so der Chronist
Nithard, Ludwig befleißigte sich des
„Romanischen" *(Ludhuvicus in lingua*

164. Kaiser Lothar I. (840 bis 855), der älteste Sohn Ludwigs des Frommen (Buchmalerei,
Tours, um 849, Paris, Nationalbibliothek)

Romana). Die von Nithard wörtlich überlieferten Eide sind frühe Zeugnisse
der altdeutschen und altfranzösischen Sprache.

Die Bruderkämpfe fanden dann 843 im Vertrag von Verdun erst einmal
ein vorläufiges Ende – das Reich wurde unter den drei Brüdern geteilt. Ludwig *der Deutsche* erhielt die ostfränkischen Länder, die *Francia orientalis*, Karl
bekam Westfranken, *die Francia occidentalis* jenseits von Maas und Rhone; zwischen den Herrschaftsbereichen Karls im Westen und Ludwigs im Osten
lag – mit den beiden Hauptorten Rom und Aachen – die *Francia media*, das
so genannte „Mittelreich" Lothars, das sich als schmaler Gebietsstreifen von
der Nordseeküste bis nach Unteritalien erstreckte.

Köln gehörte mit diesem Vertrag zum lothringischen Mittelreich – das
im Jahre 855, nach dem Tode Kaiser Lothars I., erneut geteilt wurde:
Italien und der Kaisertitel fielen an den ältesten Sohn Ludwig II., ein
Bruder namens Karl erhielt Südburgund und die Provence, der nördliche Teil, von Friesland bis Burgund, unterstand nun Lothar II., dessen
Herrschaftsgebiet nun *regnum Lotharii*, später gemeinhin als Lothringen,
bezeichnet wurde.

Regnum Lotharii, Lotharingien, Lothringen

Die Geschichte Lothringens beginnt mit dem Karolinger Lothar II., dem im Jahre 855 der nördliche Teil des so genannten „Mittelreichs" zugewiesen wurde. Lothars Machtbereich erstreckte sich vom nördlichen Burgund bis an die friesische Nordseeküste. Nach seinem Tod wurde das *regum Lotharii* zwischen dem Ost- und Westfrankenreich aufgeteilt, ehe es – nach dem Zwischenspiel Zwentibolds als König dieses Reiches – 925 endgültig an das ostfränkische Reich fiel. 936, bei der Thronbesteigung Ottos I., gehörte das nun *Lotharingia* genannte Gebiet zu den fünf „Stammesherzogtümern", die das ostfränkische Reich bildeten – Franken, Bayern, Schwaben und Sachsen sowie eben Lotharingien. Für einige Jahre war Erzbischof Bruno (953 bis 965) Herzog von Lotharingien; er teilte das Herzogtum im Jahre 959 und ernannte zwei seiner Helfer zu Herzögen, Friedrich für den südlichen Teil (das spätere Oberlothringen), Gottfried für den Norden (das spätere Niederlothringen). 1033 kam es noch einmal zu einer Wiedervereinigung der beiden Herzogtümer. Der Name Lotharingien sollte – nach dem allmählichen Zerfall des niederlothringischen Amtsherzogtums im 12. Jahrhundert – später nur noch für Oberlothringen gelten, nämlich für das Herzogtum Lothringen des Hoch- und Spätmittelalters, das seit 1047 von Mitgliedern des Hauses Elsass regiert wurde (bis 1431). Es umfasste längst nicht mehr alle Territorien Oberlothringens; die Bistümer Metz, Toul und Verdun und einige Grafschaften, darunter Luxemburg und Bar, hatten sich zu eigenständigen Territorien entwickelt.

Lothringen erstreckte sich aber immerhin von der Obermosel über den Raum Nancy bis an die Saar. Aus *Lotharingia* wurde schließlich im Sprachgebrauch der Lothringer *Lorraine* – weil die Mehrheit der Bevölkerung dieses Raumes frankophon war. Erst im 18. Jahrhundert, genau genommen im Jahre 1766, fiel das „deutsche" Herzogtum Lothringen, das mittlerweile von französischen Territorien „eingekreist" war, an das Königreich Frankreich.

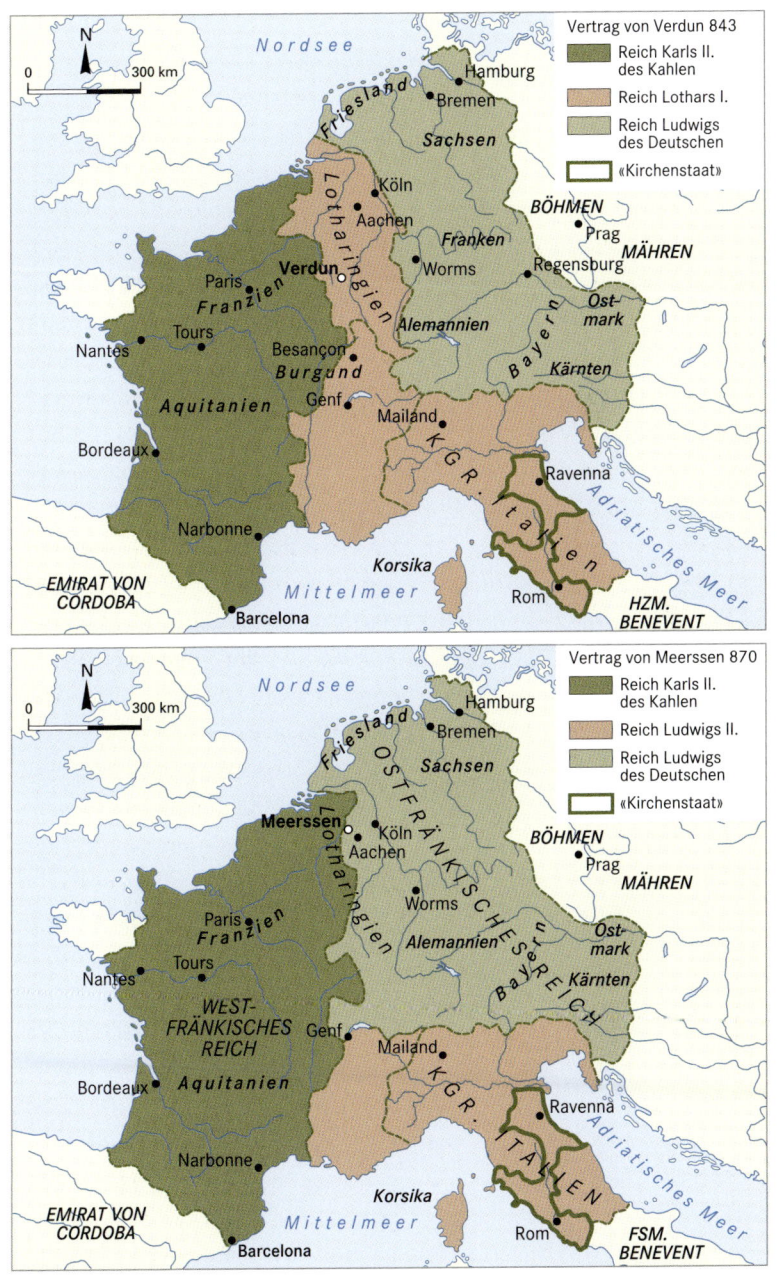

165. Die fränkischen Reichsteilungen im 9. Jahrhundert

Lothar II. sollte über Jahre hinweg einen „Ehestreit" mit der Kirche führen – er wollte sich von seiner Gemahlin Theutberga scheiden lassen und eine frühere Verbindung mit Waldrada, mit der er mindestens vier Kinder hatte, legalisieren lassen. In diese Auseinandersetzung ließ sich auch der Kölner Erzbischof Gunthar verwickeln.

Gunthar war im Jahre 850 zum Nachfolger des schon erwähnten Hilduin bestimmt worden. Hilduin, Abt von St. Denis und Erzkaplan Ludwig des Frommen, wird in einigen Bischofslisten nicht geführt, er hatte sich – als Folge der innerfränkischen Wirren – nicht in allen Teilen des Erzbistums durchsetzen können. Der Nachfolger, einer der großen Familien des Reiches entstammend, wird als Kenner der Heiligen Schrift und der Schriften der Kirchenväter geschildert.

Gunthar, „von der Glut der Habgier entbrannt", gehörte aber zu den Bischöfen, die sich den Wünschen Lothars II. fügten und – ohne päpstliche Erlaubnis – die Scheidung und Wiederverheiratung des Königs betrieben. Gunthar und sein Trierer Amtskollege Thietgaud waren sich ihrer Sache so sicher, dass sie nach Rom reisten, um den Beschluss der Metzer Synode, auf der die lotharingische Geistlichkeit Lothars Ehe mit Waldrada als gültig anerkannt hatte, persönlich dem Papst vorzulegen.

Doch in Nikolaus II. fanden der König und seine Bischöfe einen unbeugsamen Widersacher. Der Papst erklärte die Synode im Oktober 863 für ungültig und entsetzte kurzerhand die beiden Erzbischöfe ihres Amtes, Gunthar wurde sogar exkommuniziert. Seinen Bischofsstuhl hat er, vom König später fallengelassen, nicht wieder erlangt. Er starb im Jahre 869.

Die Könige der Ost- und Westfranken nutzten die Folgen des Ehestreits, um sich ein Jahr später im Vertrag von Meersen über eine Aufteilung des lotharingischen Mittelreichs zu verständigen. Ludwig *der Deutsche* hatte sich – gegen den Widerstand Kaiser Ludwigs II. und Karls *des Kahlen* – das östliche „Lotharingien" angeeignet, Köln und die linksrheinischen Bistümer gehörten nun dem ostfränkischen Reich an. Ludwig hatte zudem durchgesetzt, dass der Kölner Klerus Anfang des Jahres 870 einen neuen Erzbischof wählte, den Dompriester Willibert. Weil der westfränkische König Karl mit einem Heer Köln bedrohte, hatte diese Wahl in Deutz stattgefunden.

Im Herbst 870, nach der Einigung in Meersen, wurde die Verbindung zum Ostreich mit einer Synode in Köln eindrucksvoll dokumentiert – und gleichzeitig, am 27. September 870, der karolingische Dom feierlich eingeweiht. An der Feier nahmen die Erzbischöfe von Trier, Mainz und Salzburg sowie alle Kölner Suffraganbischöfe teil.

Für Zwentibold, einen illegitimen Sohn Kaiser Arnulfs, war um das Jahr 895 *Lotharingia* noch einmal als Königreich installiert worden – in welcher staatsrechtlichen Stellung zum Ostfrankenreich, ist unklar. Zum Herrschaftsgebiet Zwentibolds gehörte auch Köln. Und der Kölner Erzbischof Hermann (889 bis 924) diente dem König als Erzkaplan. In Zwentibolds Regierungszeit sollen erstmals Münzen geprägt worden sein, die das Epithet „heiliges Köln" *(Colonia sancta)* aufweisen.

Zwentibold verstrickte sich allerdings in pausenlose Kämpfe mit der regionalen Aristokratie, in deren Verlauf er im Jahre 900 getötet wurde. Der damals im Ostfrankenreich regierende minderjährige König Ludwig *das Kind* versuchte dann, in „Lotharingien" einen Herzog einzusetzen – ohne großen Erfolg.

Münzen im Karolingerreich

In merowingischer Zeit beruhte der Warenverkehr in großen Umfang auf dem Tausch- und Naturalhandel. Nur bei größeren finanziellen Transaktionen kamen Goldprägungen – Solidi (4,5 Gramm) und Trienten (1,5 Gramm) – zum Einsatz. Im Jahr 781 reformierte Karl als fränkischer König das Währungssystem des Reiches grundlegend. Mit der Einführung von Silber als Währungsmetall schuf er ein beinahe einheitliches europäisches Münzsystem: Es beruhte auf dem Pfennig (lateinisch: *denar*), mit einem Gewicht von 1,7 Gramm. Gold spielte als Münzmetall fortan für mehrere Jahrhunderte eine nur untergeordnete Rolle.

Das Silber der karolingischen Prägungen stammte zu großen Teilen von eingeschmolzenen arabischen Münzen, so genannten Dirhems, die meist über russische Handelsrouten nach Europa gelangt waren. Trotz der Einführung der Silberprägungen, die sich im Tagesgeschäft viel besser als die kostbaren Goldprägungen einsetzen ließen, war der Tauschhandel auch in dieser Epoche noch lange gang und gäbe.

Karl der Große und sein Nachfolger Ludwig der Fromme (814 bis 840) waren zunächst alleinige Münzherren des Reiches. Nach der

Reichsteilung von Verdun im Jahr 843 wurde die Münzhoheit auf die drei Teilkönige übertragen, die in zahlreichen Städten Pfennige schlagen ließen. Die in Köln geprägten Denare nennen den Namen des Herrschers auf der einen und den Prägeort COLONIA auf der anderen Seite. Vergleichbar sind Prägungen aus anderen wichtigen Münzstätten wie Paris, Aachen oder Mailand gestaltet.

In karolingischer Zeit scheinen verhältnismäßig wenig Münzentypen geschlagen worden zu sein. Erst unter König Ludwig IV. (900 bis 911) gewinnt die Münzprägung in Köln dann an Bedeutung. Die neuen Münzen tragen nun – wie schon unter Zwentibold – die Inschrift *sancta Colonia*. Spätestens im 11. Jahrhundert wurde in der Nordwestecke der Stadt, zwischen Alter Markt und Heumarkt, das Gebäude der erzbischöflichen Münze errichtet. Die Fundamente und Keller dieses Hauses wurden zwischen 1996 und 1998 bei den Ausgrabungen auf dem Heumarkt freigelegt.

13.2. Wikinger in Köln?

Im späten 8. Jahrhundert berichten zeitgenössische Chronisten erstmals über Plünderungszüge und Überfälle der Wikinger in England und Irland, wo vor allem Kirchen und Klöster heimgesucht wurden. Folgt man Briefen Alkuins, dem Leiter der Hofschule Karls des Großen, erkannte man im Karolingerreich recht früh die Gefahr, die die wikingischen Raubzüge für ganz Europa bedeuteten. Schon im Laufe des frühen 9. Jahrhunderts griffen die Wikinger auch küstennahe Siedlungen des fränkischen Reichs an. Im Laufe der Zeit führten ihre Plünderungszüge – über die großen europäischen Flüsse – tief ins Binnenland. Immer ist in den Schriftquellen von zahllosen Christenmenschen die Rede, die den Angriffen der „teuflischen Heiden" zum Opfer gefallen seien – nicht zu zählen seien auch die zerstörten Städte, Kirchen und Klöster.

Der zeitgenössischen Überlieferung stehen jedoch nur wenige Fundplätze gegenüber, die Zeugnis von diesen Brandschatzungen ablegen.

Alkuin und andere Kleriker seiner Zeit sahen in den Wikingern eine Form göttlicher Heimsuchung. Alkuin bemerkte in einem Brief an die Mönche des

Doppelklosters Wearmouth-Jarrow: „An uns wird erfüllt, was einst der Prophet vorhergesagt hat." Er rief die Mönche daher auf: „Ihr sollt eure Hoffnung nicht auf Waffen setzen, sondern in Gott, der niemanden im Stich lässt, der an ihn glaubt." Auch an anderer Stelle sah Alkuin in den Plünderungen eine Strafe Gottes: „Dies ist der Beginn des größten Schmerzes, und die Sünden der dort Wohnenden verursachen ihn. Allerdings ereignete es sich nicht zufällig, sondern es ist Anzeichen großer Schuld."

Hochrangige fränkische Kleriker dachten ähnlich. Auf einer Doppelsynode in Meaux und Paris (845/46) wurde verkündet: „Deshalb, weil den göttlichen Befehlen kein Gehorsam entgegengebracht wurde, wie es notwendig gewesen wäre, sandte der Herr von Norden her, von wo, gemäß dem Propheten, das Unheil losbrechen werde, unsere Schuld angemessene Apostel, nämlich die grausamen und äußerst unmenschlichen Feinde der Christenheit, die Normannen, die, indem sie bis nach Paris gelangten, zeigten, was Gott befohlen hatte."

Auch das Rheinland wurde Ende des 9. Jahrhunderts von den Raubzügen der Wikinger erreicht. 879 bedrohte eine beachtliche Flotte der Normannen, das so genannte *Große Heer*, von der Scheldemündung aus, wo man ein Lager errichtet hatte, die Niederrheingebiete. 880 wurden Nimwegen, Maastricht, Tongern und Lüttich von den Normannen zerstört und geplündert; und im Spätherbst 880 fuhren Hunderte von Langschiffen – auf den etwa 30 Meter langen Schiffen fanden 100 Ruderer Platz – flussaufwärts bis zum Mittelrhein, ohne auf Widerstand zu stoßen. Nach Neuss soll Köln das Ziel der räuberischen Scharen gewesen sein, die von den Häuptlingen Godefrid und Sigifrid angeführt werden. „Sie steckten die Städte Köln und Bonn mit ihren Kirchen und Gebäuden in Brand", heißt es lapidar in den Fuldaer Annalen. Beladen mit unermesslicher Beute, ging die Fahrt der Langschiffe zu Beginn des Jahres 881 schließlich moselaufwärts – auch Trier wurde erobert, zerstört und geplündert.

Archäologisch nachweisen lassen sich die Raubzüge der Wikinger aber nur an wenigen Plätzen, darunter in Duisburg, und im niederländischen Zupthen. Abt Regino von Prüm (gest. 915) berichtet von den Versuchen Kaiser Karls III., der seit 882 auch Herrscher des Ostfrankenreiches war, die Wikinger zurückzuschlagen. Unter anderem wurde 882 das Kloster Prüm geplündert. Regino hielt fest: „Aber als die Normannen dieses Bauernvolk nicht sowohl waffenlos als vielmehr von aller Kriegszucht entblößt sahen, fallen sie mit Geschrei über sie her und strecken sie unter einem solchen Gemetzel nieder, dass unvernünftiges Vieh, nicht Menschen geschlachtet zu werden schienen."

Tatsächlich aber spiegeln sich diese angeblichen Zerstörungen in archäologischen Befunden zumeist nicht wider. Bis heute wurden an keiner Stelle der frühmittelalterlichen *Colonia* größere Feuerschäden oder Zerstörungshorizonte aus diesen Jahren nachgewiesen. Auch in den besonders gefährdeten ufernahen Händler- und Handwerkervierteln am Heumarkt, am Alter Markt und am Kurt-Hackenberg-Platz, die jüngst großflächig archäologisch untersucht wurden, finden sich keine Beweise.

Der viel zitierte Brief des Erzbischofs Hermann an Papst Stephan V., in dem er im Jahre 891 um die Zusendung von Reliquien bat, da Kirchen *(basilicae)* und kirchliche Gebäude *(fabricae domorum)* verbrannt seien, findet im archäologischen Befund keinerlei Entsprechungen.

13.3. Die kirchlichen Verhältnisse seit der zweiten Hälfte des 9. Jahrhunderts

In den letzten Jahren des merowingischen Königtums – um das Jahr 750 – ist sicher belegt, dass es innerhalb der römischen Stadtmauern die Bischofskirche (den Dom St. Peter), die Stifte St. Maria im Kapitol und St. Cäcilien sowie die Pfarrkirche St. Kolumba gab.

Vermutlich geht auch die Pfarrkirche St. Laurenz auf eine fränkische Gründung zurück. Hierfür spricht nicht nur das Patrozinium, sondern auch die zentrale Lage auf dem Grundstück des antiken Statthalterpalastes unmittelbar an der Hohe Straße *(cardo maximus)*, in deren Bereich die *aula regia* der fränkischen Könige lag. Erwähnt wird die Kirche St. Laurentius, die zu den wichtigsten Pfarreien im Stadtgebiet gehörte, allerdings erst in Quellen des 10. Jahrhunderts. Auch St. Alban, gut einhundert Meter südlich gelegen, ist aufgrund seiner Lage wohl schon im Frühmittelalter gegründet worden. Die ältesten Baubefunde stammen aus dem 11. Jahrhundert, während die Kirche erst im 12. Jahrhundert in den Quellen auftaucht.

Das geistige Leben Kölns prägten damals – neben der Schule am karolingischen Dom – vor allem die vier außerhalb der Stadt gelegenen Stiftskirchen

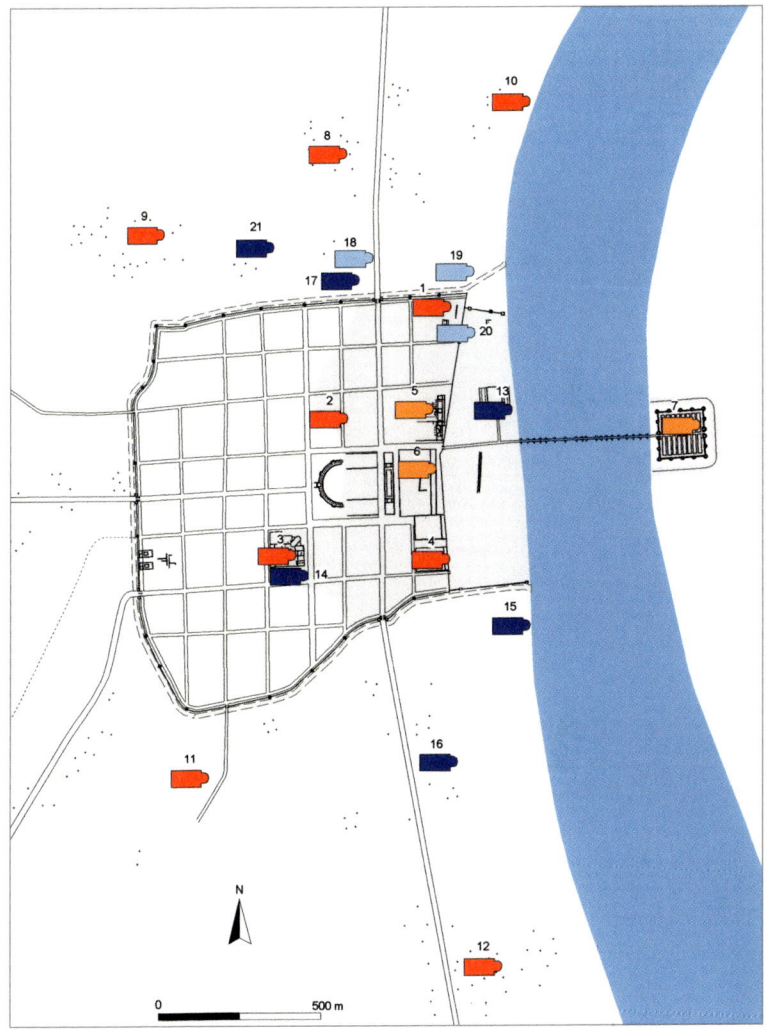

166. Kirchengründungen in Köln — rot: 6./7. Jh.; orange: 6./7. Jh. vermutet; blau: 9./10. Jh.; hellblau: 9./10. Jh. vermutet (1 Dom; 2 St. Kolumba; 3 St. Caecilia; 4 St. Maria im Kapitol; 5 St. Laurenz; 6 St. Alban; 7 Alt St. Urban; 8 St. Ursula; 9 St. Gereon; 10 St. Kunibert; 11 St. Pantaleon; 12 St. Severin; 13 Groß St. Martin; 14 St. Peter; 15 St. Maria Lyskirchen; 16 St. Johann Baptist; 17 St. Andreas; 18 St. Paul; 19 St. Lupus; 20 St. Johannis; 21 St. Maria Ablass)

St. Gereon, St. Kunibert, St. Severin sowie St. Ursula, damals und noch lange Zeit später „zu den hl. Jungfrauen" genannt. Sie werden in der bereits erwähnten „Güterumschreibung" *(conscriptio)* als *monasteria* (Klöster) bezeichnet.

227

Dieses wichtige Dokument der Kölner Kirchengeschichte gab der abgesetzte Erzbischof Gunthar im Jahre 866 in Auftrag, mit Zustimmung der Domkleriker und der „der Kirche getreuen übrigen Laien", wie es in der von König Lothar II. bestätigten Urkunde heißt. Der abgesetzte Erzbischof hatte die *conscriptio* anfertigen lassen, damit „die Kanoniker am Dom und in den Stiftskirchen auf ewige Zeiten bestehen können", im einzelnen sind Kirchen, Landgüter und Höfe aufgelistet, die im Besitz der Kanoniker sind und zu ihrem Unterhalt dienen.

Stifte waren geistliche Institute, die sich seit der Spätantike aus an Märtyrerkirchen ansässigen Priesterkollegien oder ähnlichen Gemeinschaften entwickelt hatten. Im Jahre 816 war auf dem Aachener Konzil eine *institutio canonica* (Kanonikerregel) erlassen worden, die an den meisten Bischofssitzen belegt ist. Die an einem Stift wirkenden Kanoniker bzw. Kanonissen (später nannte man sie auch Stiftsherren und -damen) lebten und wirtschafteten gemeinsam an den Kirchen, sie feierten gemeinsam nach einem festen Tagesplan Gottesdienste und Stundengebete, nahmen gemeinsam Mahlzeiten ein und übernachteten im gemeinsamen Schlafsaal, sie durften aber Privateigentum besitzen – das heißt, sie hatten, anders als Mönche und Nonnen, kein Armuts- und Gehorsamsgelübde abzulegen, sie trugen auch keine monastische Kleidung (es gab aber immer wieder Versuche, die Lebensführung der Kanoniker der mönchischen anzunähern). Vorsteher eines Stiftes war der Propst, Leiter der geistlichen Angelegenheiten war der Dechant, an der Spitze der Stiftsschule stand der Scholaster; die Kanonissenstifte wurden von Äbtissinnen geleitet.

Die Kölner Kollegiat- und Kanonissenstifte besaßen umfangreiche Landgüter, Höfe, Weinberge, Häuser und Grundstücke in Köln und im Rheinland, aber auch in weit entfernten Regionen; deren Erträge kamen den Stiftsklerikern zugute. Mit Besitzungen, Rechten und Einkünften ausgestattet wurden die Stifte in der Regel von ihren Gründern, dem König, Erzbischöfen und weltlichen Fürsten, aber auch von Stiftsklerikern und ihren adeligen (oder patrizischen) Familien – seit dem hohen Mittelalter dienten die Kölner Stifte nicht zuletzt der standesgemäßen Versorgung der nicht erbberechtigten, unverheirateten Kinder des rheinischen Adels.

Über die Anfänge des Kölner Pfarrwesens ist in den Quellen so gut wie nichts überliefert. Als älteste Pfarrkirchen gelten St. Alban, St. Kolumba, St. Laurenz und Klein St. Martin im Gebiet der ehemaligen Römerstadt, der Legende nach sollen sie schon im 5. Jahrhundert gegründet worden sein, viel-

167. St. Maria Kapitol: Schwere römische Werkblöcke im frühmittelalterlichen Kirchenfundament

leicht als bischöfliche Kapellen. Immerhin trugen die Pfarrer der genannten Kirchen bis zur Auflösung des Domkapitels den Titel „bischöfliche Kapläne". So kann man über die kirchliche Einteilung Kölns in fränkischer Zeit nur Vermutungen anstellen, die erste Erwähnung eines Sprengels, des von St. Severin, eines außerhalb der Stadtmauer gelegenen Stiftes, stammt aus dem Jahre 948, möglicherweise hatten St. Gereon und St. Kunibert ebenfalls ihre Sprengel, die auch die außerhalb der Stadt gelegene Feldmark umfasste; das heißt, die „Stiftspfarrei" war wahrscheinlich der älteste Kölner Pfarreityp, in dem der Stifts- und der Pfarrgottesdienst für die einfachen Gemeindemitglieder in der Stiftskirche stattfanden. Pfarrkirchen im eigentlichen Sinne *(parochianorum ecclesiae)* werden erstmals 1075 erwähnt, allerdings ohne Namensnennung. Im ersten Drittel des 10. Jahrhunderts werden neue Kirchen erwähnt – St. Maria Ablass, St. Johann Baptist und St. Peter.

Betrachtet man die Verteilung der Kirchenbauten, so fällt auf, dass im Westen der alten Römerstadt bis zur Jahrtausendwende keine einzige Kirche errichtet worden ist. Der älteste Kirchenbau ist dort St. Aposteln, mit dessen Bau kurz nach 1000 begonnen und unter Erzbischof Pilgrim (1021 bis 1036) vollendet wurde.

Den spätmerowingischen Vorgänger von St. Maria im Kapitol ließ Plektrudis, Gattin des Hausmeiers Pippin des Mittleren, Ende des 7. Jahrhunderts errichten. Vermutlich handelte es sich um einen rechteckigen Saalbau mit eingezogenem Rechteckchor, vergleichbar dem etwa gleichzeitigen Urbau von St. Pantaleon. Es war zunächst wohl eine Eigenkirche im Bereich des fränkischen Fiskalgrundes. Erzbischof Bruno ließ die dort ansässigen Kleriker nach St. Andreas versetzen und siedelte dort Benediktinerinnen aus dem Kloster Remiremont in den Vogesen an. Unter Bruno kam es dann auch zu wesentlichen Baumaßnahmen. Im Westbau der Kirche ist das aus mächtigen Steinblöcken (römisches Altmaterial) bestehende zwei Meter starke Kirchenfundament zu sehen.

Auch die Vorgängerkirche von St. Cäcilien, damals mit dem Marienpatrozinium ausgestattet, war vielleicht eine schlichte Saalkirche mit eingezogenem Rechteckchor. In spätkarolingischer Zeit war der Bau etwa 33 Meter lang und 12 Meter breit. Zur merowingischen Kirche gehörte wohl ein Friedhof – einige Gräber sind eindeutig älter als die karolingische Kirche. Erhalten sind ein verlagerter Kalksteinsarkophag und Grabsteine mit Stangenkreuz. In einer Grube unterhalb des romanischen Altarfundamentes wurde Keramik der später Merowinger- und Karolingerzeit geborgen. Die Umwandlung der bestehenden Kirche in einen adligen Damenstift unter Erzbischof Willibert (870 bis 889) erfolgte um 888. Die Kirche des 10. Jahrhunderts war mit zwei rechteckigen Seitenschiffen (12,40 mal 4,20 Meter) und Westchor mit Krypta ausgestattet. Die Bauarbeiten erfolgten vermutlich auf Geheiß der Erzbischöfe Wichfried oder Bruno um die Mitte des 10. Jahrhunderts. Unter Bruno wurden die Reliquien des hl. Eberigisil – des Kölner Bischofs, der um das Jahr 590 amtierte – von Tongeren nach St. Cäcilien überführt. Von den Vorgängerbauten der heutigen Anlage ist nur noch der „fränkische Bogen" erhalten.

Die benachbarte Pfarrkirche St. Peter, heute ein gotischer Bau, ist eine Gründung des 10. Jahrhunderts und dürfte drei Vorgängerbauten haben.

Der kleine Urbau von St. Kolumba wurde in der Karolingerzeit durch eine einschiffige und deutlich größere Saalkirche ersetzt. Die fränkische Kapelle wurde vermutlich anlässlich des Neubaus abgerissen. Die neue Kirche hatte eine lichte Länge von circa 15 Metern und eine lichte Breite von 5,5 Metern. Den östlichen Abschluss bildete eine 4 Meter breite und 2,50 Meter tiefe Apsis. Als Mittelschiff wurde der karolingische Saalbau der späteren mittelalterlichen Bauten erhalten. Auch in der Karolingerzeit werden in der Kirche und in deren direktem Umfeld teils steingefasste Gräber angelegt. Diese Bestattungen sind der Zeit entsprechend beigabenlos.

Für Groß St. Martin liegen keine Hinweise auf frühmittelalterliche Vorgängerbauten vor. Wahrscheinlich geht die Gründung tatsächlich auf eine Stiftung

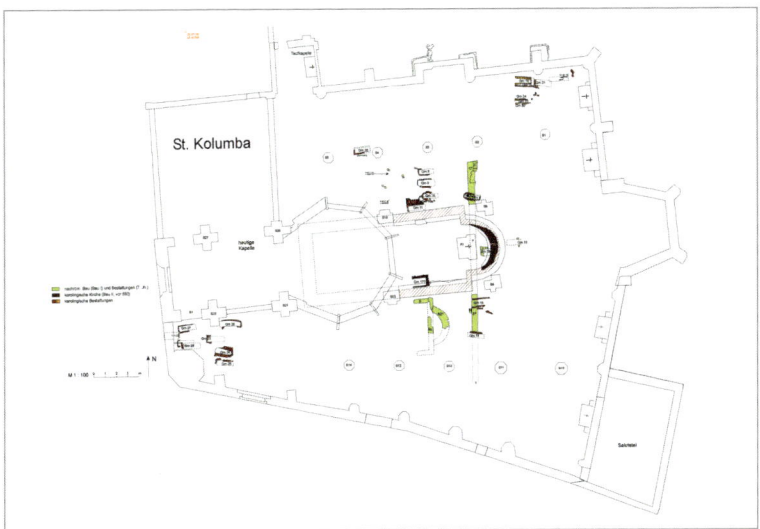

St. Kolumba

168. St. Kolumba: Die frühmittelalterlichen Kirchengrundrisse und Bestattungen sind farblich hervorgehoben (nach M. Dodt)

von Erzbischof Bruno zurück, der die Kirche in seinem Testament bedacht hat. Erzbischof Everger (985 bis 999) wandelt sie in ein mit irischen Mönchen besetztes Benediktinerkloster um. Auch die südlich gelegene alte Pfarrkirche Klein St. Martin, deren heute noch erhaltener Kirchturm auf der rheinseitigen römischen Stadtmauer gründet, geht auf das 10. Jahrhundert zurück.

Wie sah es im 9./10. Jahrhundert vor den römischen Stadtmauern aus?

Die merowingischen Ursprünge von St. Lupus, einer ehemaligen Kirche nordöstlich des Domes, sind eher legendenhaft. Nicht auszuschließen ist eine spätmerowingische Gründung im Falle von St. Maria Lyskirchen, die vielleicht als Eigenkirche einer begüterten Familie fungierte. Die Marienkirche wird 948 erstmals im Zusammenhang mit dem Vorort Nothusen erwähnt, der damals 20 Häuser umfasst haben soll. Vor der Mitte des 11. Jahrhunderts ging die Kirche in den Besitz der Kölner Erzbischöfe über.

Innerhalb der sicheren Mauern des Kastells *Divitia* dürfte Alt St. Urban bereits in merowingischer Zeit gegründet worden sein. Allerdings ist auch St. Urban erst aus Schriftquellen des 9. Jahrhunderts als gesichert zu erschließen.

St. Ursula wird 866 in der Güterumschreibung des Erzbischofs Gunthar erstmals als *monasterium b. virginum* erwähnt (Kloster zu den heiligen Jungfrauen). Im Jahr 922 flohen Gerresheimer Stiftsdamen vor den Ungarn nach Köln, wo ihnen Erzbischof Hermann I. (889 bis 925) das Kloster überließ. Sein Nachfolger Wichfried schenkte den Stiftsdamen darüber hinaus im Jahre 927 die Pfarrkirche St. Maria Ablass.

Die um 590 von Gregor von Tours erwähnte Kirche *ad Sanctos aureos* (zu den goldenen Heiligen) ist später dem hl. Gereon geweiht geworden, so das Martyrologium von 627/28. Das Stift St. Gereon wird aber erst um 840 erstmals genannt. Erweiterungsbauten wurden unter Anno II. um die Mitte des 11. Jahrhunderts unternommen.

Vermutlich wurde das Stift St. Kunibert im Laufe des 8. Jahrhunderts gegründet. Die Güterumschreibung von 866 nennt ein *monasterium sancti Cuniberti*. Die frühen Bauphasen der Kirche sind archäologisch bislang nicht erfasst. 1938 wurden direkt nördlich der Kirche, 1,40 Meter unter Straßenniveau, Mauerfundamente mit karolingischer Keramik in graugrünen Schichten entdeckt. Auf eine karolingerzeitliche Nutzung der Kirche könnte auch eine noch 2,25 Meter lange und 0,40 Meter breite, auf Nord-Süd ausgerichtete Sockelmauer in der Nordwestecke des westlichen Querhauses zurückgehen, die aus Tuffen und einem römischen Säulenfragment in zweiter Verwendung errichtet wurde. Die Sockelmauer erinnert an Befunde vom Heumarkt und vom Kurt-Hackenberg-Platz.

Unmittelbar nördlich der alten Römermauer soll, wie der Kölner Gelehrte Aegidius Gelenius im 17. Jahrhundert festhielt, die Kapelle St. Matthäus *in fossa* gestanden haben. Angeblich ließ Erzbischof Willibert (870 bis 889) den Bau erneuern und weihte sie dem hl. Andreas. 923 ließ sein Nachfolger, Erzbischof Hermann I. (889 bis 925), St. Andreas erweitern. Erzbischof Bruno gab den Auftrag zum Neubau, den jedoch erst sein Nachfolger Gero im Jahre 974 geweiht hat. Dem brunonischen Bau sind vermutlich Tuffsteinfundamente im Bereich der Vierung zuzuschreiben.

Die Ursprünge der unmittelbar östlich gelegenen ehemaligen Pfarrkirche St. Paul werden ebenfalls im 10. Jahrhundert vermutet. Etwas weiter nördlich stand die 927 erstmals genannte Kirche St. Maria Ablass, in den frühen Quellen St. Maria auf dem Felde oder St. Maria auf dem Walle genannt. St. Maria Ablass war neben St. Kunibert die älteste und bedeutendste Kirche nördlich der römischen Stadtmauer. 1804 wurde sie bis auf die Gnadenkapelle abgerissen.

Südlich der römischen Stadtmauer soll St. Johannes (heute St. Johann Baptist) im 10. Jahrhundert gegründet worden sein, wie eine verfälschte Urkunde des Jahres 948 überliefert. St. Johannes war vermutlich eine Eigenkirche des Severinsstiftes.

St. Severin selbst wurde im frühen 8. Jahrhundert wesentlich erweitert. Die Kirche war zeitweilig Bestattungsplatz der Kölner Bischöfe. Dank reicher Zuwendungen war es möglich, in karolingischer Zeit einen neuen prächtigen Kirchenbau zu errichten. Der kostbarste Besitz der Kirche – die Reliquien des hl. Severin – war über einen in Teilen unterirdischen Raum, die *confessio*, zu erreichen.

Das vermutlich auf eine fränkische Eigenkirche zurückgehende St. Pantaleon wird ebenfalls 866 in der Güterumschreibung des Erzbischofs Gunthar erstmals erwähnt. Archäologisch lassen sich zwei karolingische und ottonische Bauphasen nachweisen. Der spätmerowingische Bau wird in der ersten Hälfte des 9. Jahrhunderts mit Winkelgangkrypta, Querannexen und einem repräsentativen Westbau erweitert. Der Kirchenbau dürfte eine Länge von ca. 47 Metern und eine Breite von 35 Metern besessen haben (Pantaleon II). Bald darauf wurden atriumartige Zugänge und ein vorgelagerter Zentralbau mit acht alternierenden Seiten errichtet, die Kirche so um mehr als 40 Meter nach Westen erweitert (Pantaleon III). Obwohl vermutet wurde, dass die Kirche den Zerstörungen der Wikinger anheim gefallen sei, lässt sich dies im Befund nicht nachweisen. Bei dem westlich des Kirchenbaus erfassten Zentralbau könnte es sich um eine Memoria oder um ein Baptisterium des 9. Jahrhunderts handeln. Dessen Bruder, Kaiser Otto I., bedachte das dort gegründete Benediktinerkloster mit üppigen Schenkungen. Unter Erzbischof Bruno kam es zu erheblichen Neubauten an der Kirche (Pantaleon IV). Auch der Bau der nördlich liegenden Kreuzgangs- und Klosterbereiche geht auf ihn zurück (Pantaleon V). Der Erzbischof bedachte das Kloster in seinem Testament mit Geldmitteln, damit die Bauarbeiten zu Ende gebracht werden konnten. Nach seinem Tod wurde die Krypta erneuert, in der er seine letzte Ruhestätte finden sollte. Kaiserin Theophanu knüpfte an die Tradition Brunos an und bedachte das Kloster bis zu ihrem frühen Tod 991 mit großzügigen Schenkungen.

Auch im ländlichen Umfeld der historischen Stadt entstanden im Laufe des Frühmittelalters zahlreiche Kirchen. Ausgehend von Kölner Stiften hatten sich im 8./9. Jahrhundert im Umkreis der Stadt mehrere größere Pfarrsprengel entwickelt. Hinzu kam eine wachsende Zahl von Eigenkirchen im Besitz des Königs, geistlicher und weltlicher Grundherren. Hier können nur einige kurz genannt werden: Der älteste Vorgängerbau von St. Martinus in Esch wird in die Merowinger- oder Karolingerzeit datiert. Die kleine Saalkirche mit halbrunder Ostapsis gehörte zur *villa* in *Ascha*, die Erzbischof Everger 989 dem Benediktinerkloster Groß St. Martin zum Geschenk machte. Zumindest bis in das 10. Jahrhundert reichen auch die Ursprünge der prächtigen Pfarrkirche St. Amandus in Rheinkassel zurück. Fränkische Grabfunde des 6./7. Jahrhunderts aus dem Umfeld machen eine wesentliche frühere Kirchengründung wahrscheinlich.

Auch das Patrozinium des fränkischen Missionars Amandus, der im 7. Jahrhundert tätig war, spricht für eine frühe Gründung. St. Stephan in Lindenthal, im Volksmund „Krieler Dömchen" genannt, ist heute eine kleine, holzgedeckte Saalkirche mit nördlichem Seitenschiff, Westturm und Ostapsis von 20,55 Meter Länge und 8 Metern Breite. Der Ursprungsbau des 10. Jahrhunderts war noch bescheidener. Es handelte sich um einen querrechteckigen Saalbau von nur 5,55 mal 4,15 Meter. Ältere Grabsteine mit eingeritzten Stangenkreuzen, die in der Kirche verbaut wurden, lassen auf einen älteren Vorgängerbau, vielleicht in Holzbauweise, schließen.

St. Cosmas und Damian in Weiler war ursprünglich eine kleine Saalkirche mit halbrunder Ostapsis. Die lichte Länge betrug 10,25 Meter, die Breite 5,50 Meter. Die Eigenkirche wird in einer Urkunde des Jahres 1135 erstmals genannt. Tatsächlich war sie erheblich älter. Zwei Grabsteine mit eingemeißelten Stangenkreuzen – der eine aus einem Fundament, der andere aus der Verfüllung einer Grabgrube – weisen auf einen Vorgänger des späten 7./8. Jahrhunderts hin. Ein Kalksteinfragment mit Flechtbandornamentik könnte karolingisch datieren.

Auch der Saalbau der malerisch am Rhein gelegenen Maternuskapelle zu Rodenkirchen dürfte zumindest bis in die Karolingerzeit zurückreichen. Im Ortszentrum sind mehrere fränkische Gräberfelder des 6./7. Jahrhunderts bekannt.

169. Josef-Haubrich-Hof: Die dunkle Verfüllung der Latrine zeichnet sich deutlich im hellen Sand ab (um 900).

13.5. Stiftsdamen in St. Cäcilien

Auf dem Baugrundstück des neuen Kölner Kulturzentrums am Neumarkt hat das Römisch-Germanische Museum 2003 und 2005 Ausgrabungen unternommen. Die Untersuchungsfläche liegt unmittelbar östlich der großen römischen Thermenanlagen und innerhalb des Damenstifts St. Cäcilien, das Erzbischof Willibert (870 bis 889) um das Jahr 888 im Bereich bei der alten Kirche St. Maria gründen ließ. Der Ausgrabungsbefund ermöglicht einen Einblick in das luxuriöse Leben der adeligen Damen zur Gründungszeit des Stiftes.

Unter mittelalterlichen und frühneuzeitlichen Fundamenten der zu Beginn des 19. Jahrhunderts abgebrochenen Stiftsgebäude waren nicht Grundrisse spätantiker und fränkischer Häuser erhalten des 5. bis 7. Jahrhunderts erhalten. Zu einem dieser Gebäude gehörte eine Latrine aus dem 7. Jahrhundert, die noch 0,80 Meter hoch über der Sohle erhalten war. Darüber war alles bei der Anlage einer Kloake abgegraben worden, die etwa 250 Jahre später an gleicher Stelle ausgehoben worden war. Die im Grundriss rundliche Lat-

170. Josef-Haubrich-Hof: Schmuckbrakteat aus der Latrine der Stiftsdamen (Durchmesser 2,6 cm, um 900)

rine maß etwa 4 mal 4,50 Meter und war noch 3,80 Meter tief erhalten. Mit einem Fassungsvermögen von bis zu 60 Kubikmetern überschreitet dieser Abort das Fassungsvermögen gleichzeitiger Latrinen vom Heumarkt, die durchschnittlich nicht mehr als sechs bis acht Kubikmeter aufnehmen konnten, um ein Vielfaches. Man darf den Abort daher mit gutem Recht als frühe Stiftslatrine bezeichnen.

Von der Verfüllung des merowingerzeitlichen Abortes waren die karolingischen, schwarz-humosen Latrinentorfe durch eine rund 0,70 Meter mächtige saubere Lehmschicht getrennt. Die Latrine enthielt kleinteiligen römischen Ziegelbruch, Kies, Schieferreste, Wandputz, Tierknochen, Scherben von Gefäßkeramik aus den Töpfereien des Vorgebirges und wenige Metallfunde. Darunter findet sich ein silberner Schmuckbrakteat mit einer Porträtdarstellung im Profil und Umschrift, der – so die Analayse von Bernd Päffgen – nach einem fränkischen Triens des Münzmeisters Piontus aus *Constanca* (das ist Coutance an der Soulle in Frankreich) gearbeitet wurde. Anhand der Keramikscherben kann die Latrine in die Jahre um 900, damit wenige Jahre nach der urkundlich überlieferten Stiftsgründung datiert werden.

Bemerkenswert sind die Ergebnisse der Untersuchungen an den Tierknochen: Die Auswertung durch Hubert Berke ergab einen hohen Anteil an Schweinen, darunter viele Knochen von Spanferkeln, die aus örtlicher Zucht stammen dürften. Bereichert wurde das Menü der Stiftsdamen durch Lamm- und Ziegenfleisch. Auch hier fanden sich auffallend viele Knochen von Jungtieren (Milchlämmer). Hinzu kommen Speisereste von Stubenküken und Gänsen. Die Fund zeigen, dass die Stiftsdamen auch Reh und Rothirsch gerne verspeist haben, außerdem auch Auerochsen (Ur), die im waldreichen Umland Kölns damals nicht selten waren. Schließlich fanden sich Knochen von zwei jungen Pferden, die man ebenfalls geschlachtet hatte. Außerdem enthielt die Latrine Gräten von Süßwasserfischen aus dem Rhein, darunter karpfenartige Fische (Schleie, Döbel, Wildkarpfen, Rotauge) und Aale.

Archäozoologie

Tierknochen sind aus fast jeder archäologischen Ausgrabung in teils gewaltigen Mengen überliefert. Archäozoologen bestimmen diese Knochen und erhalten so wichtige Informationen über Tierwelt, Klima, Vegetation und Landschaft vergangener Zeiten. Natürlich lassen die Tierknochen auch detaillierte Aussagen über die Ernährung der Menschen zu. Ihre genaue Analyse ermöglicht Aussagen über Jagd, Domestikation und Nutzung von Tieren. Aber Tierknochen waren auch ein wichtiger Werkstoff. Aus ihnen wurden Amulette, Trachtbestandteile und Schmuck, Werkzeuge und Geräte gefertigt. Besonders kostbar war Elfenbein von Elefanten, Walrössern, Pott- und Narwalen aus weit entfernten Gebieten, das in Gold aufgewogen wurde.

Die breite und ausgewogene fleischliche Nahrungspalette der Damen von St. Cäcilien unterscheidet sich von dem, was in zeitgenössischen ländlichen Siedlungen wie Höxter oder Soest nachgewiesen wurde, ganz erheblich. Dort wie auch andernorts war das Rind in der Karolingerzeit der wichtigste Fleischlieferant. Geschlachtet wurden in der Regel ältere Tiere, die nicht mehr in der Lage waren, ausreichend Milch zu produzieren. Ihr Fleisch war zäh, es wurde nicht gegessen, sondern als Suppenfleisch verwendet. Auch die durchaus vermögenden Händler und Handwerker, die in der Rheinvorstadt im Bereich des späteren Heumarktes ansässig waren, haben sich überwiegend von Rinderbrühe ernährt. Ein Speiseangebot wie jenes der adligen Stiftsdamen von St. Cäcilien stand ihnen trotz ihres durchaus beachtlichen Hausstandes nicht zur Verfügung.

XIV. Vom ostfränkischen zum „deutschen" Reich

Als im Jahre 911, nach dem Tod des jungen Königs Ludwig (den man *das Kind* nannte), die ostfränkischen Großen erstmals einen Nichtkarolinger, Konrad, einen fränkischen Großen aus dem Rhein-Main-Gebiet, zum König wählten, schloss sich der lothringische Adel dieser Wahl nicht an – Köln und das Rheinland fielen nochmals in den Einflussbereich der westfränkischen Karolinger.

Innere Wirren im Westfrankenreich nutzte dann Heinrich I., der erste „nichtfränkische" König des Ostfrankenreichs (er entstammte dem sächsischen Adelsgeschlecht der Liudolfinger), um Lothringen unter seine Herrschaft zu bringen. Nach zwei Feldzügen und der Eroberung von Metz erkannten die lothringischen Großen, darunter auch der Kölner Erzbischof, den Ostfrankenherrscher im Jahre 925 als ihren rechtmäßigen König an: Köln gehörte fortan zum ostfränkischen Reich – aus dem im Verlauf des 10. und endgültig des 11. Jahrhunderts das „deutsche" werden sollte.

14.1 Erzbischof Bruno (953 bis 965) als weltlicher Herr der Stadt

Otto I., später der Große genannt, war ebenfalls kein Franke, sondern Sachse. 936 folgte er seinem Vater Heinrich I. auf den Thron, erhoben von den Herzögen der Franken, Sachsen, Bayern und Schwaben, den Stämmen mithin, die die tragenden Säulen des ostfränkischen Reichs bildeten. Als Otto sich in Aachen – in fränkischer Tracht – zum König der Franken krönen ließ, deutete er schon an, dass seine politischen Ziele sich an der Herrschaft Karls des Großen orientieren sollten.

Schon drei Jahre später sah sich der König indessen genötigt, in Lothringen einzugreifen, wo die führenden Familien des Herzogtums ihm lange Zeit die Anerkennung seiner Oberhoheit verweigerten. Doch selbst als Otto Jahre später seinen Schwiegersohn Konrad *den Roten* zum Herzog einsetzte, kam

171. Erzbischof Bruno und seine Mutter, die Königin Mathilde (dt. Buchmalerei, 11. Jh.)

Lothringen nicht zur Ruhe. Konrad gehörte nämlich im Frühjahr 953 einem Kreis von Aufständischen an, der sich gegen die Herrschaft Ottos auflehnte.

Mit der Niederschlagung des Aufstandes beauftragte der König seinen jüngsten Bruder Bruno, den „Klerus und Volk" (wie es wiederum in der zeitgenössischen Überlieferung heißt) im Juli 953, nach dem Tode des Erzbischofs Wichfried, zum neuen Kölner Oberhirten gewählt hatten. Damit war zunächst der Versuch der Aufständischen gescheitert, sich der Stadt Köln zu bemächtigen. Und nach der Absetzung Konrads *des Roten* übertrug Otto seinem Bruder gleich die Verwaltung des Herzogtums Lothringen.

Ob seine herzoglichen Vorgänger, Giselbert und Konrad der Rote, Herrschaftsrechte in Köln ausgeübt haben, ist nicht bekannt. Bruno amtierte fortan als geistlicher und weltlicher Herr Kölns. „Er ist trotz seiner Jugend ein reifer Mann und trotz seines höchsten Adels demütig und mild." So urteilte sein Biograph Ruotger über den neuen Erzbischof, der im Jahre 925 geboren worden war. Mit seiner Erziehung war Bischof Balderich von Utrecht beauftragt worden, der den Königssohn auf die geistliche Laufbahn vorbereitet hatte. Mit knapp 16 Jahren war Bruno in die königliche Kanzlei eingetreten, 951 wurde er als *archicapellanus* (Erzkaplan) deren Vorsteher.

172 . Das ostfränkisch-deutsche Reich um 955

Als Herzog *(dux)* und Erzbischof *(archiepiscopus)* – in einigen Quellen wird er bisweilen als *archidux* bezeichnet – verkörperte Bruno den Prototyp des ottonischen Reichsbischofs, in dessen Person geistliches und weltliches Amt vereint sind. Alle Königsrechte, in erster Linie die Gerichtsbarkeit, das Markt- und Befestigungsrecht und die Münzhoheit, lagen von nun an für den Bereich der Stadt in den Händen Brunos (bzw. seiner Nachfolger). In die erzbischöfliche Kasse flossen die bisher dem König zustehenden Einkünfte, etwa die Rheinzölle, die Markteinnahmen oder der Judenschutz (mit Geldzahlungen erkauften sich damals die Angehörigen der jüdischen Gemeinden, die nur eine Stellung minderen Rechts in der mittelalterlichen Gesellschaft innehatten, den Schutz des Königs). Die Einwohner Kölns unterstanden in allen Bereichen des öffentlichen Lebens ihrem geistlichen Oberhaupt.

Als Gegenleistung beanspruchte der König als Lehnsherr im Kriegsfall die Stellung von Truppen, zudem mussten die Bischöfe den König, der keine feste Residenz besaß, mitsamt seinem Hofstaat beherbergen und verpflegen, wenn er in ihrem Hoheitsgebiet weilte.

Bruno residierte wahrscheinlich in der Pfalz *(palatium)* an der Südseite des karolingischen Doms, die schon im 9. Jahrhundert errichtet worden war. Dieser Palast diente seinem Bruder bei dessen häufigen Besuchen in Köln als repräsentativer Wohnsitz.

Mit dem Episkopat Brunos beginnt die erzbischöfliche Stadtherrschaft in Köln. In seiner Stellung als Stellvertreter des Königs soll er um das Jahr 962 den städtischen Gerichtsbezirk, den *Burgbann*, aus dem *Kölngau* gelöst haben – eine äußerst wichtige Maßnahme für die kommunale Entwicklung Kölns. Bruno gilt zugleich als derjenige, der das Stadtbild entscheidend umformte – er bezog die Rheinvorstadt in den Burgbann ein (möglicherweise wurden damals die Mauern in diesem Bereich erneuert), er ließ den karolingischen Dom erweitern, der mit seinen fünf Seitenschiffen der Peterskirche in Rom vergleichbar wurde. Die Domschule baute er zu einer der führenden Schulen des Reiches aus, dabei ging es ihm nicht zuletzt um die Ausbildung eines reichstreuen kirchlichen Nachwuchses.

Bruno gründete zudem die Stifte St. Andreas und Groß St. Martin (die allerdings erst lange nach seinem Tod fertig gestellt waren) und ließ bei den Kirchen St. Pantaleon und St. Maria im Kapitol Klöster errichten, seine Bautätigkeit erstreckte sich auch auf bestehende Kirchen und Stifte wie St. Severin und St. Cäcilien. Ob Bruno auch das innerstädtische Pfarrsystem neu geordnet hat, ist nicht sicher, daher lässt sich auch nicht sagen, ob St. Kolumba, St. Alban und St. Laurenz zu seiner Zeit schon Pfarrkirchen waren. Für den Bau von St. Pantaleon soll Bruno der Überlieferung zufolge die Pfeiler der alten Brücke nach Deutz verwendet haben, die Constantin der Große zu Anfang des 4. Jahrhunderts hatte errichten lassen – seit dem 5. Jahrhundert war die Brücke für Fuhrwerke schon nicht mehr benutzbar; der Erzbischof ließ die Reste des Bauwerks abtragen.

Zu Zeiten Brunos war Köln also Bischofsitz, Pfalzstadt – und schon „das hillige Cöllen", denn Bruno, einer der bedeutendsten Reliquiensammler des 10. Jahrhunderts, hat den Kölner Kirchen zahlreiche Reliquien hinterlassen; als Beispiel seien der Stab und die Ketten Petri genannt, die er für seine Bischofskirche erwarb.

Auf der Grundlage seiner Privilegien konzentrierte der Erzbischof wiederum an seinem Sitz Handel, Handwerk und Gewerbe – es entwickelte sich allmählich eine arbeitsteilige, nicht nur für ihre Eigenbedürfnisse produzie-

rende städtische Gesellschaft mit einem eigenen, vom agrarischen Umland
abgehobenen Rechtsbezirk, dessen Rechtsordnung sich an den Bedürfnissen
„marktwirtschaftlich" tätiger Kreise – Kaufleuten und Gewerbetreibender
– zu orientieren begann. In der Stadt fanden auch friesische und jüdische
Händler ihren Platz. Die Rheinstadt, in der hauptsächlich Kaufleute leben,
wird in seiner Amtszeit in den Rechtsbezirk der Stadt einbezogen.

Bruno hat die Erwartungen, die sein kaiserlicher Bruder – Otto ließ sich im
Jahre 962 zum „Kaiser der Römer" krönen und begründete damit die jahrhun-
dertelange Verbindung von ostfränkisch-deutschem Königtum und römischem
Kaisertum – in ihn setzte, in jeder Hinsicht erfüllt. In seiner Rolle als Reichsver-
weser des Westens hat er auch mehrfach in die Angelegenheiten des Westfran-
kenreiches eingegriffen. Auf einer erneuten diplomatischen Mission im Westen
ereilte ihn am 11. Oktober 965 in Reims ein plötzlicher Tod. Unter großer An-
teilnahme der Bevölkerung wurden seine sterblichen Überreste nach Köln überführt – in seiner Gründung St. Pantaleon fand er seine letzte Ruhestätte.

In St. Pantaleon bestattet wurde Jahre später auch die Gemahlin von Brunos
Neffen, die Kaiserin Theophanu. Aus vornehmem byzantinischen Geschlecht

stammend, hatte sie 972 den Kaisersohn Otto II. geheiratet. Die Brautwerbung hatte übrigens der Kölner Erzbischof Gero durchgeführt, der Nachfolger Brunos. Nach dem frühen Tod ihres Mannes übernahm sie die vormundschaftliche Regierung für den minderjährigen Sohn Otto III., dessen Herrschaft sie mit Hilfe des Mainzer Erzbischofs Willigis gegen Aufstände des Herzogs Heinrich von Bayern und der Slawen sicherte. Am 15. Juni 991 starb Theophanu in Nimwegen - auf eigenen Wunsch erhielt sie ihre Grabstätte im Benediktinerkloster vor den Toren der Stadt, dessen Bau sie wesentlich gefördert hatte.

14.2 Erzbischöfliche Stadtplanung am Heumarkt

Die Häuser auf dem Heumarkt bestanden ohne erkennbare Unterbrechung bis zur Mitte des 10. Jahrhunderts. 957 (oder in den folgenden Jahren) – in jedem Falle in der Amtszeit des Erzbischof Bruno (953 bis 965) – gab man die Häuser mitsamt Infrastruktur auf und ebnete das ganze Gelände ein. Die Auflassung erfolgte anscheinend planmäßig innerhalb eines kurzen Zeitraumes. Anschließend wurde die 16000 Quadratmeter große, rechteckige Freifläche als südliche Verlängerung des Alter Markt mit einer Kiesdecke befestigt.

175. Heumarkt: Marktpflaster aus Kies, Tierknochen, Stein- und Ziegelbruch, 11. Jh.

Diese gewaltige städtebauliche Umgestaltung Mitte des 10. Jahrhunderts ist nur mit Billigung und auf Geheiß des erzbischöflichen Stadtherrn vorstellbar. Abriss der Häuser und Anlage der Marktfläche folgten direkt aufeinander, denn eine Reihe von Latrinen zeichneten sich muldenförmig im Marktpflaster ab, sie waren zum Zeitpunkt der Oberflächenbefestigung also noch nicht völlig verdichtet und sind im Laufe der Zeit nachgesackt.

Die älteste Marktfläche war offenkundig eine kiesgeschotterte Freifläche ohne Infrastruktur. Ein Entwässerungssystem ließ sich auf dem Markt des 10. Jahrhunderts jedenfalls nicht nachweisen. Vermutlich versickerten die Niederschläge im Boden.

Diese Marktfläche bestand rund 70 Jahre und wurde erst unter Erzbischof Pilgrim (1021 bis 1036) im Jahr 1024 erneuert. Damals wurden auch erste Entwässerungsgräben angelegt. In den folgenden Jahrhunderten wurde die Marktfläche dann noch mehrfach erhöht und neu befestigt, bis sie im 13. Jahrhunderts erstmals ein festes Steinpflaster erhielt.

244

XV. Köln: Bischöfliche Kapitale und europäisches Handelszentrum – Rückblick und Ausblick

Das römische Köln wurde im letzten Jahrzehnt v. Chr. auf einem vor Hochwasser geschützten Geländeplateau auf dem linken Rheinufer gegründet. Am Ende des I. Jahrhunderts n. Chr. wurde die mittlerweile zur römischen Kolonie, zur *Colonia Claudia Ara Agrippinensium* erhobene Stadt Hauptort der Provinz *Germania inferior*. Dank ihrer verkehrsgünstigen Lage am Rhein und am Knotenpunkt wichtiger Fernstraßen entwickelte sich die Stadt auch zu einem wirtschaftlichen und kulturellen Zentrum im Nordwesten des römischen Reichs.

Die Auswertung aller archäologischer Untersuchungen, die seit den 1920-er Jahren in Köln vorgenommen worden sind, belegt eindeutig, dass die Stadt den Übergang von der Spätantike zum Mittelalter relativ unbeschadet überstanden hat. Eindrucksvollste Zeugnisse der fränkischen Besiedlung sind reich ausgestattete Gräber des fränkischen Hochadels aus dem 6. Jahrhundert, die unter dem Kölner Dom gefunden wurden.

Obwohl Köln in den Schriftquellen der merowingischen wie karolingischen Zeit verhältnismäßig selten erwähnt wird, kann kein Zweifel daran bestehen, dass die Stadt spätestens seit dem 8. Jahrhundert eine wichtige Stellung im fränkischen Reich innehatte. Die archäologische Überlieferung spricht in dieser Hinsicht eine eindeutige Sprache: Die Bodenfunde verteilen sich über ungewöhnlich großen Bereich, über 40 Hektar zwischen Rheinufer und *cardo maximus*.

Vor allem die Ausgrabungen, die von 1996 bis 1998 auf dem Heumarkt durchgeführt werden konnten, haben wichtige Erkenntnisse zur frühmittelalterlichen Stadtgeschichte geliefert. Der Heumarkt liegt im Herzen des heute als „Altstadt" bezeichneten Bereichs zwischen Alter Markt und Rhein. Zwischen dem 5. und 7. Jahrhundert entwickelte sich in diesem Bereich, gerade mal 200 Meter vom Rheinufer entfernt, ein strukturiertes Händler- und Handwerkerquartier, das in rechteckige Parzellen aufgeteilt war. Auf 6000 Quadratmetern wurden Grundstücke nachgewiesen, zwischen denen eine steingeschotterte Straße verlief, die mit Flechtwerkzäunen eingefasst war.

Die Menschen lebten und arbeiteten in Fachwerkhäusern, deren Sockel-mauern aus wiederverwendeten römischen Werksteinen oder bergfrischen Tuffquadern bestanden. Funde aus Abfallgruben und Latrinen zeugen von artenreichem Gartenbau und Kleinviehhaltung. Glasöfen und -abfälle, Rück-stände von Eisenverarbeitung und Schreibwerkzeuge belegen spezialisierte Handwerker und Händler.

Den Befund auf dem Heumarkt haben Ausgrabungen der Jahre 2004 bis 2010 beim Bau der „Nord-Süd Stadtbahn" bestätigt. Auch im Norden und Süden der „Altstadt" entstanden spätestens um 800 dicht bebaute Stadt-quartiere mit Werkstätten. Die Aktivitäten fallen in jene Jahre, in denen Karl der Große die *Colonia* zum Sitz eines Erzbistums erhob, der erste Kölner Erzbischof war sein Vertrauter Hildebold. Bald darauf dürfte auch der Bau des karolingischen oder „Alten" Doms und der südlich anschließenden erz-bischöflichen Pfalz in Angriff genommen worden sein.

Bemerkenswert ist, dass die karolingische Besiedlung um 800 auf bis dahin nicht genutztem, unsicherem Baugrund über einer ehemaligen Nebenrinne des Rheins ausgriff. Offenbar stand an anderer Stelle der Stadt zu dieser Zeit kein Bauland mehr zur Verfügung. Auch der Alter Markt liegt im Bereich dieser alten Flussrinne. Die im Rheinviertel ansässigen Menschen gründeten dort um 900 einen Friedhof. Schon Anfang des 10. Jahrhunderts entstand an dieser Stelle der erste bedeutende Markt der Stadt, der „Alter Markt".

Verlässliche Einwohnerzahlen lassen sich für die karolingische Zeit nicht ermitteln. Der Umfang der bebauten Flächen macht es jedoch wahrschein-lich, dass mehrere Tausend Menschen im Schutz der immer noch bestehen-den römischen Stadtmauern lebten. Damit bestätigt sich auch die Vita des hl. Maurinus, in der Köln um das Jahr 967 eine „volkreiche Stadt" (*populosa civitas*) genannt wird. Die Wurzeln des wirtschaftlichen Aufstiegs der hoch- und spätmittelalterlichen Handelsmetropole am Rhein reichen demnach bis weit in das Frühmittelalter zurück.

Der Kirchenbau erlebte damals eine erste Blüte in Köln: Die frühmittel-alterlichen Kirchengründungen St. Maria im Kapitol, St. Kolumba, St. Cä-cilien, St. Kunibert, St. Severin, St. Ursula, St. Gereon, St. Pantaleon und sowie die Bischofskirche – in deren Bereich man später den karolingischen Dom errichtete – wurden kontinuierlich ausgebaut. Vermutlich gehen auch die Kirchen Alt St. Alban und St. Laurentius auf fränkische Gründungen zurück. In Deutz dürfte Alt St. Urban merowingische Wurzeln haben. Bis zum 10. Jahrhundert wurden St. Andreas/St. Paul, St. Aposteln, Groß St. Martin, St. Maria Lyskirchen, Klein St. Martin und St. Peter, vielleicht auch St. Johannes (St. Johann Baptist), gegründet. Im rechtsrheinischen Deutz entsteht zu Beginn des 11. Jahrhunderts das Kloster St. Heribert.

Die Wirtschaft im frühmittelalterlichen Köln „boomt" bereits kurz vor der Jahrtausendwende. Dies zeigen die Ausgrabungen auf dem Heumarkt: Die Häuser der Handwerker und Kaufleute im Heumarktquartier bestanden bis zur Mitte des 10. Jahrhunderts. Im Jahr 957, so die Auswertung der Althölzer, wurden sie verlassen und einplaniert. Auf einer Fläche von 300 mal 70 Metern entstand im Zuge einer städtebaulichen Neugestaltung eine riesige, mit Kies geschotterte Marktfläche als südliche Erweiterung des „Alter Markt". Die neue Stadtplanung, der weder Brände noch Überschwemmungen vorausgingen, muss auf Geheiß des erzbischöflichen Stadtherrn erfolgt sein. In jenen Jahren war Bruno (953 bis 965), der Bruder Ottos des Großen, Erzbischof von Köln. 992 wird der etwa 1,5 Hektar große Marktplatz in den Schriftquellen erstmals *mercatus Coloniae* genannt.

Die archäologischen Befunde auf dem Alter Markt und auf dem Heumarkt zeugen von der dynamischen wirtschaftlichen Entwicklung Kölns im Übergang vom Früh- zum Hochmittelalter. Allerdings lassen sich die erst jüngst abgeschlossenen Grabungen vom Alter Markt noch nicht zusammenfassend analysieren. Für den Heumarkt ergaben dendrochronologische Untersuchungen, dass die älteste Marktfläche 1024 – nach fast siebzigjähriger Nutzung – wohl auf Geheiß des Erzbischofs Pilgrim (1021 bis 1036) erneuert wurde. Auch in den folgenden Jahrzehnten zeigt sich, dass Erzbischöfe die Entwicklung und Infrastruktur des wichtigsten Kölner Marktes wesentlich bestimmt haben.

In der zweiten Hälfte des 12. Jahrhunderts war die Stadt Köln auf einem ersten Höhepunkt ihrer Macht. Die Überführung der Reliquien der Heiligen Drei Könige von Mailand nach Köln, die Erzbischof Reinald von Dassel im Jahre 1164 betrieben hatte, machte die Wirtschaftsmetropole zu einem der bedeutendsten europäischen Wallfahrtsorte. Reinald von Dassel ließ südlich des Domes einen imposanten neuen Palast als erzbischöfliche Residenz errichtet. Der Kirchenbau erlebte sein goldenes Zeitalter. Das Herzstück bilden die Stifts- und Klosterkirchen, die heute als „Romanische Kirchen" zum

176. Stadtpanorama aus der „Cronica van der hilliger Stat van Coellen" (Holzschnitt 1499, Kölnisches Stadtmuseum)

abendländischen Kulturerbe gehören. Den Höhepunkt kirchlicher Bautätigkeit markiert die Grundsteinlegung der gotischen Kathedrale am 15. August 1248 am Platz des Alten Domes.

Bereits 1179/80 war das Stadtgebiet – zunächst gegen den Willen des Erzbischofs – auf 400 Hektar erweitert und bis zum frühen 13. Jahrhundert mit Wall, Graben, Steinmauer und Torburgen gesichert. Mit fast zehn Kilometern Länge war es die größte und aufwändigste Stadtbefestigung im Nordwesten Europas, ein einzigartiges Zeichen bürgerlichen Selbstbewusstseins und bürgerlicher Macht.

Literaturverzeichnis

Zvi Asaria (Hrsg.), Die Juden in Köln von den ältesten Zeiten bis zur Gegenwart (Köln 1959).

Nico Aten, Römerzeitliche bis neuzeitliche Befunde der Ausgrabungen auf dem Heumarkt in Köln. In: Kölner Jahrbuch 34, 2001, S. 623-700.

Nico Aten/Diederik Bente/Franz Kempken/ Eva Lotter/Marion Merse, Ausgrabungen auf dem Heumarkt in Köln. Erster Bericht zu den Untersuchungen von Mai 1996 bis April 1997. In: Kölner Jahrbuch 30, 1997, S. 345-404.

Nico Aten/Gjerg Frasheri/Franz Kempken/ Marion Merse, Ausgrabungen auf dem Heumarkt in Köln. Zweiter Bericht zu den Untersuchungen von Mai 1997 bis April 1998. In: Kölner Jahrbuch 31, 1998, S. 481-596.

Peter Berglar/Odilo Engels, Der Bischof in seiner Zeit (Köln 1986).

Klaus Gereon Beukers, Köln: Die Kirchen in gotischer Zeit. Stadtspuren Bd. 24 (Köln 1998).

Volker Bierbrauer, Die Kontinuität städtischen Lebens in Oberitalien aus archäologischer Sicht (5.-7./8. Jahrhundert). In: Werner Eck/Hartmut Galsterer (Hrsg.), Die Stadt in Oberitalien und in den nordwestlichen Provinzen des Römischen Reiches. Kölner Forschungen Bd. 4 (Mainz 1991), S. 263-286.

Günther Binding, Bauuntersuchungen am „Krieler Dömchen" St. Stephan in Köln-Lindenthal. In: Zeitschrift für Archäologie des Mittelalters 16/17, 1988/89, S. 155-168.

Günther Binding, Deutsche Königspfalzen von Karl dem Großen bis Friedrich II. (765-1240) (Darmstadt 1996).

Günther Binding/Barbara Kahle, 2000 Jahre Baukunst in Köln (Köln 1983).

Wolfgang Binsfeld, Die Namen Kölns zur Römerzeit. In: Heinz Ladendorf/Horst Vey (Hrsg.), Mouseion. Studien aus Kunst und Geschichte für Otto H. Förster (Köln 1960), S. 72-80.

Jutta Bohnke-Kollwitz u. a. (Hrsg.), Köln und das rheinische Judentum (Köln 1984).

Hugo Borger, Die Abbilder des Himmels in Köln. Kölner Kirchenbauten als Quelle zur Siedlungsgeschichte des Mittelalters Bd. I (Köln 1979).

Egon Boshof, Ludwig der Fromme (Darmstadt 1996).

Carl Richard Brühl, Palatium und Civitas. Studien zur Profantopografie spätantiker Civitates vom 3. bis zum 13. Jahrhundert. Band II: Belgica I, beide Germanien und Raetia II (Köln/Wien 1990).

Carl Richard Brühl, Deutschland – Frankreich. Die Geburt zweier Völker (Köln 1990).

Maureen Caroll Spillecke, Das römische Militärlager Divitia in Köln-Deutz. In: Kölner Jahrbuch 26, 1993, S. 321-444.

Chlodwig und die Schlacht bei Zülpich. Geschichte und Mythos 496-1996. Begleitbuch zur Ausstellung Zülpich (Euskirchen 1996).

Dieter Claude, Köln zur Merowingerzeit. Über das Verhältnis von archäologischen und schriftlichen Quellen. In: Bericht über das dritte deutsch-norwegische Historikertreffen in Trondheim (ohne Ort 1988).

Paul Clemen, Der Dom zu Köln. Die Kunstdenkmäler der Rheinprovinz Bd. 4 (Düsseldorf 1938).

Severin Corsten, Rheinische Adelsherrschaft im ersten Jahrtausend. In: Rheinische Vierteljahrblätter 28, 1963, S. 84-129.

Carl Dietmar, Das mittelalterliche Köln (3. Aufl. Köln 2006).

Carl Dietmar/Marcus Trier, Mit der U-Bahn in die Römerzeit. Ein Handbuch zu den archäologischen Ausgrabungsstätten rund um den Bau der Nord-Süd Stadtbahn (2. Aufl. Köln 2006).

Otto Doppelfeld, Die Domgrabung VI. Die Grabung auf dem Domhof, 1949. In: Kölner Domblatt 6/7, 1952, S. 102-123.

Otto Doppelfeld, Die Domgrabung VIII. Einzelfunde vom Domhof. In: Kölner Domblatt 10, 1955, S. 10-42.

Otto Doppelfeld, Quellen zur Geschichte Kölns in römischer und fränkischer Zeit. In: Robert Frohn/Arnold Güttsches (Hrsg.), Ausgewählte Quellen zur Kölner Stadtgeschichte I (Köln 1958).

Otto Doppelfeld, Das römische Köln als Grundlage für die mittelalterliche Stadt. In: Franz Bömer/Ludwig Voit (Hrsg.), Germania Romana. I. Römerstädte in Deutschland. Beihefte zum Gymnasium, Bd. I (Heidelberg 1960), S. 11-28.

Otto Doppelfeld, Köln als Brücke zum Abendland. In: Victor H. Elbern (Red.), Das erste Jahrtausend. Kunst und Kultur im werdenden Abendland an Rhein und Ruhr (Düsseldorf 1962), S. 616-633.

Otto Doppelfeld, Das Fortleben der Stadt Köln vom 5. bis 8. Jahrhundert. In: Early Medieval Studies 1. Antikvariskt Arkiv 38, 1968, S. 35-42.

Otto Doppelfeld, Köln von der Spätantike bis zur Karolingerzeit. In: Herbert Jankuhn/Walter Schlesinger/Heiko Steuer, Vor- und Frühformen der europäischen Stadt im Mittelalter. Phil.-Hist. Klasse. Dritte Folge Nr. 83 (2. Aufl. Göttingen 1975), S. 110-129.

Otto Doppelfeld: Kölner Wirtschaft von den Anfängen bis zur Karolingerzeit. In: Hermann Kellenbenz/Klara van Eyll (Hrsg.): Zwei Jahrtausende Kölner Wirtschaft Bd. I (Köln 1975) S. 13-86.

Otto Doppelfeld/Renate Pirling, Fränkische Fürsten im Rheinland. Die Gräber aus dem Kölner Dom von Krefeld-Gellep und Morken. Schriften des Rheinischen Landesmuseums Bonn Bd. 2 (Düsseldorf 1966).

Otto Doppelfeld/Willi Weyres (Hrsg.), Die Ausgrabungen im Dom zu Köln. Kölner Forschungen Bd. I (Köln 1980).

Werner Eck, Köln in römischer Zeit. Geschichte der Stadt Köln Bd. I (Köln 2004).

Werner Eck, Köln im Übergang von der Antike zum Mittelalter. In: Geschichte in Köln 54, 2007, S. 7-26.

Werner Eck/Heribert Müller/Hansgerd Hellenkemper, Köln. In: Heinrich Beck/Dieter Geuenich/Heiko Steuer (Hrsg.), Reallexikon der Germanischen Altertumskunde Bd. 17 (Berlin/New York 2000), S. 95-102.

Joachim Ehlers, Das westliche Europa. Die Deutschen und das europäische Mittelalter (München 2004).

Edith Ennen, Die europäische Stadt des Mittelalters (4. Aufl. Göttingen 1987).

Leonhard Ennen, Geschichte der Stadt Köln. 5 Bde. (Köln/Neuss/Düsseldorf 1863-1880)

Eugen Ewig: Frühes Mittelalter. In: Franz Petri/Georg Droege (Hrsg.): Rheinische Geschichte Bd. 1, 2 (Düsseldorf 1980), S. 18-75.

Eugen Ewig, Die Merowinger und das Frankenreich (4. Aufl. Stuttgart 2004).

Josef F. Fischer, Geld und Geldwirtschaft in merowingischer Zeit in Köln. In: Kölner Jahrbuch 35, 2002, S. 281-306.

Josef Fleckenstein, Die Hofkapelle der deutschen Könige, Bd. I. Grundlegung: Die karolingische Hofkapelle (Stuttgart 1959).

Josef Fleckenstein, Das Großfränkische Reich. In: Historische Zeitschrift 233, 1981, S. 265-295

Josef Fleckenstein, Karl der Große (3. Aufl. Göttingen 1990).

Die Franken. Wegbereiter Europas. Vor 1500 Jahren: König Chlodwig und seine Erben. Kataloghandbuch zur Ausstellung im Reiss-Museum Mannheim (Mainz 1996).

Fritz Fremersdorf, Gräber der einheimischen Bevölkerung römischer Zeit in Köln. In: Prähistorische Zeitschrift 18, 1927, S. 255-293.

Fritz Fremersdorf, Zwei germanische Grabfunde des frühen 5. Jahrhunderts aus Köln. In: Germania 25, 1941, S. 180-188.

Fritz Fremersdorf, Beiträge zur Topographie des römischen Köln. Römisch-Germanische Forschungen Bd. 18 (Berlin 1950).

Fritz Fremersdorf, Das fränkische Gräberfeld von Köln-Müngersdorf. Germanische Denkmäler der Völkerwanderungszeit Bd. 4 (Berlin 1955).

Fritz Fremersdorf, Ältestes Christentum mit besonderer Berücksichtigung der Grabungsergebnisse unter der Severinkirche in Köln. In: Kölner Jahrbuch 2, 1956, S. 7-26.

Johannes Fried, Der Weg in die Geschichte. Die Ursprünge Deutschlands bis 1024 (Berlin 1994).

Brigitte und Hartmut Galsterer, Die römischen Steinschriften aus Köln. Kölner Forschungen 10 (Köln 2010).

Nancy Gauthier/Régis De La Haye/Hansgerd Hellenkemper/Titus Panhuysen/Marie-Thérèse Raepsaet-Charlier/Alain Vanderhoeven, Topographie chrétienne des cités de la Gaule des origines au milieu du VIIIe siècle, Tome 12: Province ecclésiastique de Cologne (Germania Secunda) (Paris 2002).

Patrick J. Geary, Europäische Völker im frühen Mittelalter (2. Aufl. Frankfurt/M. 2002).

Patrick J. Geary, Die Merowinger. Europa vor Karl dem Großen (2. Aufl. München 2004).

Marianne Gechter, Wasserversorgung und Entsorgung in Köln vom Mittelalter bis zur frühen Neuzeit. In: Kölner Jahrbuch 20, 1987, S. 219-270.

Marianne Gechter, Das Kastell Deutz im Mittelalter. In: Kölner Jahrbuch 22, 1989, S. 373-416.

Dieter Geuenich (Hrsg.), Die Franken und die Alemannen bis zur „Schlacht bei Zülpich" (Berlin/New York 1998).

Dieter Geuenich, Ludwig „der Deutsche" und die Entstehung des ostfränkischen Reichs. In: Wolfgang Haubrichs u. a. (Hrsg.), Theodisca. Beiträge zur althochdeutschen und altniederdeutschen Sprache und Literatur (Berlin und New York 2000), S. 313-329.

Glaube und Wissen im Mittelalter. Die Kölner Dombibliothek. Katalog der Ausstellung im Erzbischöflichen Diözesanmuseum (München 1998).

Hans-Werner Goetz, Zur Wandlung des Frankennamens im Frühmittelalter. In: Walter Pohl/Maximilian Diesenberger (Hrsg.), Integration und Herrschaft. Ethnische Identitäten und soziale Organisation im Frühmittelalter (Wien 2002), S. 135-150.

Hans-Werner Goetz, Leben im Mittelalter (7. Aufl. München 2002).

Greogor von Tours, Zehn Bücher Geschichten. Erster Band: Buch 1-5, bearb. von Rudolf Büchner (7. Aufl. Darmstadt 1990), Zweiter Band: Buch 6-10, bearb. von Rudolf Büchner (6. Aufl. Darmstadt 1990).

Georg Hauser, Schichten und Geschichte unter dem Dom. Die Kölner Domgrabung (Köln 2003).

Eduard Hegel, Eine Domlegende von St. Caecilia? In: Annalen des Historischen Vereins für den Niederrhein, 146/7, 1948, S. 48-63.

Eduard Hegel, Kölner Kirchen und die Stadtzerstörungen von 355 und 881. In: Walther Zimmermann (Hrsg.), Untersuchungen zur frühen Kölner Stadt-, Kunst- und Kirchengeschichte. Festgabe zur 1900-Jahr-Feier der Stadtgründung. Die Kunstdenkmäler des Rheinlandes Beiheft 2 (Ratingen 1950) S. 41-53.

Eduard Hegel, St. Kolumba in Köln. Studien zur Kölner Kirchengeschichte Bd. 30 (Siegburg 1996).

Ingrid Heidrich, Von Plectrud zu Hildegard. Beobachtungen zum Besitzrecht adeliger Frauen im Frankenreichs des 7. und 8. Jahrhunderts und zur politischen Rolle der Frauen der frühen Karolinger. In: Rheinische Vierteljahrsblätter, 52, 1988, S. 1-15.

Hansgerd Hellenkemper, Architektur als Beitrag zur Geschichte der Colonia Claudia Ara Agrippinensium. In: Hildegard Temporini/Wolfgang Haase (Hrsg.), Aufstieg und Niedergang der römischen Welt Bd. II/4 (Berlin/New York 1975), S. 783-824.

Hansgerd Hellenkemper, Wasserbedarf, Wasserverteilung und Entsorgung der Colonia Claudia Ara Agrippinensium. In: Klaus Grewe, Atlas der römischen Wasserleitungen nach Köln. Rheinische Ausgrabungen Bd. 26 (Köln 1986) S. 193-214.

Hansgerd Hellenkemper, Köln 260-355 A.D. Ein unruhiges Jahrhundert Stadtgeschichte. In: Festschrift Gundolf Precht. Xantener Berichte Bd. 12 (Mainz 2002), S. 43-53.

Henner von Hesberg, Bauteile der frühen Kaiserzeit in Köln. Das Oppidum Ubiorum zur Zeit des Augustus. In: Festschrift Gundolf Precht. Xantener Berichte Bd. 12 (Mainz 2002), S. 13-36.

Ernst Hlawitschka, Vom Frankenreich zur Formierung der europäischen Staaten- und Völkergemeinschaft 840-1046 (Darmstadt 1986).

Thomas Höltken, Keramikfunde des 8.-10. Jahrhunderts vom Heumarkt in Köln. In: Kölner Jahrbuch 36, 2003, S. 511-566.

Thomas Höltken, Heumarkt V: Karolingisch-ottonische Hausbefunde vom Heumarkt in Köln. In: Kölner Jahrbuch 39, 2006, S. 457-520.

Thomas Höltken, Heumarkt VI: Die mittelalterlichen Marktschichten vom Heumarkt in Köln. In: Kölner Jahrbuch 41, 2008, S. 579-677.

Heinz Günter Horn (Hrsg.), Die Römer in Nordrhein-Westfalen (Stuttgart 1987).

Hermann Jakobs, Verfassungstopographische Studie zur Kölner Stadtgeschichte des 10. bis 12. Jahrhunderts. In: Mitteilungen aus dem Stadtarchiv von Köln 60, 1971, S. 49-124.

Walter Jansen, Ausschnitte aus einer fränkischen Siedlung in Köln-Porz. In: Bonner Jahrbücher 178, 1978, S. 427-478.

Reinhold Kaiser, Das römische Erbe und das Merowingerreich (3. Aufl. München 2004).

Hermann Kellenbenz/Klara van Eyll (Hrsg.), Zwei Jahrtausende Kölner Wirtschaft. 2 Bde. (Köln 1970).

Franz Kempken, Spätantike und frühmittelalterliche Funde vom Heumarkt in Köln. In: Kölner Jahrbuch 34, 2001, S. 701-747.

Hermann Keussen, Topographie der Stadt Köln im Mittelalter (Bonn 1910/1918, unveränderter Nachdruck Düsseldorf 1986).

Hiltrud Kier/Ulrich Krings, Köln: Die romanischen Kirchen. Von den Anfängen bis zum Zweiten Weltkrieg. Stadtspuren Bd. 1 (Köln 1984).

Hiltrud Kier, Kleine Kunstgeschichte Kölns (München 2001).

Joseph Klinkenberg, Geschichte des römischen Kölns. Die Kunstdenkmäler der Stadt Köln Bd. 1, 2, hrsg. von Paul Clemen (Düsseldorf 1906).

Karl-Heinz Knörzer, Pflanzenfunde unter dem Kölner Heumarkt. In: Kölner Jahrbuch 34, 2001, S. 887-907.

Köln I-III: Führer zu vor- und frühgeschichtlichen Denkmälern Bde. 37-39 (Mainz 1980).

Theo Kölzer/Rudolf Schieffer (Hrsg.), Von der Spätantike zum frühen Mittelalter. Kontinuitäten und Brüche, Konzeptionen und Befunde (Sigmaringen 2009).

Mario Kramp, Weltgeschichte vor den Toren Kölns. Chlodwig und der Mythos von der „Schlacht bei Zülpich". In: Geschichte in Köln 43, 1998, S. 41-66.

Ulrich Krings/Rainer Will (Hrsg.), Das Baptisterium am Dom. Kölns erster Taufort (Köln 2009).

Bruno Kuske, Die Märkte und Kaufhäuser im mittelalterlichen Köln. In: Jahrbuch Kölnischer Geschichtsverein 2, 1913, S. 75-133.

Peter La Baume, Das fränkische Gräberfeld von Junkersdorf bei Köln. Germanische Denkmäler der Völkerwanderungszeit (Berlin 1967).

Anton Legner, Kölner Heilige und Heiligtümer (Köln 2003)

Walter Lung, Zur Topographie der frühmittelalterlichen Kölner Altstadt. In: Kölner Jahrbuch 2, 1956, S. 54-70.

Hendrik Mäkeler, Die Wikinger im Frankenreich. In: Die Wikinger. Begleitbuch zur Ausstellung im Historischen Museum der Pfalz, Speyer (München 2008), S. 227-233.

Fried Mühlberg, Köln - St. Pantaleon. Stadtspuren Bd. 17 (Köln 1989).

Heribert Müller, Bischof Kunibert von Köln. In: Colonia Romanica XIII, 1998, S. 8-14.

Ulrich Nonn, Probleme der frühmittelalterlichen Grafschaftsverfassung im Frühmittelalter. In: Jahrbuch für westdeutsche Landesgeschichte 17, 1991, S. 29-41.

Ulrich Nonn, Die Franken (Stuttgart 2010).

Friedrich Wilhelm Oediger, Das Bistum Köln von den Anfängen bis zum Ende des 12. Jahrhunderts. Die Geschichte des Erzbistums Köln Bd. 1 (3. Aufl. Köln 1991).

Joachim Oepen/Bernd Päffgen/Sabine Schrenk/Ursula Tegtmeier, Der hl. Severin von Köln. Studien zur Kölner Kirchengeschichte Bd. 40 (Siegburg 2011).

Friedrich Oswald/Leo Schaefer/Hans Rudolf Sennhauser, Vorromanische Kirchenbauten. Katalog der Denkmäler bis zum Ausgang der Ottonen. Veröffentlichungen des Zentralinstituts für Kunstgeschichte München Bd. 3 (München 1966).

Bernd Päffgen, Die Ausgrabungen in St. Severin zu Köln. Kölner Forschungen Bd. 5 (Mainz 1992).

Bernd Päffgen/Marcus Trier, Köln zwischen Spätantike und Frühmittelalter. Eine Übersicht zu Fragen und Forschungsstand. In: Beiträge zur

Mittelalterarchäologie in Österreich Bd. 17, 2001, S. 17-42.

Bernd Päffgen, Glasherstellung spätrömischer und frühmittelalterlicher Zeit im Rheinland und dessen Nachbargebieten. In: Beiträge zur Mittelalterarchäologie in Österreich Bd. 19, 2003, S. 9-28.

Bernd Päffgen, Frühmittelalterliche Kirchen im Rheinland. In: Beiträge zur Mittelalterarchäologie in Österreich Bd. 21, 2005, S. 67-90.

Walter Pohl, Die Germanen (2. Aufl. Oldenburg 2004).

Walter Pohl, Die Völkerwanderung. Eroberung und Integration (2. Aufl. Stuttgart 2005).

Gundolf Precht, Die Ausgrabungen um den Kölner Dom. Vorbericht über die Untersuchungen 1969/70. In: Kölner Jahrbuch 12, 1971, S. 52-64.

Gundolf Precht, Der Apsidialbau im Praetorium der Colonia Claudia Ara Agrippinensium/Köln. In: Kölner Jahrbuch 41, 2008, S. 287-337.

Die Regesten der Erzbischöfe von Köln im Mittelalter. Bd.I, bearbeitet von Friedrich Wilhelm Oediger (Neudruck Düsseldorf 1978).

Ellen Riemer, Merowingerzeitliche Funde im Stadtgebiet von Köln. In: Kölner Jahrbuch 39, 2006, S. 253-455.

Sebastian Ristow, Frühchristliche Baptisterien. Jahrbuch für Antike und Christentum, Ergänzungsband 27 (Münster 1998).

Sebastian Ristow (Hrsg.), Neue Forschungen zu den Anfängen des Christentums im Rheinland. Jahrbuch für Antike und Christentum, Ergänzungsband: Kleine Reihe 2 (Münster 2004).

Sebastian Ristow, Frühes Christentum im Rheinland. Die Zeugnisse der archäologischen und historischen Quellen an Rhein, Maas und Mosel. Jahrbuch Rheinischer Verein für Denkmalpflege und Landschaftsschutz 2006 (Münster 2007).

Sebastian Ristow, Die Ausgrabungen von St. Pantaleon in Köln. Zeitschrift für Archäologie des Mittelalters, Beiheft 21 (Bonn 2009).

Rom und die Barbaren. Europa zur Zeit der Völkerwanderung. Ausstellungskatalog der Kunst- und Ausstellungshalle der Bundesrepublik Deutschland, Bonn 2008 (München 2008).

Helmut Roth/Marcus Trier, Ausgewählte Funde des 4. bis 11. Jahrhunderts aus den Ausgrabungen auf dem Heumarkt in Köln. In: Kölner Jahrbuch 34, 2001, S. 759-791.

Walter Sage, Die fränkische Siedlung bei Gladbach, Kreis Neuwied. Rheinisches Landesmuseum Bonn. Kleine Museumshefte Bd. 7 (Düsseldorf 1969).

Markus Sanke, Die mittelalterliche Keramikproduktion in Brühl-Pingsdorf. Rheinische Ausgrabungen Bd. 50 (Mainz 2002).

Werner Schäfke/Marcus Trier (Hrsg.), Mittelalter in Köln. Eine Auswahl aus Beständen des Kölnischen Stadtmuseums (Köln 2010).

Wilhelm Scheben, Die ehemaligen Thorburgen des alten Köln (Köln 1895).

Rudolf Schieffer, Die Karolinger (4. Aufl. Stuttgart 2006).

Theodor Schieffer, Winfried-Bonifatius und die christliche Grundlegung Europas (Darmstadt 1980, Neudruck der Ausgabe von 1954).

Franz J. Schmale, Die Schriftquellen zur Bischofskirche des 8. bis 10. Jahrhunderts in Köln. In: Arnold Wolff (Hrsg.), Die Domgrabung Köln. Altertum – Frühmittelalter – Hochmittelalter. Studien zum Kölner Dom Bd. 2 (Köln 1996), S. 155-173.

Michael Schmauder, Die Hunnen. Ein Reitervolk in Europa (Darmstadt 2009).

Burghart Schmidt/Elisabeth Höfs, Die Hölzer aus den Ausgrabungen auf dem Heumarkt in Köln als Baustein eines neuen 2500-jährigen Eichenkalenders für Nordrhein-Westfalen. In: Kölner Jahrbuch 34, 2001, S. 793-830.

Wilfried Schmitz, Die spätantiken und frühmittelalterlichen Grabinschriften in Köln (4.-7. Jahrhundert n. Chr.). In: Kölner Jahrbuch 28, 1995, S. 643-776.

Jens Schneider, Auf der Suche nach dem verlorenen Reich. Lotharingien im 9. und 10. Jahrhundert (Köln/Weimar/Wien 2010).

Bernd Schneidmüller, Französische Lothringenpolitik im 10. Jahrhundert. In: Jahrbuch für westdeutsche Landesgeschichte 5, 1979, S. 1-31.

Bernd Schneidmüller, Regnum und Ducatus. In: Rheinische Vierteljahrsblätter 51, 1987, S. 81-114.

Rudolf Schultze/Carl Steuernagel, Colonia Agrippinensis. Festschrift der XLIII. Versammlung Deutscher Philologen und Schulmänner in Köln am 25. September 1895, gewidmet vom Verein von Altertumsfreunden im Rheinlande (Bonn 1895).

Sven Seiler, Ausgrabungen in der Kirche St. Kolumba in Köln. In: Zeitschrift für Archäologie des Mittelalters 5, 1977, S. 97-119.

Sven Seiler, Ausgrabungen in der „Alten Kirche SS. Cosmas und Damian" in Köln-Weiler. In: Kölner Jahrbuch 23, 1990, S. 449-466.

Josef Semmler, Mission und Pfarrorganisation in den rheinischen, mosel- und maasländischen Bistümern (5.–10. Jahrhundert). In: Cristianizzazione ed organizzazione ecclesiastica delle campagne nell'alto medioevo (Spoleto 1982), S. 813-888.

Josef Semmler, Der Dynastiewechsel von 751 und die fränkische Königssalbung (Düsseldorf 2003).

Frauke Stein, Die Gräber unter dem Kölner Dom im Vergleich zu anderen Grablegen der Merowingerfamilie. In: Arnold Wolff (Hrsg.), Die Domgrabung Köln. Altertum – Frühmittelalter – Mittelalter. Studien zum Kölner Dom Bd. 2 (Köln 1996), S. 99-124.

Heiko Steuer, Die Franken in Köln (Köln 1980).

Christoph Stiegemann/Matthias Wemhoff (Hrsg.), 799. Kunst und Kultur der Karolingerzeit. Karl der Große und Papst Leo III. in Paderborn. Ausstellungskatalog Paderborn (Mainz 1999).

Heinz Thomas, *frenkisk*. Zur Geschichte von theodiscus und teutonicus im Frankenreich des 9. Jahrhunderts. In: Rudolf Schieffer (Hrsg.), Beiträge zur Geschichte des Regnum Francorum (Sigmaringen 1990), S. 67-95.

Tournai, die Stadt des Frankenkönigs Childerich. Ergebnisse neuer Ausgrabungen. Ausstellungskatalog Museum Burg Linn/Krefeld (Krefeld 1990).

Marcus Trier, Die Ausgrabung einer merowingerzeitlichen Siedlung bei Meerbusch-Strümp, Kreis Neuss. In: Fund und Deutung. Neuere archäologische Forschungen im Kreis Neuss. Veröffentlichungen des Kreisheimatbundes Neuss Bd. 5 (Neuss 1994), S. 73-82.

Marcus Trier, Köln im 5. bis 10. Jahrhundert. Die frühmittelalterliche Stadt im Licht der neuen Ausgrabungsergebnisse auf dem Heumarkt. In: Kölner Museums-Bulletin 1/2001, S. 4-23.

Marcus Trier, Köln im frühen Mittelalter: Zur Stadt des 5. bis 10. Jahrhunderts aufgrund archäologischer Quellen. In: Joachim Henning (Hrsg.), Europa im 10. Jahrhundert – Archäologie einer Aufbruchszeit. Internationale Tagung in Vorbereitung der Ausstellung „Otto der Große, Magdeburg und Europa" (Mainz 2002), S. 301-310.

Marcus Trier, Archäologie und Historische Topographie im Umfeld der Nord-Süd Stadtbahn Köln. In: Kölner Museums-Bulletin 3/2003, S. 17-37.

Marcus Trier, Müll und Abwasser in der Colonia – Siedlungshygiene im frühmittelalterlichen Köln. In: Thomas Deres (Hrsg.), krank – gesund. 2000 Jahre Krankheit und Gesundheit in Köln. Begleitband der Ausstellung im Kölnischen Stadtmuseum 2005 (Köln 2005), S. 54-69.

Marcus Trier, Archäologie in Kölner Kanälen – In den Fußstapfen von Rudolf Schultze und Carl Steuernagel. In: Heinz Günther Horn/Hansgerd Hellenkemper/Gabriele Isenberg/Jürgen Kunow (Hrsg.), Von Anfang an – Archäologie in Nordrhein-Westfalen. Schriften zur Bodendenkmalpflege in Nordrhein-Westfalen Bd. 8 (Mainz 2005), S. 160-167.

Marcus Trier, Zur frühmittelalterlichen Topographie von Worringen. In: Kölner Jahrbuch 40, 2007, S. 351-370.

Marcus Trier, Köln im Mittelalter: Erzbischöfliche Kapitale und europäisches Handelszentrum. In: Alexander Koch, Die Salier – Macht im Wandel. Katalog zur Ausstellung im Historischen Museum Speyer (München 2011), S. 184-186.

Marcus Trier, Divitia-Deutz. Römisches Kastell, mittelalterliche Burg, preußische Kaserne, moderne Stadt. Begleitheft zur Ausstellung im Römisch-Germanischen Museum der Stadt Köln (Köln 2011).

Matthias Untermann, Architektur im frühen Mittelalter (Darmstadt 2006).

Von den Göttern zu Gott. Frühes Christentum im Rheinland. Begleitband der Ausstellung im Rheinischen Landesmuseum Bonn 2007 (Tübingen/Berlin 2007).

Ute Verstegen, Ausgrabungen und Bauforschungen in St. Gereon zu Köln. Kölner Forschungen Bd. 9 (Mainz 2006).

Egon Wamers/Michael Brandt (Hrsg.), Die Macht des Silbers. Karolingische Schätze im Norden. Katalog der Ausstellung Frankfurt a. M./ Hildesheim 2005 (Regensburg 2005).

Reinhard Wenskus, Stammesbildung und Verfassung. Das Werden der frühmittelalterlichen *gentes*. (2. Aufl. Köln 1977).

Joachim Werner, Childerichs Pferde. In: Heinrich Beck/Detlev Ellmers/Kurt Schier (Hrsg.), Germanische Religionsgeschichte. Quellen und Quellenprobleme (Berlin 1992), S. 145-161.

Karl Ferdinand Werner, Missus – Marchio – Comes. In: Histoire comparée de l'administration, hrsg. von Werner Paravicini und Karl Ferdinand Werner. Beiheft der Francia Bd. 9, 1980, S. 191-239.

Karl Ferdinand Werner, Karl der Große oder Charlemagne? Von der Aktualität einer überholten Fragestellung (München 1995).

Arnold Wolff, Kirchenfamilie Köln. Von der Wahrung der geistlichen Einheit einer mittelalterlichen Bischofsstadt durch das Stationskirchenwesen. In: Colonia Romanica I, 1986, S. 33-44. Arnold Wolff, Der Kölner Dom (Köln 1989)

Arnold Wolff (Hrsg.), Die Domgrabung Köln. Altertum – Frühmittelalter – Mittelalter. Studien zum Kölner Dom Bd. 2 (Köln 1996).

Gerta Wolff, Das Römisch-Germanische Köln. Führer zu Museum und Stadt (6. Auflage Köln 2005).

David H. Wright, Der Vergilius Romanus und die Ursprünge des mittelalterlichen Buches (Stuttgart 2001).

Helmut Zäh, Machtwechsel am Rhein. Salvianus von Marseille beschreibt den Übergang zur fränkischen Herrschaft. In: Wolfgang Rosen/Lars Wirtler (Hrsg.): Quellen zur Geschichte der Stadt Köln Bd. 1 (Köln 1999), S. 59-63.

Erich Zöllner, Geschichte der Franken bis zur Mitte des sechsten Jahrhunderts (München 1970).

Abb. 53
Lengyel, Dominik/Schock-Werner, Barbara/
Toulouse, Catherine: Die Bauphasen des Kölner
Doms und seiner Vorgängerbauten.
Cologne Cathedral and Preceding Buildings,
ISBN: 978-3-922442-68-4
Verlag Kölner Dom e.V., 2011
Digitale und vertonte Fassung unter
www.koelner-dom.de

Abb. 57-58, 62
M. Martin, Kleider machen Leute. Tracht und
Bewaffnung in fränkischer Zeit. In: Die Alaman-
nen. Begleitband zur gleichnamigen Ausstellung
Stuttgart/Zürich/Augsburg (Stuttgart 1997)
Abb. 385a-b, 390, 395.

Abb. 71
Franz Kempken

Abb. 84
David H. Wright, Der Vergilius Romanus und die
Ursprünge des mittelalterlichen Buches (Stuttgart
2001) Abb. S. 28.

Abb. 108
G. Nürnberger, Die Vorgängerbauten der Kirche
St. Ursula in Köln. Kölner Jahrbuch 39, 2006,
581-717, Planbeilage 5, 6, 7.

Abb. 113 (Vorlage)
S. Ristow, Ausgrabungen von St. Pantaleon in
Köln, in: Zeitschrift für Archäologie des Mittel-
alters, Beihefte 21 (Bonn 2009).

Abb. 117, 129
Landesvermessungsamt NRW/Bezirksregierung
Köln

Abb. 118, 120-121
F. Fremersdorf, Das fränkische Gräberfeld von
Köln-Müngersdorf. Germanische Denkmäler der
Völkerwanderungszeit 4 (Berlin 1955) Taf. 73,
Taf. 78, 138.

Abb. 132
W. Jansen, Ausschnitte aus einer fränkischen
Siedlung in Köln-Porz. Bonner Jahrbücher 178,
1978, 427-478 Abb. 12,1-6.

Abb. 133
Ingo Stork, Fürst und Bauer. Heide und Christ.
Archäologische Informationen aus Baden-
Württemberg 29 (Stuttgart 1995), Abb. 53.

Abb. 143
Römisch-Germanisches Museum der Stadt Köln/
Grafik: Natalia Groo (Kölner Stadt-Anzeiger)

Abb. 148
Dombauverwaltung (C. Claus)/Römisch-Germa-
nisches Museum der Stadt Köln/Grafik: Natalia
Groo (auch als Nachsatz)

Abb. 153
E. Wamers/M. Brandt (Hrsg.), Die Macht des
Silbers. Katalog zur Ausstellung Frankfurt a. M./
Hildesheim 2005 (Regensburg 2005) Abb. 17.

Abb. 168
Michael Dodt

Strohdach

Fachwerk mit
braunem Lehm

2-3 Lagen
Bruchsteinmauer

Geschotterte Straße
mit Fahrspuren

Backofen aus Lehm

Flechtwerkzäune